Jakob Bernays, Jacob Bernays

Die Dialoge des Aristoteles in ihrem Verhältnis zu seinen übrigen Werken

Jakob Bernays, Jacob Bernays

Die Dialoge des Aristoteles in ihrem Verhältnis zu seinen übrigen Werken

ISBN/EAN: 9783741158803

Hergestellt in Europa, USA, Kanada, Australien, Japan

Cover: Foto ©Andreas Hilbeck / pixelio.de

Manufactured and distributed by brebook publishing software (www.brebook.com)

Jakob Bernays, Jacob Bernays

Die Dialoge des Aristoteles in ihrem Verhältnis zu seinen übrigen Werken

DIE DIALOGE DES ARISTOTELES

IN IHREM VERHÄLTNISS ZU SEINEN ÜBRIGEN WERKEN

von

JACOB BERNAYS.

Berlin 1863.
Verlag von Wilhelm Hertz.
(Bessersche Buchhandlung.)

London: Williams and Norgate

HERRN M. PATTISON

RECTOR DES LINCOLN COLLEGE IN OXFORD

ZUGEEIGNET.

Kein Schriftsteller, von dem Werke grossen Umfanges vorliegen, ist uns so einseitig bekannt wie Aristoteles. Bis auf den weitschweifigen Galenos oder zu den Predigtergüssen des Johannes Chrysostomos muss man hinabsteigen, ehe wieder eine Schriftenmasse begegnet, wie sie in den zwei Quartbänden der Berliner Ausgabe des Aristoteles vereinigt ist. Und dennoch lernen wir aus allen diesen Schriften nicht einen Schriftsteller, im strengen Sinne des Worts, kennen, das heisst, einen zur Belehrung oder Unterhaltung des gesammten oder eines ausgewählten Kreises von Gebildeten schreibenden und den Bedürfnissen seiner Leser entgegenkommenden Denker. Vielmehr tritt überall nur der für sich bleibende, den Leser nicht beachtende Denker hervor, der Denker, der eben nur denkt, und in den schärfsten, aber auch den weitesten, von Keinem als von ihm selbst ausfüllbaren Umrissen seine Gedanken hinzeichnet. In den späteren Philosophenschulen ward, unter anderen pomphaften Lobsprüchen auf Aristoteles, auch die orientalisch kühne Metapher gebraucht, er sei der Geheimschreiber der Natur, der seine Feder in das Denken tauche ($\gamma\rho\alpha\mu\mu\alpha\tau\epsilon\grave{\upsilon}\varsigma$ $\tau\tilde{\eta}\varsigma$ $\varphi\acute{\upsilon}\sigma\epsilon\omega\varsigma$ $\tau\grave{\omega}\nu$ $\kappa\acute{\alpha}\lambda\alpha\mu\rho\nu$ $\grave{\alpha}\pi\sigma\beta\rho\acute{\epsilon}\chi\omega\nu$ $\epsilon\grave{\iota}\varsigma$ $\nu\sigma\tilde{\upsilon}\nu$[1]). So barock der Spruch klingt, so richtig empfunden erweist er sich in Bezug auf die uns erhaltene Reihe der streng wissenschaftlichen Werke; diese Schriften schienen nicht im Wege der gewöhnlichen schriftstellerischen Mittheilung entstanden, gleichsam nicht von einer mit Dinte benetzten Feder geschrieben zu sein. Aber all dies trifft nur Eine Seite, nicht die volle litterärische Persönlichkeit des Mannes. Schwerlich würde er so früh schon von seinen Zeitgenossen in der einstimmigsten und glänzendsten Weise als einer der vornehmsten Vertreter griechischen Geisteslebens anerkannt worden sein, wenn er in seinen Büchern stets nur mit sich selber gesprochen hätte; um so nach seinem Werthe von der Welt geschätzt zu werden, musste er, wo nicht in ihrer eigenen, doch in einer vernehmlichen Sprache zu ihr geredet, musste er seine Feder auch in Dinte getaucht und durfte er die darstellenden Mittel nicht verschmäht haben, ohne welche selbst der mächtigste Gedanke seine Wirkung auf das in allen litterärischen Dingen tonangebende attische Publicum verfehlte. In der That mangelt es auch nicht an den bestimmtesten Nachrichten über die vormalige Existenz einer grossen aristotelischen Schriftenreihe, die von der jetzt erhaltenen durch die tiefste formale Verschiedenheit getrennt war. Das Verzeichniss aristotelischer Werke, welches auf ihren ersten kritischen Herausgeber, den Rhodier Andronikos, zurückgehen mag, führt an seiner Spitze siebenundzwanzig Bände jetzt verlorener Schriften auf, die alle [2]) in der künstlerischen Gesprächsform abgefasst waren, welche, seitdem Sokrates durch kühnes Fragen und ironisches Antworten die Köpfe geweckt und die Gemüther erschüttert hatte, alle minder lebendigen Formen des belehrenden Vortrags verdrängte. Wohl ist man zu glauben gezwungen, dass Aristoteles, der stagiritische Halbgrieche, [3]) dessen universale geistige Herrschaft über die ferne Nachwelt wesentlich durch seine Freiheit von dem Zauber des specifisch hellenischen Gestaltungstriebes bedingt wird, auch da wo er als Künstler auftrat kein voller Künstler gewesen ist; die dramatische Plastik Platon's wird er nicht haben erreichen können; ja, er scheint auf dieselbe in richtiger Selbstschätzung von vornherein verzichtet zu haben; denn während Platon auch darin Dramatiker ist, dass er nie in eigener Person das Wort nimmt, nicht einmal in den vorbereitenden Einleitungen der Gespräche, gab Aristoteles jenen strengen Stil der dialogischen Kunst auf, indem er sich selbst die Hauptrolle zutheilte *(Cic. ad Att.* 13, 19, 4) und direct an den Leser gerichtete Vorworte vorausschickte (das. 4, 16, 2). Der Mitbürger des Phidias und Sophokles fühlt auch als Philosoph die Lust des Bildens und Schaffens, und freudig versenkt er sich in die fremden Gestalten, die er aus sich herausgesetzt hat; dem Sohn der thrakischen Küste wird es unbehaglich, wenn nicht er selbst sein kann, und während des Spieles wirft er die Maske ab. Aber abgesehen von jenen höchsten Anforderungen der schöpferischen Kunst, denen nur die höchste Begabung gewachsen ist, werden die aristotelischen Dialoge auch nach formaler Seite Alles geleistet haben, was der anspruchsvollste Leser verlaugen konnte. Von früher Jugend an in der erlesensten Gesellschaft Athens als Mitglied des platonischen Kreises verkehrend, musste Aristoteles den leichten Fluss der attischen Conversation sich aneignen; den reichsten Vorrath stilistischer Farben *(Aristotelia pigmenta, Cic. ad Att.* 2, 1, 1) hatte ihm sein prüfendes Studium der Musterwerke jeder Litteraturgattung, dessen theoretischer Ertrag in seiner Rhetorik und Poetik niedergelegt ist, auch für die eigene Praxis zur Verfügung gestellt; und wer wird zweifeln, dass der Begründer der analytischen und Entlarver der sophistischen Logik Meister gewesen ist in dem vorbereitenden Ausstreuen der Hilfssätze, der scharfen Zerlegung der Begriffe, dem straffen Zwang der Schlussbildung, kurz, in Allem was zur Dialektik gehört und den Nerv des Dialogs ausmacht? Scheint doch Aristoteles auch im täglichen Verkehr eine ungewöhnliche Fähigkeit überzeugenden Sprechens besessen zu haben; denn der würdigste unter den makedonischen Machthabern, Antipater,[1]) der Sieger bei Krannon, der Freund und Testamentsvollstrecker des Philosophen, hob in einem nach dessen Tode geschriebenen Briefe gerade diese Eigenschaft des Verstorbenen mit folgenden, durch ihre staatsmännische Einfachheit nur um so nachdrücklicheren Worten hervor: 'ausser allem Andern konnte der Mann auch überzeugen *(πρὸς τοῖς ἄλλοις ὁ ἀνὴρ καὶ τὸ πείθειν εἶχεν)*. Mit Allem also was die glückliche Handhabung der dialogischen Form erleichtert, war Aristoteles durch Anlage und Ausbildung versehen; und es kostet keine Anstrengung zu glauben, dass auch derjenige Theil der griechischen Lesewelt, welcher den dornichten und wortkargen Systematiker gar nicht oder nur von Hörensagen kannte, doch in dem Verfasser der Dialoge einen Musterschriftsteller kunstmässiger Prosa[2]) ehrte, der auch nach dieser Seite als der beste, wenngleich, was den Kennern nicht entgehen konnte, hier nicht als ein ganz ebenbürtiger Schüler Platon's sich erweise. Noch günstigere Aufnahme jedoch als bei den Griechen des makedonischen Zeitalters musste der fasslich dialogisirende Lehrer Alexander's bei den gräcisirenden Römern finden. Sie fühlten sich von dem stilistischen Schmuck bezaubert, von der dialektischen Gewalt *(Aristotelia vis, Cic. de orat.* 3, 19, 71) fortgerissen; und was den aristotelischen Gesprächen, in Vergleich zu den platonischen, an tieferer dramatischer Oeconomie abgehen mochte, das vermissten die Römer nicht ungern. Wie ihnen für ihre Zwecke verpflanzender Bearbeitung Euripides und Menander bequemer waren als Aeschylos und Aristophanes, so hat auch die Hoheit *(amplitudo, Cic. Orat.* 1, 5*)* platonischer Kunst sie nur in ein Staunen versetzen können, das zwar zuweilen Versuche wörtlicher Uebersetzungen, wie die ciceronischen des Protagoras und Timäus, hervorrief, zu selbständigerer Nachbildung aber den Muth lähmte; die vorwiegend eleganten und scharfsinnigen Dialoge des Stagiriten waren ihnen verwandter und schienen erreichbarer; als daher Cicero durch eigene Schriften seiner vaterländischen Litteratur eine populär wissenschaftliche Prosa verschaffen wollte und hierzu die dialogische Form, mit ihren vielfachen Anlässen zu gegenseitigen Höflichkeiten, sich dem aristokratischen Coteriewesen, welches die gesammte römische Schriftstellerei beherrschte, als besonders vortheilhaft empfahl, da wählte er für seine philosophischen Unterhaltungne die aristotelische Manier *(mos Aristotelius* "*)*, in ihrem Unterschiede von dem grossen platonischen Stil, zum leitenden Vorbild bei allen Hauptfragen der äusseren Einrichtung. Aber freilich nur der äusseren Einrichtung. Denn wenn Cäsar sogar im Terenz bloss einen halben Menander wiederfand, so lässt sich die unendliche Kleinheit des Bruchtheils nicht berechnen, welcher von Gehalt und Wesen der aristotelischen Dialoge in die ciceronischen übergegangen sein mag; die Berechnung ist schon darum unmöglich, weil Cicero nicht, wie die übrigen bei den Griechen zu Lehn gehenden römischen Schriftsteller, zugleich Form und Stoff einem Muster abborgen konnte, da er vornehmlich die nacharistotelischen Systeme darzustellen hatte. So begnügte er sich denn, unter Zurückdrängung des dramatischen Elements, die lateinisch bearbeiteten Compendien der späteren Schulen an hervorragende römische Vertreter derselben zu vertheilen, unter denen er oft, nach Aristoteles' Vorgang, selbst die Hauptrolle übernahm, ergriff jedoch gern die Gelegenheit auch wörtlich übertragene Stellen aus den aristotelischen Gesprächen einzuflechten, und bewies sich dankbar für die empfangene Anregung, indem er nicht müde ward, den Philosophen mit demjenigen Lobe zu überschütten, das zu spenden er ohne Ueberhebung sich berechtigt halten durfte, nämlich mit dem Lobe stilistischer Schönheit. Es muss seltsam erscheinen, dass die zahlreichen, von Bewunderung der aristotelischen Redefülle und Redepracht überströmenden Aeusserungen Cicero's, da ihnen doch der Eindruck der uns erhaltenen aristotelischen Schriften auf das Schroffste widerspricht, so wenig beigetragen haben, die Erinnerung an die verlorenen Werke, welche Aristoteles für einen weiteren Leserkreis bestimmt hatte, lebendig zu erhalten. Aber selbst ein so bewährter Darsteller der griechischen Litteraturgeschichte wie Bernhardy (I³ S. 482) konnte meinen, die litterärische Bedeutung des Aristoteles genügend zu bezeichnen, wenn er ihn als 'den ersten' schilderte, 'welcher in einer völlig buchmässigen Form und in einer Sprache, die vom Herkommen empfindlich abwich, nicht an die gebildeten Kreise, sondern an die Schule sich wandte'. Und sogar die Bearbeiter der aristotelischen Lehren und Schriften haben in neuerer Zeit die Dialoge so sehr aus dem Gesicht verloren, dass sie auf eine Reihe von Stellen in den uns erhaltenen Werken, welche dem unbefangenen Blick Selbstcitate des Aristoteles darbieten, lieber die gewaltsamsten hermeneutischen Proceduren anwenden, als den älteren griechischen Erklärern beistimmen wollen, die in denselben eine Beziehung auf die ihnen noch zugänglichen Dialoge erkannten. Es ist für die vorliegende Aufgabe unerlässlich, diese Selbstcitate einer genaueren Prüfung zu unterwerfen; wo der Gang der Untersuchung es gestattet, werden sie füglich nach dem Grade ihrer Unzweideutigkeit in absteigender Folge geordnet; und an die Feststellung des Citats wird eine nach Maassgabe der vorräthigen Bruchstücke reichliche oder kärgliche Skizze des citirten Dialogs ohne Unbequemlichkeit sich anschliessen lassen.

I.

Das fünfzehnte Capitel unserer Poetik giebt Vorschriften über die dramatischen Charaktere. Nachdem die Forderungen innerer Folgerichtigkeit und einer über das grell Natürliche sich erhebenden Idealisirung zugleich mit anderen, eben so tief das Wesen der Poesie berührenden Regeln entwickelt worden, lauten die Schlussworte des Capitels: 'Auf alles dieses muss also der dramatische Dichter achten und ausserdem auch noch auf das, was aus der mit dramatischer Dichtung nothwendig verknüpften Sinnfälligkeit sich ergiebt; denn auch hierin kann man vielfach verstossen. Es ist jedoch darüber ausreichend in den herausgegebenen λόγοι gerettet worden (p. 1454ᵇ 15 ταῦτα δὴ δεῖ διατηρεῖν, καὶ πρὸς τούτοις τὰ παρὰ τὰς ἐξ ἀνάγκης ἀκολουθούσας αἰσθήσεις τῇ ποιητικῇ· καὶ γὰρ κατ' αὐτάς ἔστιν ἁμαρτάνειν πολλάκις· εἴρηται δὲ περὶ αὐτῶν ἐν τοῖς ἐκδεδομένοις λόγοις ἱκανῶς).' Sowohl die nebensächliche Anknüpfung dieser Erinnerung wie die eilige Kürze, in der sie ausgesprochen ist, stimmt ganz zu der Art, wie unsere Poetik die theatralische Illusion und Scenerie — denn dass dergleichen unter αἰσθήσεις zu verstehen sei, lehrt c. 7 p. 1451ᵃ 6 — durchweg behandelt. Die meisten Fragen dieser Gattung werden, weil sie nicht zum Wesen des auch unabhängig von der Bühne (ἄνευ ἀγῶνος καὶ ὑποκριτῶν) wirkenden Drama's gehören und also ausserhalb der Theorie fallen, dem Regisseur und Maschinenmeister überwiesen. Aber, maasshaltend wie immer, giebt Aristoteles zu, dass auch die Theorie vor solchen Bühnenverstössen warnen müsse, welche gegen die mit dem Drama nothwendig (ἐξ ἀνάγκης) verknüpfte Illusion sündigen, und demnach das Wesen des Drama's, insofern es die Handlung zeigen aber nicht erzählen soll, beeinträchtigen. An einer anderen Stelle, wo der Unterschied zwischen dem Wunderbaren im Epos und im Drama besprochen wird, erklärt er sich auch in unserer Poetik über diese nothwendige Illusion etwas deutlicher. Er sagt dort (c. 24 p. 1460ᵃ 12), im Epos sei das Folgewidrige, die reichste Fundgrube des Wunderbaren, eher statthaft, weil man die handelnden Personen nicht mit Augen sehe, z. B. wenn in der Ilias (22, 205) bei dem Entscheidungskampfe zwischen Hektor und Achilleus die Achäer in Reihe und Glied ruhig dabeistehen während Hektor umhergejagt wird, und der Pelide durch Kopfschütteln verbietet, dass Jemand schiesse,*) 'so würde eine solche Schlachtscene, auf der Bühne dargestellt, lächerlich sein, im Epos läuft es mit durch.' Vor ähnlichen Verletzungen der Sinnenlogik und des Sinnentacts warnt also das fünfzehnte Capitel bei der Anlage und Durchführung der dramatischen Charaktere. Beispiele liessen sich auch hierfür aus dem Bereich griechischer Dichtung unschwer auffinden; man denke nur an die Bemerkungen Lessing's, weshalb die Schilderung des Eindrucks, den Helena's Liebreiz auf die trojanischen Greise macht, in der Ilias so wirksam ist, hingegen eine plastische, also auch eine dramatische Darstellung dieser Art ver-

---

*) τὰ περὶ τὴν Ἕκτορος δίωξιν ἐπὶ σκηνῆς ὄντα γελοῖα ἄν φανείη, οἱ μὲν ἑστῶτες καὶ οὐ διώκοντες, ὁ δὲ ἀνανεύων· ἐν δὲ τοῖς ἔπεσι λανθάνει.

tauglich sein würde. Aber von Aristoteles, auf dessen Beispiele wir um so begieriger sind, als sie zugleich angedeutet hätten, wie er die gerade bei den Charakteren so schwankende Grenzlinie zwischen nothwendiger und überflüssiger Illusion zog, erhalten wir dergleichen concrete Erläuterungen nicht; wir werden auf 'herausgegebene λόγοι' verwiesen. Dass mit diesem Citat ein anderes aristotelisches Werk als die Poetik, in der es sich findet, gemeint sei, hat unter den zahllosen Kundigen und Unkundigen, die sich über Aristoteles und seine Poetik haben vernehmen lassen, nur ein Einziger zu leugnen gewagt; seine Ansicht, dass *ἐν τοῖς ἐκδεδομένοις λόγοις* so viel wie '*in superioribus*' bedeute[1]) und hier eine Rückbeziehung auf frühere Capitel unserer Poetik vorliege, sei, obgleich sie so wenig wie einiges andere aus derselben Quelle Stammende auf Widerlegung Anspruch hat, dennoch erwähnt, weil sie in warnender Weise die lose Hermeneutik veranschaulicht, unter welcher noch heutzutage Aristoteles manchmal zu leiden hat, und die nur erklärlich ist durch seine noch immer nicht hinlänglich aufgehobene Abgelegenheit von der grossen philologischen Heerstrasse. Alle übrigen Behandler der Stelle, ausser jenem Einzigen, haben nun freilich, dem deutlichen Wortsinn gemäss, anderswo als in unserer Poetik nach den 'herausgegebenen λόγοι' gesucht; aber der Eine rieth auf die Abschnitte der Politik, welche von Poesie und Musik als Bildungsmittel sprechen; der Andere vermuthete, das Citat beziehe sich auf die verlorene Schrift über Musik; sogar an die nikomachische Ethik wurde zeitweilig gedacht, da diese ja mit 'Charakteren' zu thun habe; und die Besonneren flüchteten sich schliesslich in die Resignation, dass 'wir nicht anzugeben vermöchten', was unter den herausgegebenen λόγοι gemeint sei (Brandis, Aristoteles S. 108). Zum Theil ist dieses Rathen und diese Rathlosigkeit aus unsicherem Verständniss dessen, was Aristoteles *αἴσθησις* nennt, entsprungen. Hat man jedoch die eben entwickelte Auffassung, wonach dieser Ausdruck das zur bühnengerechten Anschaulichkeit Gehörige bezeichnet, als die allein mögliche erkannt, so verengt sich alsbald der Kreis von Schriften, innerhalb dessen die 'herausgegebenen λόγοι' liegen müssen. Denn eine so erschöpfende Auseinandersetzung, dass unsere Poetik auf dieselbe verweisen durfte, konnte der theatralischen Illusion nicht gelegentlich in Werken andersartigen Hauptinhalts gewidmet sein; nur die mit

Poesie geflissentlich sich befassenden gewährten hierfür den nöthigen Raum und den richtigen Platz; und es können also aus der Menge aristotelischer Schriften, welche das Verzeichniss des Andronikos aufzählt, nur die vier in Betracht kommen, deren Titel einen solchen Hauptinhalt kundgeben. Von den vieren fällt eine, die gegen Ende des Verzeichnisses *(Diog. Laert.* 5, 26) genannten ποιητικά α', bei näherer Prüfung sofort weg. Denn dieser Titel ist zu beiden Seiten von Schriften in Problemenform umgeben. Unmittelbar davor stehen sechs Bücher 'homerischer Fragen *(ἀποϱημάτων Ὁμηϱικῶν)*', und unmittelbar darauf ist eine den erhaltenen achtunddreissig Büchern entsprechende Problemensammlung verzeichnet als φυσικῶν κατὰ στοιχεῖον ὑπὸ πρὸς τοῖς τριάκοντα: 'physische' werden die uns vorliegenden Probleme noch jetzt, nach einem ihrer wesentlichsten Bestandtheile, in vielen Handschriften genannt, und nur die alphabetische Reihenfolge *(κατὰ στοιχεῖον)*, welche Andronikos vor sich hatte, ist jetzt einer realen gewichen, was die meisten unserer Handschriften durch einen Beisatz zur Ueberschrift *(κατ' εἶδος συναγωγῆς)* hervorheben. Wie demnach Niemand zweifeln kann, dass zu dem an dritter Stelle stehenden Titel φυσικῶν aus dem die Reihe der problemenförmigen Schriften eröffnenden ἀποϱημάτων Ὁμηϱικῶν das Hauptwort ἀποϱημάτων zu ergänzen ist, so muss dieselbe Ergänzung ebenso nothwendig bei dem in der Mitte stehenden ποιητικά vorgenommen werden; und in ἀποϱήματα ποιητικά α' giebt sich also ein Band 'gesammelter Fragen' zu erkennen, die in derselben Weise wie die homerischen auf Homer sich auf Dichter ausser Homer bezogen. Nun tragen aber alle diese alphabetisch aufgereihten oder sachlich rubricirten Fragenmassen schon in ihrer lockeren Form das unverkennbare und in neuerer Zeit auch von Niemandem verkannte Merkmal, dass sie, selbst in ihren echten Theilen, nur dem Privatgebrauch als Materialiensammlung für zukünftige Schriften dienen sollten, nie aber von Aristoteles herausgegeben sind; es kann also auch unsere Poetik unter den 'herausgegebenen λόγοι' nicht jene problemenförmige Sammlung ποιητικά meinen. — In ähnlicher Weise klärt über die Bedeutung des zweiten scheinbar einschlagenden Titels περὶ τραγῳδιῶν α' *(Diog. Laert.* 5, 26) seine Stellung im Verzeichniss auf. Er findet sich, weitab von den theoretisch forschenden Schriften, mitten unter den theatralischen Urkundensammlungen, nach den Listen der 'Sieger an den Dionysien *(νῖκαι Διονυσιακαί α')*' und vor der 'Bühnenchronik', oder wie sonst das ja auch deutschen Theaterfreunden nicht mehr ganz ungeläufige griechische Wort *διδασκαλίαι* übersetzt werden mag. Es drängt sich daher die Annahme auf, dass dieses Buch 'über Tragödien' nur als Einleitung zu den didaskalischen Urkunden die äussere Geschichte der tragischen Bühne zusammengefasst, nur, wie auch die Wahl des Plurals *τραγῳδιῶν* andeutet, die tragischen Dramen, aber nicht die Theorie des tragischen Drama's besprochen habe; und da die zahlreichen Bruchstücke des verlorenen politischen Urkundenwerks *(πολιτεῖαι)*, verglichen mit der theoretischen uns erhaltenen 'Politik', deutlich zeigen, wie streng Aristoteles das Amt des geschichtlichen Sammlers und Darstellers von der Thätigkeit des philosophischen Theoretikers schied, so kann man nicht geneigt sein, den theoretischen Vorschriften über theatralische Illusion, für welche unsere Poetik auf die 'herausgegebenen *λόγοι*' sich beruft, einen Platz in dem urkundlichen Ueberblick anzuweisen, welcher den Didaskalien vorausgeschickt war. — Wohl aber könnte als ein geeigneter Ort eine dritte Schrift erscheinen, deren Titel *πραγματεία τέχνης ποιητικῆς α' β' (Diog. Laert.* 5, 24) lautet; sie steht in der Mitte des Verzeichnisses, nahe bei anderen theoretischen Hauptschriften, z. B. der uns erhaltenen Rhetorik; die Bezeichnung *πραγματεία*, mag sie von Aristoteles oder nur von Andronikos stammen, zeigt, dass es weder eine problemenförmige noch eine bloss urkundliche Sammelschrift, sondern eine 'Abhandlung über die Dichtkunst' gewesen ist, deren auf zwei Bücher sich belaufender Umfang sie, hinsichtlich der Ausführlichkeit, unserer ursprünglich ebenfalls mit dem zweiten Buche abschliessenden Rhetorik an die Seite setzt. Nichts würde also der Vermuthung im Wege stehen, dass das Citat der 'herausgegebenen *λόγοι*' diese theoretische Hauptschrift 'über die Dichtkunst' im Auge habe, wenn nur nicht gerade unsere Poetik es wäre, in deren fünfzehntem Capitel das Citat sich findet. Denn je allseitiger und unhaltender man die Beschaffenheit des Büchleins prüft, welches als Aristoteles' Poetik jetzt bereits seit vier Jahrhunderten ein Kreuz und ein Werthmesser der Kritiker gewesen ist, und je inniger man die Ergebnisse dieser Prüfung mit der überlieferten Kunde von den übrigen aristotelischen Werken in Verbindung setzt, desto festere Wurzeln schlägt die Ueberzeugung, dass alle von höherer Theorie der Dichtkunst handelnden Abschnitte, zu denen unstreitig das fünfzehnte Capitel gehört, oben aus jenem zweibändigen Hauptwerke, welches als 'Abhandlung über die Dichtkunst' in dem Verzeichnisse des Andronikos erwähnt ist, sich herleiten müssen. Und zwar darf die Herleitung für eine unmittelbare, den Wortlaut des Herübergenommenen nicht trübende angesehen werden. Nichts berechtigt, innerhalb der bezeichneten Abschnitte dem Excerptor, welcher lange nach Andronikos die zwei Bücher jener 'Abhandlung' auf ihren jetzigen, bedauerlich geringen Umfang herabgebracht hat, andere Sünden aufzubürden als Sünden der Auslassung; Aristoteles hatte mehr aber nicht anders geschrieben; wenn wir daher in unserer Poetik 'herausgegebene λόγοι' citirt lesen, so haben die glücklichen Besitzer der vollständigen zwei Bücher 'von der Dichtkunst' dasselbe Citat an derselben Stelle mit denselben Worten vor sich gehabt; und kaum braucht noch ausdrücklich der Schluss gezogen zu werden, dass die citirten 'herausgegebenen λόγοι' verschieden sein müssen von der πραγματεία τέχνης ποιητικῆς, in der sie citirt waren. — Nach Eliminirung dieser drei Titel bleibt nun noch ein vierter zurück: 'Ueber Dichter, in drei Bänden (περὶ ποιητῶν α' β' γ' Diog. Laert. 5, 22).' Er hat seinen Platz in dem vordersten Theil des Verzeichnisses, welcher, wie oben (S. 2) bemerkt worden, für die dialogischen Schriften abgegrenzt ist; dieses locale Anzeichen wird in unzweideutiger Weise bestätigt durch den früher nur in älteren lateinischen Bearbeitungen zugänglichen, jetzt auf Cobet's Anregung auch griechisch veröffentlichten Lebensabriss des Aristoteles (s. Anm. 4), wo unter andern Beweisen seiner encyclopädischen Bildung auch ὁ περὶ ποιητῶν διάλογος καὶ τὸ τῆς ποιητικῆς σύγγραμμα (dialogus de poetis et tractatus de poetica, Vit. Arist. p. 2, 11) erwähnt sind; und endlich konnten auch in der Fassung eines der erhaltenen Bruchstücke, welches die Unabhängigkeit der Dichtung vom Metrum bespricht, sichere Spuren des dialogischen Stils schon bei früherer Gelegenheit (Wirkung der Tragödie S. 187) nachgewiesen werden. Die geretteten Trümmer aus diesem drei Bände füllenden Dialog sind zwar an Zahl gering, besonders wenn man sich zunächst, wie um der Zuverlässigkeit willen rathsam ist, auf die durch Nennung des Namens Aristoteles und des Titels der Schrift beglaubigten Anführungen[*]) beschränkt; aber auch das wenige, unter so erschwerenden Bedingungen Ermittelte bezeichnet in hinlänglicher Schärfe die Behandlungsart, welche die dialogische von der nichtdialogischen Schrift verwandten Inhalts schied. Wie es schon die Betitelung 'Ueber Dichter' anzeigt, war der Gegenstand mehr von der lebendig persönlichen und geschichtlichen Seite gefasst, als dies in der objectiv das Wesen und die Gesetze der 'Dichtkunst' feststellenden 'Abhandlung' geschehen konnte; litterärische Anekdoten waren mit Vorliebe eingeflochten; z. B. ward eine Dichter und Philosophen umfassende Liste der Nebenbuhlerschaften von den ältesten Zeiten bis auf Sokrates herabgeführt; und wenn auch die namhaften Dichter nach der Strenge der aristotelischen Theorie beurtheilt waren, so trat doch die Kritik nicht in theoretischer Nacktheit auf; sie war verwebt in eine den Menschen wie den Künstler darstellende Charakteristik des Beurtheilten, während in unserer Poetik, und also auch in der 'Abhandlung über die Dichtkunst', immer nur als erläuternder Beleg für die gegebene Regel den einzelnen Dichtern in der denkbar kürzesten Form ein abgemessenes Lob oder ein stechender Tadel zuerkannt wird. Unsere Poetik*) z. B. führt zum Beweis des Satzes, dass Verse nicht den Dichter machen, den Empedokles an, der 'ja mit Homer nichts gemein habe als den Vers, und also nicht Dichter, wie Homer, sondern Naturforscher heissen müsse'. Im Wesentlichen urtheilte der Dialog eben so ungünstig über jenen berühmtesten Vertreter der didaktischen, von Aristoteles nicht als Poesie anerkannten Gattung; nur ward derselbe dort nicht so unsanft aus der Reihe der Dichter ausgestossen; er ward sachte hinausgeschoben, indem bloss Vorzüge rein stilistischer Art ihm beigelegt wurden, welche ein Anrecht auf den vollen Dichternamen nicht verleihen. Es ward gesagt,**) 'der Agrigentiner habe dem Homer nachgeeifert, sei ein Meister im Ausdruck gewesen, da er die Metapher und die übrigen poetischen Handgriffe mit Glück gebrauchte'. Ausserdem war über die Lebensverhältnisse des Mannes und seine vielartigen, zum Theil durch weibliche Unvorsichtigkeit dem Feuer verfallenen Schriften gesprochen. Man

---

*) c. 1, 1447ᵇ 17 οὐδὲν δὲ κοινόν ἐστιν Ὁμήρῳ καὶ Ἐμπεδοκλεῖ πλὴν τὸ μέτρον· διὸ τὸν μὲν ποιητὴν δίκαιον καλεῖν, τὸν δὲ φυσιολόγον μᾶλλον ἢ ποιητήν.

**) Ἀριστοτέλης ἐν τῷ περὶ ποιητῶν φησιν ὅτι καὶ Ὁμηρικὸς ὁ Ἐμπεδοκλῆς καὶ δεινὸς περὶ τὴν φράσιν γέγονε, μεταφορικός τ' ὢν καὶ τοῖς ἄλλοις τοῖς περὶ ποιητικὴν ἐπιτεύγμασι χρώμενος. Diog. Laert. 8, 57.

sieht, Alles bezweckte zugleich die Unterhaltung und die Belehrung des Lesers; und die äussere auch Curiositäten nicht verschmähende Litterärgeschichte war zur Hebung der ästhetischen Theorie verwendet. Keine Dichtgattung ist nun aber ergiebiger für eine solche gleichmässige Hervorhebung der inneren und äusseren Seite als das in die anschaulichste Wirklichkeit eingehende Drama. Gewiss lag die tiefsinnige, alles Unwesentliche abstreifende Auffassung der dramatischen Mittel und des dramatischen Zwecks, welche in unserer Poetik herrscht, auch dem Dialog zu Grunde; aber sie konnte sich dort nicht so ausschliesslich geltend machen; neben der Werkstatt im schaffenden Geiste des Dichters sollte auch der sinnliche Boden des Drama, die Bühne und alles mit dem Bühnenwesen Zusammenhängende, hell beleuchtet werden. Wie wenig Aristoteles in jenem Dialog es sich z. B. versagt haben wird, das Allerausserlichste der Aufführung, das Costume im eigentlichen Sinn, zu besprechen, lehrt ein von Macrobius wörtlich erhaltenes Bruchstück, welches an Euripides einen Costumefehler im uneigentlichen Sinn, nämlich einen bloss in Worten begangenen, mit einer Angelegentlichkeit rügt, welche von der Geringschätzung unserer Poetik für alles Derartige sehr absticht. Euripides hatte in der Tragödie Meleagros (*fr.* 534 Nauck) einen Boten die zur kalydonischen Jagd versammelten Helden nach ihrer verschiedenen Landestracht beschreiben lassen; von den Brüdern der Althäa, den Söhnen des Thestios, war gesagt, sie seien 'nach ätolischem Brauch' erschienen 'des linken Fusses Sohle unbeschuht, die andere deckte Leder, dass in leichtem Schwung das Knie sie höben'. Hiergegen hatte das zweite Buch des aristotelischen Dialogs*) folgenden zugleich auf die Sittengeschichte und die Hebelgesetze gegründeten Einwand erhoben: 'Aber die Aetoler haben die ganz entgegengesetzte Sitte; auf dem linken Fuss tragen sie Schuhe, mit dem rechten gehen sie barfuss. Und wirklich, sollte ich meinen, muss der ausschreitende Fuss unbeschwert sein, und nicht der zurückbleibende.' Eine

---

*) ipsa *Aristotelis verba ponam ex libro quem de poetis secundo subscripsit, in quo de Euripide loquens sic ait*: τοὺς δὲ Θεστίου κόρους τὸν μὲν ἀριστερὸν πόδα φησὶν Εὐριπίδης ἄθετον ἔχοντας ἀναβάλλειν. λέγει γοῦν ὅτι 'τὸ λαιὸν ἴχνος' ἴσον 'ἀνάρβυλοι ποδός, Τὸ δ' ἐν πεδίλοις, ὡς ἐλαφρίζων γόνυ Ἔχοιεν'. ᾗ (so statt εἰ) δὴ πᾶν τοὐναντίον ἔθος τοῖς Αἰτωλοῖς· τὸν μὲν γὰρ ἀριστερὸν ὑποδέονται, τὸν δὲ δεξιὸν ἀνυπόδετον. δεῖ γάρ, οἶμαι, τὸν ἡγούμενον ἔχειν ἐλαφρόν, ἀλλ' οὐ τὸν ἑπόμενον. *Macrob. Sat.* 5, 18.

Schrift nun, in welcher der Philosoph für solche Garderobenkritik ein Plätzchen ausmittelte, musste für die Behandlung der theatralischen Illusion nach allen ihren Verzweigungen das weiteste Feld eröffnen; gerade diese nach Aussen gerichtete Seite der dramatischen Kunst fügte sich auf das Willigste in den Inneres und Aeusseres verschmelzenden Ton, welcher den ganzen Dialog durchzog; sie ward also dort so erschöpfend erledigt, dass Aristoteles, als er in der 'Abhandlung über die Dichtkunst' die Illusion in ihren Beziehungen zur Bildung dramatischer Charaktere berühren musste, füglich auf das bereits in dem Dialog 'Ueber Dichter' ausreichend (ἱκανῶς s. oben S. 6) Erörterte verweisen konnte. Und daher — so darf jetzt wohl zuversichtlich weiter geschlossen werden — kommt es, dass unsere Poetik, welche in dem was sie giebt mit der 'Abhandlung über die Dichtkunst' identisch ist, hinsichtlich desselben Punktes die 'herausgegebenen λόγοι' citirt, d. h. die herausgegebenen 'Gespräche'; denn nunmehr dürfen wir, ermächtigt durch die dargelegten Combinationen, dem weitschichtigen griechischen Wort λόγοι die engere Bedeutung zuschreiben, in welcher es dem lateinischen sermones entspricht und als eigentliche Bezeichnung kunstmässiger Dialoge (Σωκρατικοὶ λόγοι) herkömmlich ist.

Blicken wir von dem gewonnenen Ergebniss aus noch einmal zurück auf die Wortfassung des Citats εἴρηται δὲ περὶ αὐτῶν ἐν τοῖς ἐκδεδομένοις λόγοις ἱκανῶς (s. oben S. 6), so verdient es, mit Rücksicht auf die allgemeineren Fragen über Beschaffenheit und Schicksale der aristotelischen Werke, hervorgehoben zu werden, dass eine Schrift, welche eine andere desselben Verfassers eine 'herausgegebene' nennt, darum noch nicht nothwendig selbst eine nicht herausgegebene sein müsse; das blosse Perfectum kann in allen Sprachen als gleichbedeutend mit dem adverbial verstärkten Perfectum, 'herausgegeben' mit 'früher herausgegeben', ἐκδεδομένοι mit πρότερον oder ἤδη ἐκδεδομένοι verstanden werden; und wenn überdies eine nicht gesprächsförmige Schrift herausgegebene Gespräche citirt, so ersetzt der Nachdruck, welcher naturgemäss auf das Substantiv fällt, hinlänglich die ausgelassene adverbiale Bestimmung; man ist also auf Grund dieser Stelle unserer Poetik nicht berechtigt zu leugnen, dass Aristoteles selbst die 'Abhandlung über die Dichtkunst' herausgegeben habe; sondern bei diesem wie bei jedem anderen Citat ist nur der Schluss zwingend, dass die citirende Schrift, also hier die 'Abhandlung über die Dichtkunst', später abgefasst sei als die citirte, der Dialog 'über Dichter'. Wenn daher die aus der Zeit der wiederauflebenden Wissenschaften stammende, jetzt unter Plutarchs Namen gehende Sammelei über den Adel,*) nachdem erst einschlagende Stellen aus Aristoteles' Politik ausgezogen worden, dessen Dialog über den Adel erwähnt als das *ἐκδιδομένον Περὶ Εὐγενείας βιβλίον* (c. 7 p. 67, 5 Dübner), mithin jede dialogische Schrift des Aristoteles glaubt im Unterschied von den nichtdialogischen eine 'herausgegebene' nennen zu dürfen, so enthält hierfür unsere Stelle der Poetik, aus welcher der unbekannte Stoppler offenbar den Ausdruck entnommen hat, keineswegs eine allein ausreichende Gewähr. Vielmehr muss die ebenso schwierige wie lohnende Frage über die verschiedenen, zum eigenen Gebrauch oder zur Veröffentlichung bestimmten Schriftenreihen des Aristoteles erst durch andere Mittel spruchreif gemacht sein, bevor unsere in dieser Beziehung mehrdeutige Stelle auch nur subsidiarisch in die Verhandlung hineingezogen werden darf. Eine völlig entscheidende Kraft kommt ihr dagegen zu, wenn es sich darum handelt, die von manchen jetzigen Bearbeitern des Aristoteles gehegte Ansicht zu widerlegen, welche jüngst ein Herausgeber der Bücher Von der Seele dahin formulirt hat, dass 'sich in den uns erhaltenen Werken keine Hinweisung auf die für das grössere Publicum bestimmten finde.'*) Dieser so unbedingt leugnende Satz wäre bereits umgestossen, auch wenn das Citat des Dialogs 'Ueber Dichter' die einzige Gegeninstanz bildete; aber sie ist nur die deutlichste und bei Weitem nicht die einzige; ja, eben die Stelle in der Schrift Von der Seele, welche zu jener Leugnung den Anlass gab, wird als eine zweite, nur um wenige Grade der Deutlichkeit hinter der ersten zurückbleibende Gegeninstanz sich geltend machen.

II.

Der geschichtliche Rückblick, mit welchem Aristoteles seine Psychologie einleitet, geht, nachdem die Meinungen der bedeu-

---

*) *Nullus apud Aristotelem locus invenitur quo significetur aliquis ex iis libris quos ad communem magis iudicium popularemque intelligentiam accommodatos composuit.* Torstrik p. 123.

tendsten Vorgänger durchmustert worden, zur Besprechung der Ansicht aber, dass die Seele eine Harmonie sei. Die griechischen Worte, welche den Uebergang bilden, sind in der besten Handschrift folgendermaassen überliefert *(de anima* I, 4 p. 407^b 27*)*: καὶ ἄλλη δέ τις δόξα παραδέδοται περὶ ψυχῆς, πιθανὴ μὲν πολλοῖς οὐδεμιᾶς ἧττον τῶν λεγομένων, λόγους δ' ὥσπερ εὐθύνας δεδωκυῖα καὶ τοῖς ἐν κοινῷ γεγονόσι λόγοις· ἁρμονίαν γάρ τινα αὐτὴν λέγουσι. In seinem ersten Theile ist dieser Satz so gänzlich ohne Schwierigkeit, dass nur mittelalterlicher Unkunde des Griechischen mit einer Uebersetzung gedient sein könnte, welche dann selbstverständlich so lautet: 'Auch noch eine andere Meinung über die Seele ist gelehrt worden, die zwar bei Vielen eben so grossen Beifall findet, wie nur irgend eine der sonst umlaufenden —'. Der zweite Theil jedoch, welcher das Aber zu dem Zwar nachliefert, ward allerdings in neuerer Zeit wie im Mittelalter von mehr als Einem übersetzt, aber noch von keinem Sprachkundigen. Der Kundige kann die Worte nach ihrer überlieferten Fassung nicht wiedergeben; gleich bei den ersten λόγους δ' ὥσπερ εὐθύνας δεδωκυῖα geräth er ins Stocken. Im Sinne von 'Rechenschaft ablegen' — und dass dies im hiesigen Zusammenhang der allein mögliche Sinn ist, bedarf keines Nachweises — sagt der Grieche so wenig λόγους διδόναι wie der Deutsche 'Rechnungen legen'. Nun liesse sich dieser grammatische Uebelstand, wäre er der einzige, zwar leicht heben. Man brauchte nur dem neuesten Herausgeber zu folgen und den Singular λόγον an die Stelle des Plurals λόγους zu setzen. Aber auch nach dieser raschen Hinwegräumung des grammatischen Fehlers wird der an echtes Griechisch und an aristotelische Genauigkeit gewöhnte Leser noch immer die Verbindung λόγον δ' ὥσπερ εὐθύνας δεδωκυῖα aus den stärksten stilistischen Gründen unleidlich finden. Denn erstlich stehen die beiden Redensarten λόγον διδόναι und εὐθύνας διδόναι in ihrer Färbung nicht so weit von einander ab, dass die erste mit der zweiten wie eigentlicher Ausdruck mit Metapher durch 'gleichsam *(ὥσπερ)*' verknüpft werden dürfte; vielmehr ist λόγον διδόναι im allgemeinen Sinn von 'Rechenschaft ablegen' selbst schon ein übertragener Ausdruck, in welchem trotz seines häufigen Gebrauchs immer noch die vom Rechnungswesen entlehnte Metapher hörbar bleibt: attische Redner,[*]) wo sie von der Decharge eines Beamten sprechen, bedienen sich beliebig bald der einen bald der anderen Phrase; für das griechische Ohr klingt daher λόγον ὥσπερ εὐθύνας διδόναι eben so ungeschickt wie für das deutsche 'sich der Rechenschaftsablage, gleichsam der Controle unterwerfen'. Und wie nach dieser Seite die beiden Ausdrücke so nahe zusammenstossen, dass sie nicht als verschiedene durch vergleichende Partikeln verbunden werden können, so weichen sie wiederum nach einer anderen Seite, und zwar nach derjenigen, welche für Aristoteles' Absicht wesentlich ist, so weit auseinander, dass eine gleichzeitige Anwendung Beider am hiesigen Ort unstatthaft wird. Offenbar nämlich will Aristoteles sagen, dass die Ansicht von der harmonieartigen Natur der Seele, obwohl sie bei Vielen Beifall finde, dennoch eine Prüfung, der sie bereits unterzogen worden, nicht glücklich bestanden habe. Der Nebenbegriff eines solchen unglücklichen Ausgangs haftet aber niemals an dem griechischen λόγον διδόναι, so wenig wie an dem deutschen 'Rechenschaft ablegen'; vielmehr schliesst der griechische wie der deutsche Ausdruck, so weit er überhaupt das Resultat berücksichtigt, die Voraussetzung ein, dass der sich Verantwortende sich auch reinigt; und von dem tadellos aus der Prüfung Hervorgehenden sagt man: λόγον δίδωσιν. Hingegen wird εὐθύνας διδόναι, ausser von der im Fortgang begriffenen Untersuchung, auch noch von der Entrichtung der Strafe gesagt, welche der missliche Ausfall der Controle zur Folge hat. Ein schlagendes Beispiel hierfür liefert das von Metaphern handelnde zehnte Capitel im dritten Buch der aristotelischen Rhetorik. Dort wird nach vielen anderen, wegen richtig beobachteter Analogie gerühmten bildlichen Redensarten schliesslich auch diese Wendung angeführt: αἱ πόλεις τῷ ψόγῳ τῶν ἀνθρώπων μεγάλας εὐθύνας διδόασιν (p. 1411ᵇ 19). Dass der unbekannte Urheber dieses Satzes nicht die blosse Rechnungsablage unter εὐθύνας διδόασιν verstanden habe, zeigt das Adjectiv μεγάλας, welches nur für ein Strafobject passt, und zeigt ferner der erläuternde Zusatz des Aristoteles, welcher die Richtigkeit der Analogie hervorhebt: 'Denn εὔθυνα ist eine im Wege Rechtens erlittene Einbusse (ἡ γὰρ εὔθυνα βλάβη τις δικαία ἐστίν)'; mithin muss jene metaphorische Wendung zu Deutsch folgendermassen wiedergegeben werden: 'Die Mittelstaaten werden von dem Tadel der öffentlichen Meinung in schwere Strafe genommen'. Und ganz dieselbe Metapher mit ganz ähnlichem personificirenden Dativ, wie er hier in τῷ ψόγῳ sich findet, gebraucht Aristoteles auch in unserer Stelle der Schrift Von der Seele: ὥσπερ εὐθύνας διδοῦσα καὶ τοῖς ἐν κοινῷ γιγνομένοις λόγοις 'die Ansicht, dass die Seele eine Harmonie sei, ist bereits von den ἐν κοινῷ γιγνόμενοι λόγοι zur Strafe gezogen worden'. Mit dieser unentbehrlichen Nuance der Phrase εὐθύνας διδόναι ist aber das grammatisch berichtigte λόγον διδόναι, da es keine Beziehung auf Strafe enthält, ebenso unvereinbar wie das ungrammatisch überlieferte λόγους διδόναι; und man wird, um den vielartigen Misständen der von der besten Handschrift dargebotenen Lesart zu entgehen, schärfere Mittel wählen müssen als die leichte Aenderung des Plurals λόγους in den Singular λόγον. Das scheinen auch die gelehrten byzantinischen oder italischen Zubereiter einiger zur schlechteren Classe gehöriger Handschriften gefühlt zu haben; nur trieben sie in ihrer bekannten Weise die Schärfe der Mittel bis zur Gewaltsamkeit; sie schufen nämlich die Ueberlieferung λόγοις δ' ὥσπερ εὐθύνας διδοῦσα καὶ τοῖς ἐν κοινῷ γιγνομένοις λόγοις zu folgender Fassung um: λόγοις δ' ὥσπερ εὐθύνας διδοῦσα καὶ τοῖς ἐν κοινῷ λεγομένοις. Durch diese Manipulation sind freilich alle bisher erwogenen Anstösse beseitigt; weder von λόγους διδόναι noch von λόγον διδόναι ist eine Spur geblieben; aber es ist dafür ein neues und schlimmeres Unheil eingetreten, indem durch die Stellung des adversativen δέ hinter dem Dativ λόγοις der Schwerpunct des Gegensatzes zwischen den beiden Satztheilen auf das Uniträglichste verrückt ist; das den Worten πιθανὴ μὲν πολλοῖς des ersten Satztheils entsprechende δέ muss nothwendig mit dem Hauptbegriff des zweiten Satztheils, also mit εὐθύνας, darf aber nimmermehr mit dem Nebenbegriff λόγοις in die nächste Verbindung gesetzt werden; und diese begriffliche Incongruenz genügt, auch abgesehen von der ungerechtfertigten Trennung der zusammengehörigen Dative, allein schon um die ganze Fassung als eine gefälschte erscheinen zu lassen. Die schlechten Handschriften zeigen also hier, wie so oft, dass ihre Anfertiger das Uebel nur zu fühlen aber nicht zu heilen vermochten; und zur Befreiung von demselben will sich kein gelinderes Verfahren darbieten, als dass wir, im Uebrigen an der echten Ueberlieferung festhaltend, das grammatisch und stilistisch verkehrte λόγοις, welches aus falschem Glossem zu εὐθύνας entstanden sein mag, ausmerzen und sonach dem ganzen Satz folgende Gestalt geben: καὶ ἄλλη δέ τις δόξα παραδέδοται περὶ ψυχῆς, πιθανὴ μὲν πολλοῖς οὐδεμιᾶς ἧττον τῶν λεγομένων, ὥσπερ εὐθύνας δὲ δεδωκυῖα καὶ τοῖς ἐν κοινῷ γιγνομένοις λόγοις.

Nach Erledigung dieses die Lesart eluenden kritischen Geschäfts, welches den verursachten Zeitaufwand durch den Ertrag vergütet, den es auch nach hermeneutischer Seite zur schärferen Bestimmung des Sinnes von εὐθύνας διδόναι abgeworfen hat, verlangt nun die Frage Beantwortung: was meint Aristoteles unter den ἐν κοινῷ γιγνόμενοι λόγοι, welche die Ansicht von der harmonieartigen Seele zur Rechenschaft und Strafe nicht ziehen, sondern bereits gezogen hatten, als er das erste Buch seiner Psychologie abfasste? Durch solche Hervorhebung der in dem Perfectum δεδωκυῖα gegebenen Zeitgrenze schliesst gleich die richtige Fragestellung eine der unersprieslichen Antworten aus, mit denen man sich befriedigen wollte. Der neueste Herausgeber*) der aristotelischen Psychologie ist nämlich 'überzeugt, dass Unterhaltungen, wie sie Leute aus der feinen Welt führen' gemeint seien. In wie fern es nun an sich glaublich erscheine, dass Aristoteles irgendwo dem unfassbaren Hin- und Hersprechen der gesellschaftlichen Conversation eine Stimme in wissenschaftlicher Verhandlung einräume, soll später (Abschn. III) in dem weiteren Zusammenhang erörtert werden, aus welchem dieser Erklärungsversuch herstammt; um jedenfalls seine Unanwendbarkeit auf die hiesige Stelle einleuchtend zu machen, bedarf es nur der Hindeutung auf zwei in der Wortfassung unseres Satzes liegende Gegenbeweise. Erstlich auf jenes eben berührte Perfectum δεδωκυῖα. Denn angenommen einmal, dass die Unterhaltungen, welche in Athen unseren Theetisch- und Caffeehaus-Gesprächen ähnlich waren, sich wirklich in einer die Aufmerksamkeit des Aristoteles erregenden Weise mit Fragen über die harmonieartige Seele befasst haben, so ist doch wehrlich nicht abzusehen, weshalb das nur in der Vergangenheit geschah, und um die Zeit, als Aristoteles seine Psychologie niederschrieb, die feinen Weltmänner es plötzlich unterliessen, die Harmonielehre vor ihr elegantes Forum zu ziehen. Der andere eben so triftige Gegenbeweis liegt in dem Verhältniss zwischen den beiden Theilen unseres Satzes. Die Auffassung der Seele als Harmonie, heisst es in

---

*) *mihi persuasum est ,... τοῖς ἐν κοινῷ γιγνομένοις λόγοις ... significare ... eas disputationes quales homines elegantiores instituere solent.* Torstrik p. 123.

dem ersten Theile, finde zwar bei Vielen Beifall *(πιϑανὴ μὲν πολλοῖς)*. Zu welcher Classe gehören diese 'Vielen'? Sicherlich nicht zu den von Aristoteles anerkannten eigentlichen Philosophen, deren Zahl keine grosse ist und die ja auch keine starke Hinneigung zu jener Ansicht zeigen; wohl aber ist es begreiflich, dass eine Auffassung, welche einerseits die Substantialität der Seele verflüchtigte, andererseits einen unerschöpflichen Quell der zierlichsten Vergleichungen zwischen musikalischer und seelischer Harmonie in sich schloss, den Bedürfnissen wie dem Geschmack gerade der 'feinen Welt' am Ilissos nicht weniger als am Seineflusse*) sich empfahl: wie in der That auch Platon*) bezeugt, dass diese Meinung bei der 'Menge der Menschen' wegen des ihr beiwohnenden 'anmuthigen Scheines' Eingang gefunden habe. Im Gegensatz nun zu dem Beifall der 'vielen' und feinen Leute erwähnt Aristoteles die ungünstig ausgefallene Prüfung, welche in den *ἐν κοινῷ γιγνόμενοι λόγοι* angestellt worden. Unmöglich also können die verwerfenden *λόγοι* des Nachsatzes in die Zusammenkünfte der 'feinen Welt' verlegt werden, deren Beifall der Vordersatz eben bekundet hat. Vielmehr drängt die unbefangene Betrachtung des gesammten aristotelischen Satzes unweigerlich dahin, die *ἐν κοινῷ γιγνόμενοι λόγοι* innerhalb der philosophischen Litteratur zu suchen, wie es die älteren griechischen Erklärer auch gethan haben. Simplicius**) denkt zugleich an den platonischen Phädon, der 'vielleicht angedeutet sein könne', und an einen aristotelischen Dialog, der 'sicherlich mitgemeint sei'. Diese Doppelbeziehung des Simplicius haben, wohl wegen ihrer mit den Grundsätzen gesunder Hermeneutik unverträglichen Unbestimmtheit, neuere Forscher (Brandis, Aristoteles S. 107) in die ausschliessende Alternative verwandelt, dass unsere Stelle entweder den aristotelischen Dialog, oder nicht diesen, sondern nur den platonischen Phädon im Auge habe; die Entscheidung wird für eine mit unseren jetzigen Mitteln unmögliche erklärt; und so sind wir denn zu kurzer Besprechung zunächst der Annahme genöthigt, dass Aristoteles, mit Vernachlässi-

---

*) ὅδε μὲν γάρ μοι [λόγος ψυχὴν ἁρμονίαν εἶναι] γέγονεν ἄνευ ἀποδείξεως μετὰ εἰκότος τινὸς καὶ εὐπρεπείας, ὅϑεν καὶ τοῖς πολλοῖς δοκεῖ ἀνϑρώποις. Phaedon p. 92 c.

**) fol. 14ᵃ *ἐν κοινῷ δὲ γινομένοις λόγοις τοῖς συμμέτροις καὶ τοῖς πολλοῖς ἐρωτηϑεῖσιν καλεῖ, αἰνιττόμενος μὲν ἴσως καὶ τοὺς ἐν Φαίδωνι, λέγων δὲ καὶ τοὺς ὑπ' αὐτοῦ ἐν τῷ διαλόγῳ τῷ Εὐδήμῳ γραφέντας πιϑανωτέρως τῆς ἁρμονίας.*

sigung seiner eigenen Schrift, auf die Argumente verweise, durch welche der platonische Sokrates den Thebaner Simmias, den Verechter der Ansicht von der harmonieartigen Seele, widerlegt. Wie die Leser des Phädon sich erinnern, wird dort (p. 93—95) als erstes und, nach der ganzen Anlage des Dialogs, hervorstechendstes Argument der Widerspruch benutzt, in welchen die Auffassung der Seele als Harmonie des Körpers sich zu dem platonischen Dogma setze, welches die Seele vor dem Körper vorhanden und in diesem körperlosen Zustand der Ideen theilhaftig sein lässt. Hat es nun hinlängliche Wahrscheinlichkeit, dass Aristoteles, der unermüdliche Bekämpfer der Ideenlehre, eine Schlussreihe zu der seinigen mache, deren wichtigstes Glied ohne jene Lehre brüchig wird? Ist es ferner glaublich, dass diejenigen, für welche das Citat bestimmt war, es in dieser ungewöhnlichen Form würden verstanden haben? Die Erwähnungen des platonischen Phädon sind in den aristotelischen Schriften verhältnissmässig nicht selten; überall wird er, wie die bezüglichen Sammlungen (Ueberweg, Untersuchungen S. 134) nachweisen, kurz und deutlich unter seinem gewöhnlichen Titel *(ἐν Φαίδωνι)* citirt; und hier sollte eine, wenn es sich um das platonische Gespräch handelt, so anlasslos weitläufige und, wie man auch die Worte *ἐν ποιητῇ γιγνόμενοι λόγοι* verstehen mag, jedenfalls gespreizte Citirweise gewählt sein? Die Schüchternheit war also nicht ohne Grund, mit der Simplicius eine Hindeutung auf den platonischen Phädon nur als eine 'vielleicht' denkbare neben der unter allen Umständen anzuerkennenden Beziehung auf einen aristotelischen Dialog hinstellte; und der Gegner des Simplicius, der ihm sonst nachstehende Johannes Philoponus,*) hat, obgleich er anderes Verkehrte einmengt, doch wenigstens daran wohlgethan, dass er den Platon aus dem Spiele liess; wir aber dürfen durch die dargelegte Unannehmbarkeit der alleinigen Beziehung auf Platon zugleich die von Simplicius freigestellte Nebenbeziehung auf denselben als beseitigt betrachten, und den Nachweis unternehmen, dass der aristotelische Dialog, von welchem Simplicius zugesteht, dass er 'sicherlich mitgemeint' sei, allein genügt und allein im

---

*) *fol. E 1ᵇ προστίθησι καὶ τοῦ τὰς εὐθύτας ἴσαυν [ἡ δόξα]· ἐν τοῖς ἐν ποιητῇ, φησί, λεγομένοις λόγοις. λέγοι δ' ἂν ἢ τὰς ἀγράφους αὐτοῦ συνουσίας πρὸς τοὺς ἑταίρους* [so statt *ἑτέρους*], *ἢ τὰ ἐξωτερικὰ συγγράμματα, ὧν εἰσι καὶ οἱ διάλογοι, ὧν ὁ Εὔδημος.*

Stande ist, die Worte *ἐν κοινῷ γιγνόμενοι λόγοι* auch sachlicher wie nach stilistischer Seite aufzuklären.

Bis in die byzantinische Zeit hatte sich ein Gespräch erhalten, in welchem Aristoteles das Andenken seines Freundes Eudemos verewigen wollte, der seine Heimath Kypros wohl in Folge der politischen Wirren und kriegerischen Zeitläufte verlassen hatte, welche dort durch die verwickelten Verhältnisse der kleinen Stadtkönige zu einander und zu dem oberherrlichen persischen Monarchen herbeigeführt waren und mit kurzen Unterbrechungen während der zwei ersten Drittheile des vierten Jahrhunderts v. Chr. sich fortsetzten.[1]) Eudemos war nach Athen übergesiedelt und hatte sich dem freien Männerbunde angeschlossen, welcher in der Akademie unter Platon's Leitung Fremde aus allen Theilen Griechenlands vereinigte zu theoretischer Fortbildung der Wissenschaft nicht minder als zu praktischer Umgestaltung des hellenischen Lebens im Wege politischer Thätigkeit. Die bedeutendste Unternehmung der letzteren Art, welche der weitverzweigte Einfluss der Akademie unterstützte, war der Versuch des Syrakusaners Dion, den edlen Traum Platon's von herrschenden Philosophen oder philosophischen Herrschern gerade auf dem Boden Siciliens zu verwirklichen, wo dem Platon selbst vormals durch den jüngeren Dionysios ein so schmerzliches Erwachen war bereitet worden. Eudemos nahm persönlich Theil an Dion's Abenteuer; und auch eine Reise, die er im Jahr 359 nach Makedonien that, hing wohl mit den Vorbereitungen zu dem sicilischen Befreiungszuge zusammen, da an der Spitze der makedonischen Verwaltung mehrere Jahre hindurch ein Genosse des akademischen Bundes, Euphräos aus Oreos, gestanden hatte, der, von Platon an Perdikkas III. empfohlen, bald als allmächtiger Minister den noch halbbarbarischen König beherrschte. Auf dem Wege von Athen nach Makedonien überfiel den Eudemos eine schwere Krankheit in der thessalischen Stadt Pherä, wo damals der berüchtigte Tyrann Alexandros eine nach menschlichem Absehen wohlbefestigte Gewaltherrschaft übte und den Sendboten der Akademie, welcher auf den Sturz seines sicilischen Mitbruders in der Tyrannei hinarbeitete, nicht mit gnädigen Augen angesehen haben mag. Die Aerzte gaben den Eudemos verloren; aber dem Kranken erschien im Fiebertraume ein Jüngling von übermenschlicher Schönheit, der ihm drei Geheimnisse der Zukunft verkündigte: er werde, trotz des ärztlichen Todesspruches, in nächster Zeit genesen; die Tage des Tyrannen, in dessen Stadt er danniederliege, seien gezählt; und über fünf Jahre werde er, Eudemos, in seine Heimath kommen. Die zwei ersten Theile der Verkündigung erfüllten sich unmittelbar: Eudemos stand vom Krankenlager auf und setzte die Reise nach Makedonien fort: der mächtige thessalische Tyrann fand bald darauf in unerwarteter Weise den Tod durch eine Pallastverschwörung, an deren Spitze sein eigenes Weib und deren Brüder standen; und stutzig gemacht durch das pünktliche Eintreffen der Traumesworte in diesen zwei Stücken, sah Eudemos mit um so gespannterer Erwartung dem Ende der fünfjährigen Frist entgegen, welche für die Erfüllung der letzten, seine Heimkehr verkündenden Weissagung gesetzt war. Mit dem was ihn innerlich so tief ergriffen hatte und fortwährend beschäftigte, hielt er bei seinem Wiedereintreffen in Athen gegen seine Freunde in der Akademie nicht zurück; nach Allem, was über die Mehrzahl der nächsten Schüler Platon's bekannt ist, scheinen sie eher zu viel als zu wenig Gewicht auf die dunkle Seite des menschlichen Gemüths, auf Ahnungen und Erscheinungen gelegt zu haben; man gab allgemein den Worten des Traumgesichts die natürlichste Auslegung, zu welcher die Verhältnisse eines aus seinem Vaterlande Verbannten einluden, und erwartete, binnen fünf Jahren würden die politischen Wirren auf Kypros sich so weit geordnet haben, dass Eudemos, nach glücklich beendigtem sicilischen Feldzuge, eine wiederherstellende 'Heimkehr' im griechischen Sinne — eine *κάθοδος* — gewärtigen dürfe. Aber die akademischen Traumdeuter waren zu einfache Ausleger. Es kam anders. Nach Ablauf der fünf Jahre fiel Eudemos bei Syrakus in einem der Gefechte, welche nach rascher Beseitigung des jüngeren Dionysios die bald gespaltene dionische Partei sich untereinander lieferte; und nun erst verstand man in der Akademie, welcherlei Heimkehr der Götterjüngling im Traume verkündet hatte. Nicht die Wiederaufnahme in Kypros war gemeint, sondern die Einkehr in dasjenige Vaterland, aus welchem der menschliche Geist in das irdische Dasein herniederkommt und wohin der Tod ihn zurückführt.

Aristoteles, der beim Tode des Eudemos (354) im dreissigsten Lebensjahre stand und als bevorzugter Schüler des damals fünfundsiebenzigjährigen Platon Freud und Leid der Akademie theilte, stiftete dem betrauerten Freunde ein philosophisches Denkmal, wie Platon es dem Sokrates im Phädon errichtet hatte. Jener bedeutsame Traum des Eudemos bot einen lockenden Anlass, die Frage von der Fortdauer der Seele nach dem Tode, welche das platonische Gespräch in letzter Instanz vom Stehen oder Fallen der Ideenlehre hatte abhängen lassen, einer neuen Erörterung zu unterwerfen: der junge Stagirite, dessen Denken zu selbständiger Kraft erstarkt war, wollte in einer anmuthigen, der platonischen nacheifernden Form einen Ueberblick alles dessen geben, was den Glauben an eine ewige Menschenseele auch bei denen, welche, wie er selbst, die Ideenlehre verwerfen, zu wecken und zu befestigen geeignet war. Und nicht nur die dialogische Form erinnerte an Platon; er folgte dem Vorgänger auch auf das Gebiet der mythologischen Sagengebilde und des gewöhnlichen Volksglaubens: während jedoch Platon das von dieser Seite Dargebotene mit frei schaltender Phantasie umschafft und, z. B. in der Beschreibung der Höllenströme, selbst Mythologe wird, liess Aristoteles das Gegebene unangetastet und verwerthete es in seiner ursprünglichen Gestalt als eine aus grauer Vorzeit in die Gegenwart herabreichende Kette von übereinstimmenden Zeugnissen für den tiefen Zug des menschlichen Gemüths, das Leben nicht mit dem leiblichen Tode aufhören zu lassen. Diese Art von historischer Ausbeutung des Mythos und Cultus, von welcher auch die erhaltenen aristotelischen Schriften so manche Beispiele liefern, tritt deutlich hervor in dem früher (Rhein. Mus. 16, 236) behandelten grössten Bruchstück des Dialogs, welches die alte, von Solon *(Plutar. Sol. c. 21; Demosth. in Leptin.* § 104 Bek.) gesetzlich fixirte Verpönung der Schimpfreden gegen Verstorbene berührt, und in den Antworten des Silenos auf die Fragen des phrygischen Midas den sagenhaften Ausdruck der alten Ansicht von dem Elend des irdischen und dem Vorzug eines ausserirdischen Daseins erkennt. In derselben Weise wurde auf die Todtenspenden und die Sitte des Schwörens bei dem Namen Verstorbener Gewicht gelegt [*]) als auf ein unwillkührlich aus den

---

[*]) ἐν ... τοῖς δικαιωμοῖς φησιν οὕτως ὅτι ἐν τῇ ἐθίσματι παιδῇ εὐσεβοῦς παντὸς ὡς ἀνθρώπων καὶ ταυτόματα χρὴν τοὺς κατοιχομένους καὶ ὅμνυον κατ' αὐτῶν, οὐδεὶς δὲ ὡς μηδαμῶς μηδαμοῦς ὄντα ὀμνύειν κατὰ ἢ ὄμνυεν κατ' αὐτοί Schol. in Aristot. 26b 30.

Tiefen des menschlichen Herzens hervorbrechendes Zeugniss für das Dasein derjenigen, denen man die Spenden ausgiesst und die man zur Bekräftigung des eigenen Wortes aufruft; und wohl in Zusammenhang mit den düsteren Rathschlägen des Silenos war die noch düsterere Lehre von dem Fall der Geister und der Austheilung der irdischen Lebensloose an die Gefallenen vorgetragen (Wirkung d. Trag. S. 197). So wenig Aristoteles diese früher von Empedokles ausgeschmückte Priesterlehre als Philosoph annehmen konnte, so viel schauerliches Behagen scheint er an der Darstellung der ihr zu Grunde liegenden Lebensauffassung gefunden zu haben. Je mehr das Griechenthum und die alte Welt überhaupt sich ihrem Verfall zuneigte, desto herberer Ernst lagert sich auf den Zügen ihrer Dichter und Denker, und desto spurloser verschwindet die frühere heitere Lust an der Erde und dem Leben auf ihr; Thukydides weiss nichts von Spiel und nichts von Lachen; Euripides verfällt in tobende Trauer; und die strenge Zucht des Denkens, welcher Aristoteles sich untergab, konnte nicht verhindern, dass, als er in diesem Theil des Dialogs nicht das einzelne Elend im menschlichen Leben, sondern das menschliche Leben im Ganzen als ein Elend schildern wollte, hierfür sich ihm das entsetzlichste Bild aufdrängte, vor dessen Ausmahlung sowohl der Frohsinn wie der Schönheitssinn eines Hellenen der früheren Zeit zurückgebebt hätte. Er verglich das irdische Dasein, welches den Geist an den Körper heftet, mit dem Zustande der Unglücklichen, welche in die Hände etruskischer Seeräuber gefallen waren und nach der abgefeimt grausamen Sitte dieser Barbaren der Civilisation mit Leichnamen zusammengeschmiedet worden; wie durch diese grässliche Paarung das Lebendige in die Verwesung des Todten hineingezogen wird, so schleppe der auf die Erde verstossene, allein wahrhaft lebendige Geist [13]) den Körper mit sich als einen todten Fesselgenossen, dessen Fäulniss ihn ansteckt. Aber durch solche Ausgeburten einer vor Nichts zurückschreckenden Phantasie konnte Aristoteles so wenig wie durch Ausdeutung der Mythen und Cultusgebräuche die Aufgabe gelöst erachten, welche er im Dienst der Philosophie sich gestellt hatte; das als ahnender Glaube der Menschheit geschichtlich Nachgewiesene sollte auch für das Denken mit den allein giltigen logischen Mitteln bewiesen werden. Und so haben wir denn auch bestimmte Kunde, dass der

aristotelische Dialog in einer Reihe regelrecht gebildeter Schlüsse
die Unsterblichkeit der Seele zu erhärten suchte. Aus den Worten
des Themistius[14]), der dieselben als bekannt erwähnt, aber mitzu-
theilen unterlässt, ergiebt sich nur so viel, dass sie von den platonischen Beweisen auch in ihrem logischen Kern verschieden waren
und dass sie mit dem Anspruch auftraten, nicht bloss auf den Geist
(νοῦς), dessen Unabhängigkeit vom Körper ja auch die erhaltenen
Schriften des Aristoteles nicht leugnen, sondern auf die Seele (ψυχή),
im vollen Umfange des Worts, sich zu erstrecken. Ein wenig erweitert wird diese allgemeine Kenntniss von der Beschaffenheit
jener Schlüsse durch eine freilich auch nur negative Eigenschaft,
welche ihnen beigelegt werden darf, dass sie nämlich nicht die ent-
fernteste Anknüpfung an die Ideenlehre enthalten haben; denn Plutarch (adv. Colot. c. 14) bezeugt, dass Aristoteles in den Dialogen
eben so heftig wie in seinen übrigen Schriften die platonischen Ideen
bekämpfe; und sicherlich hätten Themistius und Simplicius oder die
Neoplatoniker es nicht unbemerkt gelassen, wenn selbst in der frü-
hesten Jugendschrift des Aristoteles das leiseste Zeichen von einem
Zugeständniss an das platonische Fundamentaldogma aufzuspüren
gewesen wäre. War also, wie Simplici. s*) berichtet, im Eudemos
die Seele als εἶδός τι hingestellt, so wird man dafür die missver-
ständliche Uebersetzung 'ein der Idee Verwandtes' (Zeller, Phil. der
Griechen 2³, 46) lieber nicht wählen; und ebensowenig ist es gerathen,
das absolut stehende εἶδός τι für die dem Stoff (ὕλη) correlate 'Form'
und in dem Sinne zu nehmen, in welchem die Seele εἶδος σώματος
(de an. 2, 1 p. 412ᵃ 20) heisst; sondern der Ausdruck bedeutet wohl
dasselbe, was in der Schrift Von der Seele (3, 4, p. 429ᵃ 15) durch
δεκτικὸν τοῦ εἴδους καὶ δυνάμει τοιοῦτον ἀλλὰ μὴ τοῦτο bezeichnet
ist, mit welchen Worten auch Simplicius das Citat aus dem Eudemos zusammenstellt. Denn da die allgemeinen Begriffe in die
denkende Seele aufgenommen werden, so muss diese, wenn auch
nicht mit ihnen identisch, doch der Anlage nach ihnen gleichartig,
d. h. sie muss ein εἶδός τι 'ein begriffliches Wesen' sein, wie ja
in der That der Geist εἶδος εἰδῶν (de an. 3, 8 p. 432ᵇ 2) 'der Inbe-
griff der Begriffe' genannt wird.

*) Ἐν τῷ Εὐδήμῳ τῷ περὶ ψυχῆς αὐτῷ γεγραμμένῳ διαλόγῳ εἶδός τι ἀναφαίνεται
τὴν ψυχὴν εἶναι· καὶ ἐν τούτοις (den Büchern Von der Seele) ἱκανοί τοῖς τῶν
εἰδῶν δεκτικὸν λέγοντες τὴν ψυχήν, οὐχ ἅπως, ἀλλὰ τὴν νοητικήν. de anima f. 6a.

Nicht so dürftig wie über die Schlussbildungen, welche die Ewigkeit der Seele direct begründen sollten, sind die Nachrichten über die Polemik im Eudemos gegen die Leugner der Fortdauer nach dem Tode und Vertheidiger der Ansicht, dass die Seele aus der Mischung der Körperelemente hervor- und zugleich mit deren Trennung untergehe, wie die Harmonie aus der Vereinigung der hohen und tiefen Töne entstehe und an den Bestand des tönenden Instruments gebunden sei. Von den platonischen Argumenten gegen diese Ansicht war das erste und für Platon Wichtigste für Aristoteles unbrauchbar, weil es auf die Ideenlehre fusst und auf die Wiedererinnerung des im körperlosen Zustand Gewussten *(ἀνάμνησις Phaedon 92°)*: mit den zwei anderen aber — dass bei der Auffassung der Seele als Harmonie erstlich der Unterschied zwischen guter und schlechter Seele verschwinde, und dass ferner die Herrschaft der Seele über die körperlichen Begierden unerklärt bleibe *(Phaedon p. 93, 94)* — mit solchen von den Thatsachen des sittlichen Bewusstseins dargebotenen Waffen mochte Aristoteles den Kampf gegen consequente Sensualisten, welche jene Thatsachen eben nicht anerkannten, allzu bedenklich finden. Er zog es daher vor, sich streng auf begrifflichem Gebiet zu halten, und formulirte zuerst folgenden Schluss [*]: 'Harmonie hat einen Gegensatz, die Disharmonie: Seele hat keinen Gegensatz. Also ist Seele nicht Harmonie.'*). Und nachdem so auf directem Wege der Vergleich zwischen Seele und Harmonie zurückgewiesen worden, unternahm ein anderer Schluss dasselbe auf indirectem Wege, indem er zugleich das Gebiet angab, wo der Vergleich anwendbar und nützlich werden könne. Dieser in seinem unverkürzten Wortlaut erhaltene Schluss giebt eine schöne Probe, wie Aristoteles durch vollständige Ausführung der Mittelsätze, durch bündige Eleganz der Definitionen und durch Anknüpfung an herkömmliche Beispiele, die formale Logik, ohne ihrer Schärfe etwas zu vergeben, mit dem Gesprächston zu vereinigen wusste. 'Der Harmonie des Körpers — so lautete das zweite Argument — steht die Disharmonie des Körpers entgegen. Disharmonie eines belebten Körpers ist nun aber Krankheit, Schwäche und Hässlichkeit. Das erste, die Krankheit, ist ein Missverhältniss der Grundstoffe;

---

*) τῇ ἁρμονίᾳ, φησὶν [Ἀριστοτέλης ἐν τῷ Εὐδήμῳ τῷ διαλόγῳ] ἔστι τι ἐναντίον, ἡ ἀναρμοστία. τῇ δὲ ψυχῇ οὐδέν ἐναντίον· οὐκ ἄρα ἡ ψυχὴ ἁρμονία ἐστίν. *Philoponus de anima E, 1ᵇ.*

das zweite, die Schwäche, ist ein Missverhältniss der aus den Grundstoffen gebildeten gleichtheiligen Stoffe [1a] (z. B. Fleisch, Knochen); das dritte, die Hässlichkeit, ist ein Missverhältniss der Glieder. Ist demnach die Disharmonie des Körpers Krankheit und Schwäche und Hässlichkeit, so ist seine Harmonie Gesundheit, Stärke und Schönheit. Keines von diesen jedoch ist Seele, weder Gesundheit, meine ich, noch Stärke, noch Schönheit. Denn eine Seele hatte auch Thersites, obgleich er ein Ausbund von Hässlichkeit war. Also ist Seele nicht Harmonie.[a]

An diese zwei Argumente des Dialogs, welche in allgemeingiltiger, den Nichtphilosophen wie den Philosophen zugänglicher Logik die Vergleichung mit Harmonie als untriftig für das Wesen der Seele und als allein passend für Zustände und Eigenschaften des Körpers nachwiesen, wollte Aristoteles, als er in der streng wissenschaftlichen Schrift Von der Seele dieselbe Frage abermals zu behandeln hatte, seine Leser erinnern, obgleich er hier nicht, wie wir es bei dem Dialog 'Ueber Dichter' gefunden haben (oben S. 13) und noch in mehr als Einem Falle finden werden, das im Dialog Enthaltene für 'ausreichend' erklären konnte. Auf das erste Argument, welches der Dialog von der Gegensatzlosigkeit der Seele hernahm, kommt Aristoteles in der Schrift Von der Seele nicht ausdrücklich wieder zurück, wohl weil die ihm zu Grunde liegende Auffassung der Seele als substantiellen und daher [b] gegensatzlosen Wesens ja eben der zwischen den Anhängern und Gegnern der Harmonie-Metapher strittige Punkt ist. Das zweite in der That unwiderlegliche Argument wiederholt er dagegen in verkürzter Form mit folgender neckischen Wendung: 'es harmonirt eher, durch Harmonie die Gesundheit und überhaupt die guten Eigenschaften des Körpers zu bezeichnen als die Seele' [**] — für welchen

---

*) τῇ ἁρμονίᾳ, φησί, τοῦ σώματος ἐναντίον ἐστὶν ἡ ἀναρμοστία τοῦ σώματος, ἀναρμοστία δὲ τοῦ ἐμψύχου σώματος νόσος καὶ ἀσθένεια καὶ αἶσχος, ὧν τὸ μὲν ἀσυμμετρίᾳ ἐστὶ τῶν στοιχείων, ἡ νόσος, τὸ δὲ τῶν ὁμοιομερῶν, ἡ ἀσθένεια, τὸ δὲ τῶν ὀργανικῶν, τὸ αἶσχος. εἰ τοίνυν ἡ ἀναρμοστία νόσος καὶ ἀσθένεια καὶ αἶσχος, ἡ ἁρμονία ἄρα ὑγίεια καὶ ἰσχὺς καὶ κάλλος. ψυχὴ δὲ οὐδέν ἐστι τούτων, οὔτε ὑγίεια, φησί, οὔτε ἰσχὺς οὔτε κάλλος. ψυχὴν γὰρ εἶχε καὶ ὁ Θερσίτης αἴσχιστος ὤν. οὐκ ἄρα ἐστὶν ἡ ψυχὴ ἁρμονία. — καὶ ταῦτα μὲν ἐν ἐκείνοις (dem Eudemos)· ἐπεῖθα δὲ (in den Büchern Von der Seele) τέσσαρα ἀφορμαῖς ἐπιχειρήσεις κτλ. Philoponus das.

**) ἁρμόζει δὲ μᾶλλον καθ' ὑγιείας λέγειν ἁρμονίαν καὶ ὅλως τῶν σωματικῶν ἀρετῶν ἢ κατὰ ψυχῆς. de anima I, 4 p. 408 a 1.

gedrungenen Satz das entsprechende Bruchstück des Dialogs, indem es die körperlichen Eigenschaften aufzählt und definirt, die zuverlässigste und eine noch ganz anders entwickelnde und erschöpfende Paraphrase giebt, als wir sie selbst von einem so unübertroffenen Paraphrasenkünstler wie Themistius zu erhalten gewohnt sind. Aber auch dieses überall brauchbare Argument schien doch, da es ein indirectes ist, für den streng wissenschaftlichen Ton der Schrift Von der Seele nicht gewichtig genug, um ohne Unterstützung aufzutreten. Aristoteles hat ihm daher den Mittelplatz zwischen zwei neugebildeten gegeben; das voranstehende (p. 407ᵇ 35) weist darauf hin, dass in dem Begriff der Harmonie die Kraft der Bewegung nicht anzutreffen sei, welche doch, nach allgemeiner Annahme und in gewissem Sinne auch nach der aristotelischen Lehre, eine wesentliche Eigenschaft der Seele ausmacht; während das an die dritte und letzte Stelle gesetzte Argument (p. 408ᵃ 5), auf welches Aristoteles offenbar das grösste Gewicht legt, nicht länger den Angriff bloss gegen das richtet, was die Gegner sagen, sondern ihnen an die Hand giebt, was sie verständigerweise etwa meinen können, und darlegt, dass die Seele weder mit dem Gesetz des Körpergefüges noch mit dem Mischungsverhältnis der Körperelemente zusammenfalle.

Diese Vergleichung der früheren mit der späteren Argumentationsweise setzt uns in den Stand, die Absicht näher zu bestimmen, mit welcher Aristoteles in der Schrift Von der Seele den Dialog Eudemos citirt, und zugleich die umschreibende Wendung des Citats als veranlasst durch jene Absicht zu erkennen. Nicht, wie es bei dem Citat des Dialogs 'Ueber Dichter' der Fall ist, sollte hier die Beziehung auf das frühere populäre Werk zur Abkürzung der wissenschaftlichen Erörterung in dem späteren dienen; denn es hat sich ergeben, dass Aristoteles das eine auch in wissenschaftlicher Polemik verwendbare Argument des Dialogs Eudemos in allem Wesentlichen wiederholt. Sondern es sollte nur gleich im Eingang der Erörterung der Schimmer von Popularität, welcher die Harmonie-Metapher umgab, unschädlich gemacht werden. Obgleich diese Ansicht — will Aristoteles sagen — sich so leicht bei der Menge einschmeichelt *(πιθανὴ μὲν πολλοῖς)*, so hat sie doch selbst in derjenigen Prüfung schlecht sich bewährt, welcher sie vor dem Tribunal der allgemeinen Lesewelt unterworfen worden, an welche meine Dialoge sich wenden; und weil Aristoteles dies sagen will, hebt er so nachdrücklich den populären Charakter des Dialogs Eudemos hervor, indem er den Worten πιθανὴ μὲν πολλοῖς gegenüberstellt ὥσπερ εὐθύνας δὲ δεδωκυῖα καὶ τοῖς ἐν κοινῷ γιγνομένοις λόγοις; er erweckt dadurch die Voraussetzung, dass eine Ansicht, die trotz ihres einladenden Scheines 'sogar in den allgemein zugänglichen [¹⁰]) Gesprächen' und mit den Mitteln, auf die er dort beschränkt war, hat 'zur Rechenschaft und Strafe gezogen' werden können, um so weniger eine im Kreise und mit den Mitteln der strengen Wissenschaft anzustellende Erörterung vertragen werde.

III.

Bei der eben besprochenen Hinweisung auf den Dialog Eudemos in unserer Schrift Von der Seele ward die Aufgabe, das Vorhandensein eines Citats festzustellen und seine Tragweite abzumessen in erwünschtester Weise erleichtert durch die urkundlichen Mittheilungen der griechischen Ausleger. Eine solche äussere Hülfe kommt uns nicht zu Statten bei einem anderen, aus den erhaltenen Schriften nicht zu verificirenden Citat, welches auf Abhandlungen über die Seele sich bezieht und daher von vornherein am wahrscheinlichsten ebenfalls auf jenen verlorenen Dialog Eudemos gedeutet wird.

Das letzte Capitel des ersten Buches der nikomachischen Ethik verlangt von dem Politiker, welcher nach aristotelischer Lehre ein Ethiker im Grossen sein soll, dass er sich mit der Beschaffenheit der menschlichen Seele auch theoretisch, obwohl nur im Allgemeinen, bekannt mache; denn sein wahres Ziel sei ihm in der Wohlfahrt der zum Staat vereinigten Menschen gesteckt, Wohlfahrt aber beruhe auf Tugend, und Tugend wiederum habe ihren Sitz in der Seele. Es folgt sodann ein für die Bedürfnisse des Politikers bemessener, auf wissenschaftliche Strenge und Vollständigkeit ausdrücklich verzichtender Abriss der psychologischen Hauptlehren, welcher mit folgenden Worten beginnt: 'Es wird nun über die Seele auch in den ἐξωτερικοὶ λόγοι Einiges genügend besprochen und davon ist hier Gebrauch zu machen, z. B. dass die Seele aus einem unvernünftigen und einem vernünftigen Theile bestehe u. s. w.' (λέγεται δὲ περὶ αὐτῆς [τῆς ψυχῆς] καὶ ἐν τοῖς ἐξωτερικοῖς λόγοις ἀρκοίντως ἔνια καὶ χρηστέον αὐτοῖς. οἷον, τὸ μὲν ἄλογον αὐτῆς εἶναι, τὸ δὲ λόγον ἔχον κτλ p. 1102ᵃ 26). Vergebens spähen wir in dem umherrathenden Gerede der dürftigen Scholiensammlung zur Ethik, welche unter dem Namen des Eustratios¹⁷) vorliegt und gerade für das erste Buch auf die niedrigste Stufe byzantinischer Jämmerlichkeit hinabsinkt, nach ähnlichen Anhaltspunkten zur richtigen Erklärung des Citats, wie sie im vorhergehenden Abschnitt der treffliche Themistius (s. Anm. 15), der wackere Simplicius und der doch wenigstens nützliche Philoponus darboten; und überdies sehen wir uns unrettbar in die Controverse über exoterische und esoterische Schriften verstrickt, von welcher ein abschreckendes Gerücht auch in die vom Peripatos entferntesten Kreise der Philologie gedrungen ist. Der Leser braucht nicht in volle Mitleidenschaft gezogen zu werden bei der Durcharbeitung des ganzen chaotischen Haufens von Büchern¹⁸) und Büchlein, in welchen seit dem sechzehnten Jahrhundert bis auf die neueste Zeit diese Frage behandelt und noch immer nicht erledigt ist; aber um dem Richtigen Eingang zu verschaffen, ist es doch unumgänglich, die geschichtliche Entwickelung der jetzt am meisten verbreiteten Ansichten, so kurz es gelingen will, darzulegen und mit den angesehensten Vertretern derselben in eine Auseinandersetzung sich einzulassen, welche zugleich als indirecte Vorbereitung des Resultats wird gelten dürfen.

Die älteren Leser des Aristoteles, denen seine Dialoge in reicher Fülle gegönnt waren und den grossen formalen Unterschied zwischen dieser jetzt verlorenen Schriftenreihe und der anderen, jetzt erhaltenen stets vor Augen stellten, haben, als sie an einigen Orten der letzteren Reihe Berufungen auf ἐξωτερικοὶ λόγοι fanden, für welche innerhalb dieser Reihe kein Anhalt zu entdecken war, in den Dialogen gesucht; und da sie dort, wie wir zu glauben gezwungen sind, die entsprechenden Ausführungen antrafen, hielten sie sich befugt, für die Dialoge, zu bequemerer Bezeichnung ihrer Eigenart, den Gesammtnamen 'exoterische Schriften', nach Aristoteles' eigenem Vorgang, zu gebrauchen. Dass aber die Verification der Citate versucht und mit Hilfe der Dialoge gelungen war, sind wir deshalb zu glauben gezwungen, weil die Identification der ἐξωτερικοὶ λόγοι mit den Dialogen unmöglich zu so allgemeiner Verbreitung gerade während der Zeit, da die Dialoge noch vorhanden waren, hätte gelangen können, wenn man bei jedem Citat der ἐξωτερικοὶ λόγοι von den Dialogen wäre im Stich gelassen worden, und weil ferner diese Identification auf Männer zurückgeht, denen ein so einfaches und allein naturgemässes Verfahren nach Allem, was sie sonst für Kritik der aristotelischen Schriften geleistet haben, unbedenklich zugetraut werden muss. In der langen Reihe von Zeugen für die gleiche Bedeutung von Dialoge und ἐξωτερικοὶ λόγοι ist Cicero (s. oben S. 2) der älteste; er spricht davon (de fin. 5, 5, 12) wie von einer unzweifelhaften Sache; und Niemand, der sich die einschlagenden litterarischen und persönlichen Verhältnisse vergegenwärtigt,[*)] wird bestreiten wollen, dass, was Cicero so zuversichtlich über Fragen der aristotelischen Litteratur äussert, aus den Belehrungen seines gelehrten Hausfreundes und Ordners seiner Bibliothek, Tyrannio, geschöpft war, eben desselben wohlberufenen Grammatikers, von welchem der Anstoss zur Sammlung und Herausgabe der aristotelischen Werke ausging. Was für Tyrannio aus Cicero zu erschliessen ist, bedarf für Andronikos, den jüngeren Zeitgenossen Cicero's, welcher die von Tyrannio eingeleitete Herausgabe beendigt hat, nicht erst eines Rückschlusses, da alle Angaben in dem von Gellius (20, 5) dem Andronikos entlehnten Bericht über die peripatetische Lehrweise auf der Voraussetzung ruhen, dass 'exoterisch' dasjenige sei, was Aristoteles für ein weiteres Publicum bestimmt hatte. Wenn nun ein Simplicius und Philoponus bei den im vorigen Abschnitt besprochenen ἐν αὐτῷ γεγόμενος λόγος nicht aus leerer Vermuthung auf den Dialog Eudemos verfallen waren, sondern bestimmte, noch jetzt erreichbare und zu dem Citat vollkommen passende Theile desselben im Sinn hatten, so ist man sicherlich nicht berechtigt, Männern wie Tyrannio und Andronikos die Fahrlässigkeit anzusinnen, dass sie die Dialoge für die ἐξωτερικοὶ λόγοι erklärt haben, ohne sich zu vergewissern, ob die Dialoge auch wirklich enthielten, was Aristoteles aus den ἐξωτερικοὶ λόγοι citirt.

Die so festgestellte Thatsache, dass die Dialoge ihren Besitzern in Betreff der Citate leisteten, was von den ἐξωτερικοὶ λόγοι verlangt wurde, darf in ihrer factischen Unumstösslichkeit unter allen Umständen Anerkennung fordern, selbst wenn das Urtheil über die weiteren Folgerungen, zu welchen sie geführt hat, verwerfend ausfallen sollte. Diese bestanden zunächst darin, dass man gegenüber der dialogisch exoterischen Schriftenclasse auch für die nichtdialogische nach einem bequemen Gesammtnamen sich umsah. Man wählte entweder die Bezeichnung pragmatisch, mit Rücksicht auf die rein 'sachliche' Behandlung, welche in den streng wissenschaftlichen Schriften herrscht, und zum Unterschied von der prosopopöetischen Form der Dialoge; und so begegneten wir (oben S. 9) einer *πραγματεία τέχνης ποιητικῆς* neben dem Dialog *περὶ ποιητῶν*. Oder man hob den Zusammenhang der nichtdialogischen Werke mit der mündlichen Lehrthätigkeit des Aristoteles hervor und nannte sie akroamatische, d. h. 'Vorlesungen', wie unsere Physik noch jetzt *ἀκρόασις φυσική* genannt und unsere Politik im Verzeichniss des Andronikos als *πολιτικὴ ἀκρόασις* (*Diog. Laert.* 5, 24) aufgeführt wird. Oder auch, man liess sich von der Wahrnehmung leiten, dass Schreibart und sonstiger Zustand vieler nichtdialogischer Werke merklich von Allem abweichen, was Schriften eigen zu sein pflegt, welche ihr Verfasser dem Publicum bestimmt und übergeben hat, schritt zu der Annahme fort, dass Aristoteles sie in der That weder für die Herausgabe geschrieben noch herausgegeben habe, und nannte sie demnach hypomnematische, d. h. 'Aufzeichnungen zu eigenem Gebrauch' — eine Ansicht und eine Benennung, für welche, trotz ihres Anscheins moderner kritischer Kühnheit, doch gerade die ältesten Behandler dieser Frage, Cicero, und also Tyrannio, sich aussprechen, und die, seitdem die Neuzeit begonnen hat an die aristotelischen Schriften demselben kritischen Maassstab wie an die übrigen Bestandtheile der alten Litteratur zu legen, für einen immer weiter sich ausdehnenden Kreis von Schriften — beispielsweise seien die Metaphysik und die Physik, die Ethik und die Politik genannt — bereits die übereinstimmende Billigung der Kenner (Brandis, Aristoteles S. 111) gefunden haben.

Alle diese Bezeichnungen — pragmatisch, akroamatisch, hypomnematisch — haben sonach ihre Berechtigung in unleugbaren Eigenthümlichkeiten der bezeichneten Schriften, und gemäss der ersten und einfachsten gestaltet sich auch die hiesige Untersuchung von nun an die streng wissenschaftliche Schriftenclasse gegenüber der dialogischen gelegentlich die 'pragmatische' zu nennen. Die Bezeichnungen sind ferner durchaus unverfänglich für die höheren Fragen aristotelischer Kritik, so lange man zweierlei festhält: erstlich, dass sie nicht von Aristoteles herrühren, sondern von Ordnern seiner Werke behufs übersichtlicher Classification aufgebracht wurden; und zweitens, dass die nach ihnen benannte Schriftenclasse lediglich durch die äussere Form der Darstellung, keineswegs aber durch wesentliche Verschiedenheit der philosophischen Lehren sich von der dialogischen Classe sondert. Gerade auf diesen zweiten Punkt legt wiederum unser ältester Zeuge, Cicero,*) der auch hier wohl nur ein Echo des bedachtsamen Tyrannio ist, den gebührenden Nachdruck; 'in der Hauptsache — sagt er — weichen die Schriften beider Classen nicht von einander ab'; und die Nichtbeachtung eben dieses Punktes, welche im Laufe der Zeit sich einschlich, veranlasste die abenteuerlichsten Phantasien über das Verhältniss der beiden Schriftenclassen zu einander und brachte dadurch die Classification selbst in Verruf. Die dialogisch-exoterischen Schriften, meinten die Späteren, enthielten nicht die wirkliche Meinung des Philosophen; sie seien nicht bloss in der Darstellung populär, sondern auch ihr Inhalt sei gleichsam profan; sie sprächen nicht bloss zum Sinn, sondern auch im Sinn der unphilosophischen Menge; die andere Schriftenclasse hingegen, welche man nun mit einer weder von Aristoteles noch von seinen älteren Diadochen gebrauchten noch überhaupt in der griechischen Sprache sonst üblichen Bezeichnung die esoterische nannte, überliefere den Eingeweihten die wahre Lehre in absichtlich geheimnissvoller und Jedem, der sich nicht zum Adepten hinaufschwinge, unzugänglichen Andeutungen. Je weiter im sinkenden Alterthum der erneuerte Pythagoreismus mit seinen abgestuften Schülergraden um sich griff und je lustiger der neuplatonische Mysterienschwindel und Hierophantentrug noch einmal vor seinem Erlöschen aufflackerte, desto eifriger benutzte man das Vorhandensein einer unschwer lesbaren exoterischen neben einer anderen, allerdings nicht leicht zu ergründenden, sogenannt esoterischen Schriftenreihe, um auch den ernsten stagiritischen Denker zu einem doppelzüngigen Priester zu stempeln; als exoterischer Schriftsteller sollte er der Menge zulieb die Philosophie verleugnet, als esoterischer sollte er die Philosophie vor der Menge in Räthseln versteckt haben.

*) De summo autem bono quia duo genera librorum sunt [Aristotelis et Theophrasti] unum populariter scriptum, quod ἐξωτερικόν appellabant, alterum limatius (. ἀκροαματικόν), quod in commentariis (= ὑπομνήμασιν) reliquerunt, non semper idem dicere videntur, nec in summa tamen ipsa nec varietas est ulla apud hos quidem, quos nominavi, aut inter ipsos dissensio. De fin. 5, 5, 12

Von so schädlichen und lächerlichen Auswüchsen überwuchert ward die ursprünglich so nützliche und einfache Classification durch Vermittelung späterer griechischer Commentatoren den Männern des fünfzehnten und sechzehnten Jahrhunderts bekannt. Die helleren Köpfe, welche sich in diesem jugendfrischen Zeitalter dem nach langer Unterbrechung endlich wieder in der Ursprache gelesenen Meister der Philosophie zuwandten, hegten gegen die mittelalterliche Tradition auf aristotelischem Gebiet die unwillkührliche Verachtung der Bildung gegen die Barbarei, standen der Tradition überhaupt mit dreistem Selbstbewusstsein gegenüber, und fühlten als Vorläufer der neuen Zeit gegen alles Mysterienwesen eine eben so gesunde Abneigung wie die Nachzügler der Philosophie im hinsterbenden Alterthum eine krankhafte Vorliebe für dasselbe empfunden hatten. Früh im sechzehnten Jahrhundert tauchen daher die Versuche auf, den zwiespältigen, bald exoterischen bald esoterischen Aristoteles zu beseitigen und ihn als einen überall sich gleich bleibenden Denker, als Philosophen aus Einem Stück aufzufassen. Die Dialoge waren im Lauf des Mittelalters ohne Ausnahme untergegangen; mit ihnen war der augenfällige Beweis für eine doppelte Darstellungsweise bis auf wenige und von den Wenigsten gekannte Bruchstücke verschwunden, und waren zugleich die Mittel geraubt, die in den aristotelischen Schriften vorkommenden Citate der ἐξωτερικοί λόγοι urkundlich zu belegen. Man richtete also, um dem früheren Glauben an einen zwiefachen Aristoteles die Grundlage zu entziehen, von hermeneutischer Seite her Angriffe eben gegen jene Stellen, in welchen Aristoteles sich auf ἐξωτερικοί λόγοι beruft. Zwei Wege schienen zum Ziele zu führen. Entweder leugnete man, dass überhaupt Schriften, geschweige aristotelische Schriften eigenthümlicher Art mit ἐξωτερικοί λόγοι gemeint seien, und wollte darunter die 'gebildete Conversation' verstehen; oder man gab zu, dass allerdings an Schriften und zwar an Schriften des Aristoteles gedacht werden müsse, aber nicht an eine besondere Schriftengattung und also auch nicht an die Dialoge, sondern durch ἐξωτερικοί λόγοι sei nur ganz allgemein auf einen 'andern Ort' verwiesen und dieser Ort lasse sich in den uns vorliegenden Schriften auffinden oder in anderen nichtdialogischen vermuthen.

Beide Deutungen haben bis in die allerneueste Zeit weiten Anklang und Vertreter vom besten Rufe gefunden. Für die erste.

welche uns in unhaltbarer Anwendung schon bei anderer Gelegenheit (oben S. 18) begegnete, erklärt sich auf das Entschiedenste ein Mann wie Madvig; und obgleich er es in kurzen Sätzen thut, so scheint es doch gerathener, die Prüfung der fraglichen Ansicht an den Namen und die Worte dieses auf anderen Gebieten so hervorragenden Forschers zu knüpfen, als an die weniger bestechenden und ebenfalls nicht detaillirten Aeusserungen neuerer Erklärer des Aristoteles, oder gar an das im Guten wie im Schlimmen altfränkische Buch, welches der Königsberger Professor Melchior Zeidler in der altfränkischsten Periode deutscher Gelehrsamkeit, nämlich im Jahre 1680, zur Vertheidigung der jetzt von Madvig angenommenen Meinung veröffentlicht hat.

Madvig formulirt dieselbe in einem Anhang zu Cicero's Schrift vom höchsten Gut (p. 861) folgendermaassen: 'unter ἐξωτερικοὶ λόγοι seien nicht Bücher zu verstehen, sondern die gewöhnlichen Gespräche und Begriffe der Gebildeten ausserhalb der Schule' (communes hominum non rudium extra scholam sermones notionesque).

Für den Gang der hiesigen Untersuchung fügt es sich nicht ungeschickt, dass der dänische Gelehrte an einem so abgelegenen Ort, wie es für aristotelische Fragen ein Anhang zu einem ciceronischen Buch ist, die vollständige Durchmusterung der einzelnen aristotelischen Stellen und die sprachliche Analyse ihres Wortlauts glaubte unterlassen zu müssen; sein Vorgänger Melchior Zeidler aber, welcher unter Anderem das Wort ἐξωτερικόν mit der Etymologie ἐξ ὅπερ quod extra aures est, eorum scilicet qui mysteriis philosophorum iam sunt initiati (p. 41) ausstattet, ist in sprachlichen und kritischen Dingen zu naiv, als dass er zum Gegner zu brauchen wäre; es darf also die wörtliche Mittheilung und umfassendere Besprechung der in Frage kommenden Stellen für die Auseinandersetzung mit den Anhängern der zweiten Deutung aufgespart bleiben; und den allgemeinen Aufstellungen Madvig's gegenüber werde nur der sachliche, von den feineren Nuancen des Ausdrucks nicht berührte Inhalt der aristotelischen Entlehnungen aus den ἐξωτερικοὶ λόγοι darauf angesehen, ob es wohl glaublich sei, dass der Philosoph ihn der 'gebildeten Conversation' abgeborgt habe. Nicht bloss glaublich wäre es nun, sondern auch erweislich aus zahlreichen Beispielen bei den Philosophen aller Zeitalter, dass sprichwörtliche Redensarten und andere Ausdrücke des Volksgeistes in der Sprache dazu verwendet werden, um die Ergebnisse der philosophischen Gedankenarbeit gleichsam durch ein unwillkührliches Zeugniss der Natur zu bekräftigen; kein Philosoph wird sich ferner scheuen, auf die religiösen Anschauungen seiner Zeitgenossen bei seinen eigenen Lehren von den göttlichen Dingen zurückzublicken; nicht minder verbreiten sich überall, wo ein öffentliches Leben besteht, gewisse politische Ansichten so allgemein, dass der Philosoph sie als festen Niederschlag des flüchtigen Meinungsaustausches verarbeiten kann; und überall, wo Musterwerke der Litteratur und Kunst den öffentlichen Geschmack entwickelt haben, mag nun ein Durchschnittsurtheil der Gebildeten in Sachen ästhetischer Kritik als feststehend annehmen. Nach Anknüpfungen dieser Art an die Welt 'ausserhalb der Schule' braucht man auch bei Aristoteles nicht lange zu suchen; sie sind bei ihm, da er in der Menschheit eine natürliche Anlage zur Wahrheit anerkennt,[*]) sogar häufiger als bei den meisten Philosophen seines Ranges, fast so häufig wie bei Hegel; aber nirgends wo er Sprichwörter vergeistigt oder Mythen vertieft oder gangbare politische und ästhetische Axiome berücksichtigt, finden sich ἐξωτερικοὶ λόγοι erwähnt, sondern an allen den fünf Stellen, wo auf dieselben verwiesen wird, handelt es sich um recht eigentlich philosophische, meistens sogar um ausschliesslich peripatetische Ansichten, über welche zu keiner Zeit und an keinem Ort, in Athen so wenig wie in Paris oder Berlin, eine zur öffentlichen Meinung verdichtete und als solche citirbare Uebereinstimmung der 'gebildeten' Nichtphilosophen herrschen konnte. Betrachten wir zuerst die Stelle der Ethik, welche diesen Abschnitt eröffnet hat, in dem kleinen, oben (S. 29) vorläufig ausgehobenen Theil. Dort sagen die ἐξωτερικοὶ λόγοι, dass die Seele in ein unvernünftiges und in ein vernünftiges Element zerfalle. Kann Jemand, der die Bedeutung dieses Satzes kennt, oder aus Aristoteles' weiterer Entwickelung, welche ein ganzes Capitel einnimmt, kennen lernt, im Ernst glauben, dass eine solche Dichotomie der Seele Jo Gemeingut der Gebildeten geworden sei? Aristoteles wenigstens hat es nicht geglaubt; denn seine psychologische Schrift, welche auf die verschiedenen Eintheilungsarten der Seele näher eingeht, stellt die ganz mit denselben Worten wie in

[*]) οἱ ἄνθρωποι πρὸς τὸ ἀληθὲς πεφύκασιν ἱκανῶς. Rhet. I, 1 p. 1355ᵃ 15.

der Ethik ausgedrückte Dichotomie hinsichtlich ihrer Verbreitung auf gleiche Linie mit der platonischen Trichotomie in denkendes, eiferartiges und begehrliches Seelenelement. Die griechischen Worte lauten *(de an.* 3, 9 p. 432ᵃ 25): τινὲς λέγουσι διορίζοντες λογιστικὸν καὶ θυμικὸν καὶ ἐπιθυμητικόν· οἱ δὲ τὸ λόγον ἔχον καὶ τὸ ἄλογον; und so wenig man wähnen darf, dass die drei Seelenelemente 'Einiger' über den Hain des Akademos hinaus zur Herrschaft gelangt waren, so wenig ist es verstattet, unter den 'Anderen', welche sich mit zwei Elementen befriedigten, das gewöhnliche Salonspublicum zu verstehen; sondern beide Meinungen sind philosophische Schulmeinungen. — Noch deutlicher giebt der Stoff der ἐξωτερικοὶ λόγοι ihre Verschiedenheit von den Gesprächen der feinen Gesellschaft an der zweiten Stelle kund. Zu Anfang des dreizehnten Buches der Metaphysik sagt Aristoteles, nur kurz und um der Form zu genügen werde er die Ideenlehre berühren, da das Meiste was er vorbringen könne schon von den ἐξωτερικοὶ λόγοι vielfach durchgesprochen sei. Also die ἐξωτερικοὶ λόγοι hatten noch eingehender als Aristoteles es in den späteren Capiteln jenes Buches thut, eine Polemik gegen die speculativste Grundlehre Platon's geführt, und hatten sie mit solchem Glück geführt, dass dem Aristoteles, als er die Metaphysik schrieb, das Meiste vorweggenommen war. Wahrlich, wenn in Athen die Gebildeten 'ausserhalb der Schule' über solche Dinge sich in solcher Weise unterhalten haben, so wird es schwer zu sagen, womit die Leute innerhalb der Schule ihre Zeit ausfüllten. Welche Aufnahme in Wirklichkeit Platon's Speculationen bei den attischen Weltmännern fanden, wie wenig diese Classe geneigt und befähigt war, anders als mit dem oberflächlichen Spott des Unverstandes an so ernstlich philosophische Themata heranzutreten, kann, wer die allgemeinen Gesetze der Menschenkenntniss hier nicht anwenden oder auf die Zeugnisse der Komiker, welche Diogenes Laertius (3, 26) zusammenstellt, kein Gewicht legen wollte, aus der Erzählung ersehen, welche über Platon's Vorlesung 'Von dem Guten' Aristoxenus *(harmon. elem.* 2 z. A.) aus der zuverlässigsten Quelle, nämlich aus Aristoteles' eigenem Munde, mittheilt. Angelockt durch die verheissungsvolle Benennung 'Von dem Guten' hatten sich Zuhörer in grosser Menge eingefunden. Die Meisten erwarteten, es sollte ihnen der Weg zu Reichthum, Gesundheit und ähnlichen Gütern gewiesen werden. Als sie jedoch von Mathematik und Zahlen und Astronomie zu hören bekamen, und Alles darauf hinauslief, dass Gut und Eins dasselbe sei *(ἀγαθόν ἐστιν ἕν)*, da rächten sich die Einen durch stille Verachtung, die Anderen schalten laut *(οἱ μὲν ὑποκατεφρόνουν τοῦ πράγματος, οἱ δὲ κατεμέμφαντο)*. — Nicht von so tief speculativer Art, wie es die Polemik gegen die Ideenlehre gewesen sein muss, aber immer noch von erkennbar philosophischem Gehalt ist das an der dritten Stelle aus den *ἐξωτερικοὶ λόγοι* Erwähnte. Im sechsten Capitel des dritten Buchs der Politik, wo die Sonderung der verschiedenen Arten von Herrschaft wichtig wird, heisst es, dieselbe mache keine Schwierigkeit, da sie oft in den *ἐξωτερικοὶ λόγοι* angestellt werde. Wie sich im Verlauf des Capitels ergiebt, müssen nun jene *λόγοι* die Herrschaft des Herrn über den Sclaven, als eine wesentlich den Nutzen des Herrschenden und nur accidentiell das Wohl des Beherrschten fördernde, geschieden haben von der Herrschaft des Hausvaters über die Familie, bei welcher das Wohl der Beherrschten von wesentlicher Bedeutung, der Nutzen des Herrschenden nur accidentiell ist. Man kann getrost zugeben, dass materiell ähnliche Gedanken, wie sie dieser Scheidung zu Grunde liegen, im gewöhnlichen Gespräch umliefen; aber es kommt hier nicht auf den Gedankenstoff, sondern auf die formale Verarbeitung desselben an; nicht für das Vorhandensein verschiedener Arten von Herrschaft, sondern für die genaue Abgrenzung ihres Unterschiedes *(διοριζόμεθα περὶ αὐτῶν)* beruft sich Aristoteles auf *ἐξωτερικοὶ λόγοι*, und nur mit der eben angegebenen, die Interessen der Betheiligten erwägenden, ist ihm in dem dortigen Zusammenhang gedient, da er sie auf die Staatsformen übertragen will, um alle den Nutzen der Herrschenden bezweckenden Verfassungen mit der Despotie, d. h. dem sclavenbesitzenden Herrenthum, zu vergleichen und als verkehrte zu verwerfen, während die richtige Verfassung das Gemeinwohl bezwecken soll, wie der Hausvater sein eigenes Wohl im Wohl seines Hauses findet. Will man nun sich zu dem Glauben verstehen, dass eine so abgewogen logische Antithese in der 'gebildeten Conversation' eingebürgert gewesen und aus derselben ohne weitere Nachhilfe in die philosophische Verhandlung verpflanzt worden sei? — An vierter Stelle erscheinen die *ἐξωτερικοὶ λόγοι* im vierten Capitel des sechsten Buches der nikomachischen Ethik, wo das Gebiet des Unveräuderlichen, auf welchem die Wissenschaft sich bewegt, gesondert wird von dem Gebiet des Veränderlichen, welches dem Machen und Handeln — oder wie man sonst die erschöpfend nicht wiederzugebenden griechischen Wörter ποίησις und πρᾶξις verdeutschen will — anheimfällt. Der Unterschied zwischen ποίησις und πρᾶξις, heisst es, brauche hier nicht weiter bewiesen zu werden, da schon die ἐξωτερικοὶ λόγοι hinlängliche Ueberzeugung darüber verbreiten. Dieser Unterschied nun bildet bekanntlich eine der Grundlagen der gesammten aristotelischen Lehre. Ueberall wo er berührt wird, knüpfen sich an ihn die tiefstgreifenden Begriffsbestimmungen; in dem fraglichen Abschnitt der Ethik z. B. führt er zu der Abtrennung der Klugheit (φρόνησις), als der Fähigkeit besonnenen Handelns (ἕξις μετὰ λόγου πρακτική), einerseits von der auf das Unveränderliche gerichteten Wissenschaft, andererseits von der Kunst, als der Fähigkeit besonnenen Machens (ἕξις μετὰ λόγου ποιητική); die Gliederung der Disciplinen innerhalb des Systems lässt sich nur mit Hilfe dieses Unterschiedes versuchen; und keinem neueren Bearbeiter des Aristoteles ist bisher der Versuch vollständig gelungen, eben weil in den uns erhaltenen Schriften das Verhältniss zwischen ποίησις und πρᾶξις immer nur kurz als etwas bereits Bekanntes erwähnt, nirgends aber erschöpfend erörtert wird, und weil der gewöhnliche griechische Sprachgebrauch, obwohl er zwischen ποιεῖν und πράττειν wie jede entwickelte Sprache zwischen Machen und Handeln scheidet, keineswegs zur Feststellung des terminologischen Sinnes ausreicht, in welchem Aristoteles diese Wörter anwendet. Und dennoch sollen wir uns den Aufschluss über einen solchen Angelpunkt des peripatetischen Systems aus der gebildeten Conversation holen. Abermals darf man, wie vorhin bei der Ideenlehre, fragen: wozu die Schule, wenn dergleichen 'ausserhalb der Schule' zu lernen ist? — Eben so deutlich peripatetisches Gepräge trägt der Inhalt der ἐξωτερικοὶ λόγοι in der fünften und letzten Stelle. Die ganze Ausführung über das beste Leben, mit welcher das vierte (siebente) Buch der Politik eingeleitet wird, ist nach Aristoteles' ausdrücklicher Angabe aus jenen λόγοι herübergenommen; sie geht von der Trichotomie der Güter in körperliche, äussere und seelische aus, also von einer Eintheilung, die in ihrer sorgfältigen Scheidung der äusseren von den körperlichen Gütern weder vor Aristoteles nachweisbar noch nach ihm in einer andern als in seiner Schule, wo sie in die Grundlehren der Ethik eingreift, zur Geltung gekommen ist. Die Art ferner, wie dort das Verhältniss der verschiedenen Güter zu einander und zu der Glückseligkeit, nach dem Vorgang der ἐξωτερικοί λόγοι, bestimmt ist, steht nicht bloss Allem entgegen, was nach den Gesetzen der Analogie von den 'gewöhnlichen Gesprächen und Begriffen' der Nichtphilosophen Athens erwartet werden darf, sondern stellt sich auch mit den unzweideutigsten Worten in den schärfsten Gegensatz zu denselben. Es wird gesagt, zwar herrsche unter vernünftigen Menschen allgemeine Uebereinstimmung darüber, dass keine der drei Gattungen von Gütern, also auch die geistigen und sittlichen nicht, zur Glückseligkeit entbehrt werden können; sobald jedoch das nothwendige Maass der einzelnen Güter zur Sprache komme, scheiden sich die Ansichten. Die gewöhnlichen Menschen halten von Tugend jedes kleinste Maass und von äusseren Gütern auch das grösste nicht für genügend; 'wir aber' — führt Aristoteles immer noch auf Grund der ἐξωτερικοί λόγοι fort — wollen diesen gewöhnlichen Menschen sagen und durch thatsächliche wie logische Beweise darthun, dass es sich umgekehrt verhalte, indem den äusseren Gütern ein Maass gesetzt ist, über welches hinaus sie der Glückseligkeit schaden oder wenigstens nichts nützen, hingegen der Nutzen der geistigen Güter steigt, in je vollerem Maasse sie vorhanden sind. Die hier durch 'Wir' Bezeichneten treten also als Verfechter einer philosophischen Lehre den gewöhnlichen Ansichten mit feierlichstem Nachdruck entgegen; und man würde sonach einer Liebhaberei für scholastische Formalien der Beweisführung sich verdächtig machen, wollte man in ausdrücklicher Schlussfolgerung dabei verweilen, dass die ἐξωτερικοί λόγοι, in denen die gewöhnlichen Begriffe von den philosophischen bekämpft sind, nicht diese 'gewöhnlichen Begriffe und Gespräche' selbst sein können.

So hat denn vor der bloss auf den Inhalt gerichteten Confrontation der aristotelischen Stellen, die Auffassung von ἐξωτερικοί λόγοι, welche in ihnen gar keine Schriften erkennen will, nirgends auch nur als eine mögliche sich behaupten können; und obgleich sie unter der Bürgschaft eines Namens wie Madvig aufgetreten ist, möchte es vielleicht Manchen bedünken, dass selbst die geringe Mühe der hier angestellten Prüfung hätte erspart werden dürfen. Dennoch war es geboten, diese erste Auffassung in zusammenhängender Darlegung zurückzuweisen, weil die Anhänger der zweiten, von vornherein nicht so unhaltbar scheinenden Auffassung, nach welcher ἐξωτερικοὶ λόγοι zwar aristotelische Schriften aber nicht Dialoge sein sollen, überall wo ihr die aristotelischen Stellen einen unbesiegbaren Widerstand entgegensetzen, sich auf die erste zurückziehen. Nachdem dieser Rückzug im Voraus abgeschnitten worden, vereinfacht sich unsere Aufgabe; wir dürfen fortan, wenn die 'gebildete Conversation' als Aushilfe herbeigezogen wird, auf die Widerlegung verweisen, welche ihr bereits zu Theil geworden, und können uns auf die Frage beschränken, ob die zweite Auffassung mit ihren eigenen Mitteln im Stande ist, dem Inhalt und dem Wortlaut jener fünf aristotelischen Stellen gerecht zu werden. Zum Vertreter derselben eignet sich für den hiesigen Zweck weder Thomas von Aquino, der sie zuerst ohne jegliche Begründung ausgesprochen hat, noch Johannes Genesius Sepulveda, der erste im sechzehnten Jahrhundert unter den Kennern des griechischen Aristoteles, welcher sie zu vertheidigen suchte. Denn dieser Lehrer des spanischen Philipp II, der durch seinen Streit mit dem edlen Las Casas über die Behandlung der Indianer zu einer nicht eben beneidenswerthen Berühmtheit gelangt ist, hat in seiner lateinischen Uebersetzung und Erklärung der aristotelischen Politik*) sich zwar mit grossem Nachdruck gegen den 'öffentlichen Irrthum' erhoben, welcher in ἐξωτερικοὶ λόγοι eine besondere Schriftenclasse sehen wolle, und behauptet, dass Aristoteles damit nur Schriften bezeichne, welche 'ausserhalb des Werkes liegen, das ihn gerade beschäftigt'. Den Nachweis jedoch, durch welchen diese Ansicht erst für den hiesigen Zweck bedeutsam wird, dass nämlich die citirten 'anderen' Schriften nicht Dialoge, sondern uns vorliegende oder verlorene nichtdialogische seien, hat er nur für die zwei Stellen der Politik unternommen; beidemal glaubt er mit der nikomachischen Ethik auszureichen; von den übrigen drei Stellen schweigt er gänzlich; und seine zahlreichen Nachfolger in den letzten drei Jahrhunderten hatten den Mangel nicht genügend ausgefüllt, bis Eduard Zeller, der, im Wesentlichen wie Sepulveda, 'exoterische Reden' für

---

*) ed. Col. Agripp. 1601 p. 125: *externos sermones sive exotericos velit Aristoteles libros eos appellare, quicunque sunt extra id opus in quo tunc versatur, ut iure pontificii putili consueverunt; non enim exoterici sermones seu libri certo aliquo genere continentur, ut sit publicus error.*

solche 'Erörterungen' erklärt, 'welche nicht in den Bereich der eben vorliegenden Untersuchung gehören' (Phil. d. Gr. 2¹, 100), den Einzelbeweis für alle fünf Stellen so vervollständigte, dass die Dialoge überall ausgeschlossen bleiben. Es wird daher die folgende Auseinandersetzung bei jeder einzelnen Stelle von Zeller's Aeusserungen ausgehen, und wenn diesen nicht beizustimmen ist, wird sie zu ermitteln versuchen, welche Auskunft die älteren griechischen Erklärer in den Dialogen fanden.

I.

Die Stelle der Metaphysik über die Ideenlehre tritt hier füglich an die Spitze; sie findet sich in diesem, aus getrennten Stücken des aristotelischen Nachlasses zusammengefügten Werk zu Anfang des dreizehnten Theiles, welcher von den unsinnlichen, unbewegten und ewigen Wesenheiten handelt. Zwei solcher Wesenheiten, heisst es, seien von den früheren Philosophen aufgestellt worden, die mathematischen Grössen und die Ideen. Ueber das gegenseitige Verhältniss dieser beiden herrschen Meinungsverschiedenheiten; Einige halten sie getrennt, Andere lassen sie ineinanderfliessen. Die folgende Besprechung solle sie in ihrer Getrenntheit prüfen, zuerst die mathematischen Grössen an sich ohne Beimischung idealer Eigenschaften, und dann 'in einem besonderen Abschnitt die Ideen an sich, jedoch nur im Allgemeinen und um der Form zu genügen; denn das Meiste ist auch von den ἐξωτερικοί λόγοι durchgesprochen' (ἔπειτα μετὰ ταῦτα χωρὶς [sc. σκεπτέον] περὶ τῶν ἰδεῶν αὐτῶν ἁπλῶς [¹⁰]) καὶ ὅσον νόμου χάριν· τεθρύληται γὰρ τὰ πολλὰ καὶ ὑπὸ τῶν ἐξωτερικῶν λόγων p. 1076ᵃ 26).

Zur Widerlegung der alten Meinung, dass unter ἐξωτερικοί λόγοι Dialoge, und zur Rechtfertigung seiner eigenen, dass darunter 'Erörterungen' zu verstehen seien, 'die nicht in den Bereich der vorliegenden Untersuchung', also, auf den hiesigen Fall angewendet, nicht in den Bereich der Untersuchung über die unsinnlichen Wesenheiten gehören, bemerkt Zeller S. 101 Folgendes:

> Die Kritik der Ideenlehre eignete sich am Wenigsten für populäre Schriften; Aristoteles wird daher wohl eher solche Erörterungen im Auge haben, wie sie uns *Phys.* 2, 2; 4, 1; *gen. et corr.* 2, 9; *Eth. N.* 1, 4 (um die zahlreichen Stellen der Metaphysik selbst zu übergehen) begegnen; namentlich aber das, was er in den Büchern Von den Ideen ausgeführt hatte, die Allem nach nicht zu den populären Werken gehört haben.

Da die Bestandtheile unserer Metaphysik nicht von Aristoteles selbst zu Einem Werke vereinigt sind und es also nicht undenkbar wäre, dass er die verschiedenen Bücher unserer Redaction als gesonderte Schriften citirt habe, so lohnt es wohl die Mühe zu fragen: weshalb 'übergeht' Zeller 'die zahlreichen Stellen der Metaphysik', wenn sie überhaupt hier genannt werden dürfen, und weshalb nennt er sie überhaupt, wenn er sie 'übergehen' muss? Schwerlich 'übergeht' er sie doch in dem Sinne, dass er sie thatsächlich berücksichtigt wissen und nur den Leser nicht mit so vielen Citaten belästigen will, sondern es ist ihm wohl bedenklich erschienen, von der Ideenlehre, gegen die Natur der Sache und Aristoteles' ausdrückliche Worte,*) zu sagen, dass sie nicht in den Bereich der metaphysischen, vom reinen Sein handelnden Untersuchung gehören; und dies würde sich unabweislich ergeben, wenn das die Ideen besprechende dreizehnte Buch für genauere Erörterung derselben auf frühere Bücher der Metaphysik, die doch mit unerheblichen Ausnahmen alle das reine Sein zum Gegenstand haben, als auf ἐξωτερικοὶ λόγοι nach der Zeller'schen Deutung, d. h. auf Bücher anderen Hauptinhalts als das vorliegende, vorwiese. Wir merken uns für den Fortschritt der Verhandlung diesen ersten, wie es scheint, von Zeller zugestandenen Grund, welcher die Stellen der Metaphysik ausschliesst, fügen jedoch, da nicht alle Meinungsgenossen Zeller's so behutsam wie er reden, einen zweiten, wo möglich noch einfacheren Grund hinzu. Die Abhandlung über die Ideen im dreizehnten Buch nimmt zwei Capitel ein, füllt drei Columnen der Berliner Ausgabe (p. 1078ᵇ — 1080ᵃ); dennoch erschien sie im Verhältniss zu der Wichtigkeit des Gegenstandes nicht ausführlich genug; und entschuldigend sagt Aristoteles, er rede hier nur im Allgemeinen, da in den ἐξωτερικοὶ λόγοι schon das Meiste durchgesprochen sei. Diese λόγοι müssen also noch weit ausführlicher, als es in den zwei Capiteln geschieht, sich über die Ideen verbreitet haben. Wie verhält es sich nun mit dem Umfang der 'zahlreichen Stellen in der Metaphysik selbst'? Eine ist allerdings, wenn auch nicht ganz, doch beinahe eben so gross, wie die zwei Capitel des dreizehnten Buches, nämlich die das lange neunte Capitel des ersten Buches ausfüllende; aber diese

---

*) Phys. 2, 2, 194 ᵇ 14: πῶς δ' ἔχει τὸ γνωστὸν καὶ τί ἐστι, φιλοσοφίας τῆς πρώτης διαγνῶναι ἔργον.

Stelle ist nicht bloss von gleichem Umfange mit der fraglichen des dreizehnten Buches, sondern sie ist ihr bis auf sehr wenige Abweichungen auch wörtlich gleichlautend, und bildet in diesem Gleichlaut bekanntlich einen der unwiderleglichsten Beweise dafür, dass unsere jetzige Metaphysik aus verschiedenen unvollendeten Aufsätzen des Aristoteles zusammengestückt ist. Wollten wir uns also vom dreizehnten auf das erste Buch verweisen lassen, so wäre wohl selten das sprichwörtliche Schicken von Pontius zu Pilatus durch ein schlagenderes Beispiel erläutert worden. Alle übrigen zahlreichen Stellen in der Metaphysik selbst enthalten hingegen nur gelegentliche und kurze Hindeutungen auf die Ideenlehre und können so wenig zu ergänzender Erläuterung der Polemik im dreizehnten Buch dienen, dass sie vielmehr ihr Licht erst von dieser empfangen und unter ausdrücklicher Ankündigung einer später nachzuliefernden genaueren Forschung auftreten (*l*, 1 p. 1042ᵃ 22). Eben diese gelegentliche Kürze aber, welche die zahlreichen Stellen in der Metaphysik selbst zu übergehen zwingt, verbietet nun auch, die Stellen der physischen Schriften und der Ethik, welche Zeller nicht übergeht, für eine annehmbare Verification des Citats der ἐξωτερικοὶ λόγοι gelten zu lassen. Alle jene drei Stellen sind im Vergleich zu dem umfangreichen und vielseitigen Abschnitt des dreizehnten metaphysischen Buchs knapp gehalten und auf den jedesmal behandelten Gegenstand beschränkt; das, freilich wichtige, Capitel der Ethik z. B. bespricht bloss die Idee des Guten und bezieht sich für die Idee überhaupt auf eine 'andere', d. h. die erste, oder metaphysische, 'Philosophie (*p*. 1096ᵇ 31*f*); alle drei sind mithin weit entfernt, 'das Meiste' von den Ausführungen des dreizehnten metaphysischen Buches vorwegzunehmen (*καθείληται τὰ πολλά*). Dies konnte denn auch Zeller nicht entgehen, und indem er 'namentlich' die verlorenen 'Bücher Von den Ideen' herbeizieht, gesteht er stillschweigend zu, dass die uns erhaltene Schriftenreihe ein genügendes Obdach für das Citat der ἐξωτερικοὶ λόγοι nicht darbietet. Unter allen verlorenen ist jedoch die Schrift περὶ ἰδεῶν gerade diejenige, welche in der Metaphysik nicht als exoterische nach Zeller's Deutung citirt sein kann; wenn die Stellen der Physik und Ethik zu wenig geleistet haben, so leistet diese Schrift zu viel; denn, wie schon ihr Titel anzeigt und die verhältnissmässig grossen, von Brandis gesammelten Bruchstücke beweisen, beschäftigten sich die vier Bücher περὶ ἰδεῶν ausschliesslich mit Darlegung und Widerlegung der Ideenlehre; ihr Inhalt fällt also ganz eigentlich 'in den Bereich' der metaphysischen Untersuchung; und mit dem Gegenstand des dreizehnten Buches fällt er sogar zusammen; so wenig demnach wie die 'zahlreichen Stellen der Metaphysik selbst' könnte Aristoteles die Schrift Von den Ideen meinen, wenn er im dreizehnten metaphysischen Buch von 'Erörterungen' spräche, 'die nicht in den Bereich der vorliegenden Untersuchung gehören'. Was bestimmte nun aber Zeller, aus der Masse verlorener Schriften diese als unbrauchbar sich erweisenden Bücher Von den Ideen herauszusuchen? Sie empfahlen sich ihm, weil sie, wie Niemand leugnen wird und wie schon aus ihrem Fehlen in dem für die Dialoge abgegrenzten Theil des Verzeichnisses erhellt, 'nicht zu den populären Werken gehört haben'; auf populäre Werke könne aber das Citat der ἐξωτερικοὶ λόγοι in der Metaphysik nicht bezogen werden, weil 'die Kritik der Ideenlehre sich am wenigsten für populäre Schriften eignet'. Da hierdurch die alten Erklärer abgewiesen werden sollen, welche die ἐξωτερικοὶ λόγοι mit den Dialogen identificiren, so kann der Zeller'sche Ausspruch unter 'populären Schriften' nur die Dialoge meinen, und demnach leugnet er, dass Aristoteles für seine Kritik der Ideenlehre die dialogische Form habe wählen können. Allein warum sollte Aristoteles die Ideen nicht in derselben Darstellungsform haben bestreiten können, in welcher Platon sie behauptet hatte? Allzu populär in Hinsicht des Inhalts wird man die aristotelischen Dialoge, schon nach dem oben (S. 33) erwähnten Zeugniss, dass sie im Wesentlichen dieselben Lehren wie die pragmatischen Schriften vortrugen, sich nicht denken dürfen, und allzu populär in dieser sachlichen Hinsicht sind doch wahrlich auch die platonischen nicht; abgesehen davon, dass ein leichterer Ton der Darstellung sich jedenfalls viel besser vertrug mit der aristotelischen Bekämpfung der Ideen, die ja zum grossen Theil auf allgemein logische und dem gewöhnlichen Verstande unschwer einleuchtende Einwände fusst, als mit der platonischen Vertheidigung eines so tiefsinnigen Dogma's, dessen nur die geübteste philosophische Anschauung sich zu bemächtigen vermag. Doch wozu die Bekämpfung der Ideen in den aristotelischen Dialogen als eine mögliche erweisen, da sie durch zuverlässige Berichte und urkundliche Belege als eine wirkliche feststeht? Einen zuverlässigen Bericht liefert zunächst Plutarch, der, nach Ausweis seiner Schriften, die aristotelischen Dialoge las, sie zuweilen ausdrücklich citirt, wie er uns z. B. das grösste aller Bruchstücke aus dem Dialog Eudemos (s. oben S. 23) erhalten hat, und noch öfter, wie nach seiner sonstigen Weise anzunehmen ist, bloss unter Nennung des Namens Aristoteles oder ganz in der Stille benutzt. Plutarch nun spottet in seiner Streitschrift gegen Kolotes über diesen Lieblingsschüler Epikurs, welcher mit einer uns jetzt unbegreiflichen Ignoranz, deren sich jedoch auch der Isokrateer Kephisodoros[21]) schuldig machte, den Aristoteles für einen auf die Worte seines Lehrers schwörenden Schüler des Platon erklärt hatte; dies sei so wenig der Fall, sagt Plutarch, dass gerade das von Kolotes hervorgehobene Fundamentaldogma Platon's, die Ideen, von Aristoteles 'allerorten in seinen Schriften und mit Einwänden jeglicher Art erschüttert werden, in den ethischen Aufzeichnungen, in den physischen, mittels der exoterischen Gespräche' (τὰς ... ἰδέας ... πανταχοῦ κινεῖν (ὁ) Ἀριστοτέλης καὶ πᾶσαν ἐπάγων ἀπορίαν αὐταῖς ἐν τοῖς ἠθικοῖς ὑπομνήμασιν [s. oben S. 33], ἐν τοῖς φυσικοῖς, διὰ τῶν ἐξωτερικῶν διαλόγων c. 14). Man sieht, Plutarch ist absichtsvoll in seiner Citirweise; aus den pragmatischen Schriften wählt er einzelne Hauptstellen, die in (ἐν) der Ethik (I, 4) und die in (ἐν) den physischen Werken (gener. et corr. 2, 9) befindlichen; die Erwähnung der Metaphysik, welche er schwerlich überging, ist wohl nur, weil das Auge des Abschreibers von dem ersten zu dem zweiten ἐν τοῖς abglitt (ἐν τοῖς [μετὰ τὰ φυσικὰ, ἐν τοῖς] φυσικοῖς), aus unseren plutarchischen Handschriften ausgefallen; aus der dialogischen Schriftenclasse aber liess sich ohne Weitläufigkeit eine Auswahl nicht treffen, eben weil die Ideen in so vielen Dialogen zur Sprache kamen; Plutarch nennt also die Dialoge schlechthin; und indem er bei ihnen nicht die bisher gebrauchte, auf abgesonderte Stellen deutende Präposition 'in (ἐν)', sondern 'mittels (διά)' anwendet, lässt er die gesammte Reihe der Dialoge als einen fortgesetzten Angriff auf die Ideen erscheinen. Und in der That, nachdem es einmal durch ein so vollwichtiges Zeugniss ausser Zweifel gesetzt ist, dass die Ideen in den aristotelischen Dialogen überhaupt bekämpft worden, wird es schwer, mit Wahrscheinlichkeit einen Dialog anzugeben, in welchem dies nicht geschehen war. Je näher Aristoteles bei dieser kunstmässigen Schriftstellerei dem Vorgange Platon's auch in der Wahl der Stoffe folgte, was schon bei dem Dialog Eudemos sich ergab und für die übrigen meistens aus der blossen Erwägung ihrer Titel erhellt, desto offener schien er die Vergleichung mit den entsprechenden Werken seines Lehrers herauszufordern und desto unvermeidlicher traten ihm die Ideen, mit welchen Platon jegliches Räthsel lösen will, überall in den Weg. Nirgends wird er ihnen ausgewichen sein; aber zu zusammenhängender Entwickelung seiner Einwürfe nöthigte ihn wohl am Meisten die dreibändige Schrift, welche 'Ueber Philosophie' in einer Systematisches und Geschichtliches verbindenden Weise handelte, deren nähere Schilderung einem späteren Abschnitt *(IV)* dieser Untersuchung vorbehalten bleibt. Dass die Schrift Περὶ Φιλοσοφίας in dialogischer Form abgefasst gewesen, giebt auch Zeller (S. 59) zu; und eben aus ihr konnte jüngst (Rhein. Mus. 19, 148) ein früher vernachlässigtes und verdorbtes Bruchstück an das Licht gezogen werden, welches einen urkundlichen Beleg für Aristoteles' dialogische Polemik gegen die Ideen gewährt. Es berührt die dunkelste Seite des dunkeln Dogma's, lässt den Gesprächston vernehmlich durchklingen und lautet in berichtigter Gestalt folgendermassen: 'Wenn also die Ideen nicht mathematische, sondern andersartige Zahl sind, so können wir wohl keinerlei Verständniss von ihr haben. Denn wer, wenigstens von den Meisten unter uns, versteht eine andere*) Zahl'? Wie lange mussten die hier durch 'wir' und 'uns' bezeichneten Personen sich bereits über die Ideen unterhalten haben, ehe sie zu dem entlegensten Bezirk der Ideenwelt, zu den Idealzahlen, gelangten, und wie viel musste über diese selbst vorangeschickt sein, ehe mit der zusammenfassenden Schlusspartikel 'also *(ὥστε)*' ihre Denkbarkeit geleugnet werden konnte. Und aus der Umgebung dieser Worte stammt wohl auch ein zweiter urkundlicher Beleg für die Bekämpfung der Ideen in den Dialogen. Er wird dem Proklos**) verdankt, welcher in seiner Vertheidigung des platonischen Timäos gegen Aristoteles' Einreden ähnlich wie Plutarch, nur mit genauerer Angabe der Stellen, die vielfachen Angriffe des Aristoteles auf die Ideen herzählt. Nachdem er die Ethik, die Schrift über Werden und Vergehen, Anfang, Mitte und Ende der Metaphysik genannt hat, fährt Proklos

---

*) ὥστε εἰ ἄλλος ἀριθμὸς αἱ ἰδέαι, μὴ μαθηματικὸς δέ, οὐδεμίαν περὶ αὐτοῦ σύνεσιν ἔχοιμεν ἄν. τίς γὰρ τῶν γε πλείστων ἡμῶν συνίησιν ἄλλον ἀριθμόν;

fort: 'und in den Dialogen schreit Aristoteles, er könne nun einmal mit diesem Dogma sich nicht befreunden, auch wenn er sich dem Verdacht aussetzen sollte, dass er nur aus Rechthaberei*) widerspreche.' Wie viel Proklos an dem aristotelischen Wortlaut gekürzt oder geändert haben mag und obgleich er nur 'die Dialoge' schlechthin citirt, so ist es doch klar, dass dieser persönlich gefärbte Ausruf, aus welchem wohl auch geschlossen werden darf, dass Aristoteles, nach seiner gewöhnlichen Weise (s. oben S. 2), selbst die Hauptrolle in dem Gespräch übernommen hatte, die Einleitung oder den Schluss einer ausführlichen Polemik gegen die Ideen in ähnlicher Art bildete, wie jene berühmten Sätze der Ethik (I, 4 z. A.) über den Freund Platon und die Freundin Wahrheit; und schwerlich lässt er sich anderswo passender als in dem Dialog 'Ueber Philosophie' unterbringen. Hätte man demnach die alten Erklärer aufgefordert, ihre Identification der Dialoge mit den ἐξωτερικοὶ λόγοι für das die Ideen betreffende Citat in der Metaphysik durch Aufzeigen entsprechender Partien in den Dialogen zu bewähren, so würden sie zweifelsohne die drei Bücher Περὶ Φιλοσοφίας vor Anderen herbeigebracht haben. Aber ermuthigt durch die geretteten Trümmer dieses Gesprächs und gestützt auf die von mehr als Einem Dialog redenden Berichte des Plutarch und Proklos machen wir noch einige andere namhaft, in welchen Bestreitung der Ideen, obgleich sie weder durch erhaltenen Wortlaut noch durch directes Zeugniss beglaubigt ist, doch auf Grund der Beziehungen zu platonischen Werken ohne allzu kühnes Wagniss vermuthet werden darf.

Der grösste aller aristotelischen Dialoge handelte 'Von der Gerechtigkeit'. Er umfasste nach dem Verzeichniss des Andronikos, das er dieses grossen Umfanges wegen eröffnet, vier Bücher *(περὶ δικαιοσύνης α' β' γ' δ' Diog. Laert. 5, 22)*; und dass dies nicht, wie so viele 'Bücher' unter den ungeheuerlich scheinenden Schriftenmassen eines Varro und Origenes, kleine Aufsätze, sondern 'in der That grosse Bücher *(sane grandes libri)*' gewesen, erfährt man von Cicero.[23]) Wenn Aristoteles in vier grossen Büchern über die Gerechtigkeit gesprochen hat, so verlangt wohl Niemand erst einen Beweis, dass das weite Thema in seinen Verzweigungen noch der

---

*) καὶ ἐν τοῖς διαλόγοις σαφέστατα κέκραγεν [ὁ Ἀριστοτέλης] μὴ δύνασθαι τῷ δόγματι τούτῳ συμπαθεῖν, κἂν τις αὐτὸν οἴηται διὰ φιλονεικίαν ἀντιλέγειν.

politischen, ethischen und logischen Seite umspannt war; aber es wird auch Niemandem unlieb sein zu hören, dass die drei bisher auffindbaren kleinen Trümmer dieses grossen Dialogs sich gerade auf jene drei Gebiete vertheilen. Fragen der politischen Gerechtigkeit müssen in derjenigen Gegend des Werks berührt gewesen sein, in welcher ein Unterredner folgende bewegliche Klage über Athens Unglück und das Treiben seiner Demagogen anstimmte*): 'Welche feindliche Stadt, die sie genommen haben, ist der eigenen vergleichbar, die sie verloren haben?' Wahrscheinlich bezogen sich diese Worte, welche von einem der besseren unter den späteren Rhetoren als stilistisches Muster eines ungekünstelten Pathos angeführt werden, auf die Eroberungslust, welche die athenischen Volksführer zu dem sicilischen Unternehmen verleitete und mittelbar die Demüthigung des eigenen Staats am Schluss des peloponnesischen Krieges bewirkte. Aber in welch anderem geschichtlichen Zusammenhang der rührende Ausruf auch gethan war, jedenfalls konnte er nur durch einen Ueberblick der gesammten Politik Athens veranlasst und an diese wiederum musste also der Maassstab der allgemeinen politischen 'Gerechtigkeit' gelegt sein. — Die Berührung mit der Ethik tritt in dem zweiten Bruchstück zu Tage, welches aus Chrysippos' gleichbetitelter Schrift bei Plutarch**) in sehr kurzer aber mit Hilfe bekannter aristotelischer Gedanken leicht zu verdeutlichender Fassung**) aufbewahrt ist. Danach hatte Aristoteles das aristippische Dogma, welches die Lust als höchsten, alle menschlichen Handlungen bestimmenden Lebenszweck hinstellt, zunächst, weil Lust eine wesentlich eigensüchtige, auf das Individuum beschränkte Empfindung ist, für eine Aufhebung der Gerechtigkeit, der wesentlich uneigennützigen, dem Nebenmenschen zugekehrten (πρὸς ἕτερον) Tugend erklärt, und in weiterer Folge, da die Gerechtigkeit alle übrigen Tugenden umfasst (*Eth. Nic.* 5, 3), für eine Aufhebung des Tugendbegriffs überhaupt. Dieser inhalt-

---

*) ἐν .. τοῖς Ἀριστοτέλους Περὶ δικαιοσύνης ὁ τὴν Ἀθηναίων πόλιν ὀδυρόμενος, εἰ μὲν οὕτως εἴποι ὅτι ποίαν τοιαύτην πόλιν εἷλον τὸν ἐχθρόν, οἵαν τὴν ἰδίαν πόλιν ἀπώλεσαν, ἐρρωμένως ἂν εἰρημὼς εἴη καὶ ὁδυρτικῶς· εἰ δὲ παράμοιον αὐτὰ ποιήσει· ποίαν γὰρ πόλιν τῶν ἐχθρῶν τοιαύτην ἔλαβον, ὁποίαν τὴν ἰδίαν ἀπέβαλον, οὐ μὰ τὸν Δία κάθος· κίνημά οὐδὲ θρέον, ἀλλὰ τὸν καλούμενον κλαυσίγελωτα. *Demetrius de elocutione* § 28.

**) τῆς ἡδονῆς οὔσης τέλους, ἀναιρεῖται μὲν ἡ δικαιοσύνη, συναναιρεῖται δὲ τῇ δικαιοσύνῃ καὶ τῶν ἄλλων ἀρετῶν ἑκάστη.

reiche Satz konnte in einer dialogischen Schrift noch weniger als in einer pragmatischen mit so formelhafter Kürze ausgesprochen sein, ohne dass vorher der Inhalt desselben auseinandergelegt, also der Begriff des höchsten Zweckes, der Begriff der Lust, das Verhältniss der Gerechtigkeit zu den übrigen Tugenden, mithin die Hauptfragen der Ethik erörtert worden. — Endlich ersieht man aus dem dritten und kärglichsten Fragment, welches Boothius*) dem auch sonst die aristotelischen Dialoge nutzenden Porphyrios entnimmt: 'In ihrem Wesen gesondert sind die Gedankenthätigkeiten und die Sinneseindrücke' wenigstens so viel, dass ein Theil jener vier grossen Bücher, und dann gewiss kein unbeträchtlicher, logischen Untersuchungen gewidmet war. Ein dialogisches Werk solchen Umfangs nun, welches von der 'Gerechtigkeit' ausgehend die Politik, Ethik und Logik in seinen Kreis zog, erinnert unwillkührlich an einen der grössten aller platonischen Dialoge, an den 'Staat', der ebenfalls von Fragen über die Gerechtigkeit aus sich zu voller Darstellung des platonischen Systems nach jenen drei Seiten hin erweitert und ja wirklich schon im Alterthum den Nebentitel περὶ δικαίου trug. Auch Karneades, als er in der berühmten zweitägigen und zweischneidigen Vorlesung, welche die römische Jugend in Aufruhr und den älteren Cato in censorische Angst versetzte, das am ersten Tage verfochtene Naturrecht am zweiten bekämpfte, wählte sich zur Zielscheibe seiner scharfen dialektischen Angriffe zugleich den platonischen Dialog vom 'Staate' und den aristotelischen Von der Gerechtigkeit. Bildete demnach, wie der Eudemos zum Phädon, der Dialog Περὶ Δικαιοσύνης ein Gegenstück zur Politeia, so würde Aristoteles die Erwartungen, welche er durch die ganze Anlage seines Werks erregte, in seltsamer Weise getäuscht haben, wenn er auf die von Platon nirgends ausführlicher als in der Politeia vorgetragene Ideenlehre nicht mit annähernd gleicher Ausführlichkeit sich eingelassen hätte. Noch unabweislicher aber als der Dialog Von der Gerechtigkeit an den 'Staat' erinnern zwei andere Dialoge des Aristoteles, der 'Staatsmann (Πολιτικὸς α' β' Diog. Laert. 5, 22)' und der 'Sophist (Σοφιστής; das.)' schon

---

*) In librum de interpretatione editio secunda I p. 291 Bas.: sensum [schreibe sensuum] quidem non una significativa voce, nomina et verba, (in opere de institia declarat [Aristoteles] dicens: φησὶ γὰρ διηρῆσθαι τά τε νοήματα καὶ τὰ αἰσθήματα.

durch ihre Titel an die gleichnamigen platonischen Werke, deren Kern ebenfalls in der Ideenlehre liegt. Auch hier wird also Aristoteles den Kampf gegen dieselbe nicht haben umgehen können; und selbst wenn wir von den übrigen dialogischen Werken gänzlich absehen, so reichen schon die vier erwähnten vollständig aus, um das Citat der ἐξωτερικοὶ λόγοι in der Metaphysik nach Form und Inhalt als wohlvereinbar mit der alten Deutung derselben auf die Dialoge erscheinen zu lassen. Denn in dem Dialog 'Ueber Philosophie' verlangte das auf Darlegung und Beurtheilung der früheren Systeme gerichtete Thema und in den Dialogen 'Von der Gerechtigkeit', dem 'Staatsmanne' und 'Sophisten' luden die Berührungen mit den gewählten platonischen Vorbildern auf das Dringendste dazu ein, die Polemik gegen die Ideen so allseitig und erschöpfend zu führen, dass Aristoteles in den metaphysischen Büchern sich verhältnissmässig kurz fassen und auf die früheren gesprächsförmigen Schriften verweisen konnte, in denen 'das Meiste bereits durchgesprochen (διθρύλληται τὰ πολλά) und vorweggenommen sei.

2.

Die moderne, von Zeller gebilligte Auffassung der ἐξωτερικοὶ λόγοι hat in der ersten Stelle, wo sie in unverminderter Selbständigkeit zur Geltung kommen sollte, gegen die Meinung der alten Aristoteliker das Feld nicht behaupten können; sie kann es um so weniger in einigen anderen, wo sie, die Schwäche ihrer eigenen Mittel einsehend, theils durch die 'gebildete Conversation' sich zu verstärken sucht, theils in heller Flucht sich auf dieselbe zurückzieht. Zu einem solchen Rückzug findet sie sich bei der Stelle im dritten Buch der Politik genöthigt. Dort will Aristoteles die Frage erörtern, ob man nur Eine Staatsform gelten lassen dürfe, oder mehrere, und wenn mehrere, worin ihr Unterschied bestehe. Zwei Ausgangspunkte müssen, sagt er, für diese Erörterung genommen werden; erstlich sei der Zweck des Staats zu bestimmen, und zweitens die Zahl der Arten von Herrschaft über den Menschen im gesellschaftlichen Leben (τῆς ἀρχῆς εἴδη πόσα τῆς περὶ ἄνθρωπον κατά [so statt καὶ] τὴν κοινωνίαν τῆς ζωῆς c. 6, 1278ᵇ 16). Hinsichtlich des Staatszwecks verweist er auf das erste Buch der Politik und fasst kurz zusammen, was dort über die von Absicht und Uebereinkunft unabhängige staatliche Natur des Menschen gesagt ist.

Dann wendet er sich zu dem zweiten Punkt mit folgenden Worten: 'Aber auch die in Frage kommenden Weisen der Herrschaft zu sondern, macht keine Schwierigkeit. Denn auch in den ἐξωτερικοὶ λόγοι geben wir oft die Unterschiede derselben genau an' *(ἀλλὰ μὴν καὶ τῆς ἀρχῆς τοὺς λεγομένους τρόπους ῥᾴδιον διελεῖν· καὶ γὰρ ἐν τοῖς ἐξωτερικοῖς λόγοις διοριζόμεθα περὶ αὐτῶν πολλάκις p. 1278ᵇ 30).* Und darauf folgt die oben (S. 38) mitgetheilte, auf das Wohl und die Interessen der Betheiligten gegründete Unterscheidung der Arten von häuslichem und staatlichem Regiment.

'Oftmalige *(πολλάκις)*' Behandlung dieses Punktes in anderen aristotelischen Schriften nichtpolitischen Hauptinhalts und nichtdialogischer Form nachzuweisen, muss nun schon aus dem einfachen Grunde misslingen, weil in der gesammten Reihe der uns erhaltenen Werke ausserhalb der politischen Bücher nur noch an Einem Ort, nämlich im zwölften Capitel des achten Buches der nikomachischen Ethik, politische Theorien in nicht gar zu eilig vorüberstreifender Weise berührt werden, und weil die verhältnissmässig wenigen verlorenen Werke der streng wissenschaftlichen Gattung weder in ihrer Betitelung noch in ihren Ueberresten den mindesten Anhalt für die Vermuthung geben, dass sie häufigere politische Episoden enthalten haben. Sepulveda (s. oben S. 41) freilich glaubt dennoch seine Auffassung der ἐξωτερικοὶ λόγοι an der hiesigen Stelle oben durch jenes Capitel der Ethik genügend zu schützen. Dass er sich dabei nicht durch die vielen Seltsamkeiten irren liess, welche den fraglichen Abschnitt des achten Buches der Ethik, oder richtiger gesprochen, der Schrift Ueber die Freundschaft, zu einem bisher ungelösten Räthsel innerhalb der politischen Lehre des Aristoteles machen, soll ihm bei dem damaligen Stand der Forschung weniger verdacht werden, als dass er wähnen konnte, man werde das Beibringen einer einzigen Stelle für eine Erledigung des 'oftmalige' Erörterungen erwähnenden Citats hinnehmen. Besonnene Nachfolger Sepulveda's konnten also hier nicht in seine Spuren treten; aber es erweckt kein günstiges Vorurtheil für die allgemeine Richtigkeit der von dem Spanier aufgebrachten Deutung, dass der Gewandteste unter ihren Anhängern nicht einmal den Versuch macht, sie an der hiesigen Stelle festzuhalten, sondern geraden Weges in das Madvig'sche Lager zu der 'gebildeten Conversation' übergeht. Zeller's Worte lauten (S. 101):

Polit. 3, 6 scheinen die ἐξωτερικοὶ λόγοι nicht auf bestimmte Schriften, sondern auf die Annahmen und den Sprachgebrauch, welche auch ausserhalb der Wissenschaft gelten, zu geben. Der einzige Zuwachs, den hierdurch die Madvig'sche Ansicht erhält, besteht in der Berufung ausser auf die gewöhnlichen 'Annahmen' auch noch auf den gewöhnlichen 'Sprachgebrauch'. Allein was dieser nützen soll, will sich nicht ergeben. Die Wendung τῆς ἀρχῆς τοὺς λεγομένους τρόπους wird doch wohl Niemand so missverstehen, dass er sie durch 'sogenannte Weisen der Herrschaft' übersetze. Denn ἀρχή so gut wie τρόποι, wofür kurz vorher εἴδη *(1278ᵇ 16)* gesagt war, sind Wörter der alltäglichsten Art, gänzlich baar jeder terminologischen Bedeutung oder stilistischen Färbung; und λεγομένους kann daher hier, wie so oft bei Aristoteles, nur durch 'die zur Verhandlung, in Frage kommenden' wiedergegeben werden. Da der 'Sprachgebrauch' also fortfällt und die Unzulänglichkeit der zurückbleibenden 'Annahmen ausserhalb der Wissenschaft' bereits gegen Madvig (s. oben S. 38) erwiesen wurde, so darf ohne weiteren Aufenthalt das Verzeichniss der Dialoge ins Auge gefasst werden, um mit ihrer Hilfe, im Sinn der alten Erklärung von ἐξωτερικοὶ λόγοι, die Schwierigkeiten des Citats zu heben.

Als der umfänglichste unter den politischen Dialogen tritt uns der bereits (oben S. 50) erwähnte 'Staatsmann *(Πολιτικός)*' entgegen: er bestand aus zwei Büchern; und Cicero, der ihn zweimal[14]) nennt, hat es sich schwerlich versagt, ihn bei seiner eigenen politischen Schriftstellerei auszubeuten. Mit Bestimmtheit lässt sich jedoch aus Cicero nur entnehmen, dass in diesem, wie in den meisten übrigen Dialogen, Aristoteles sich selbst die Hauptrolle vorbehalten hatte. Nähere Berichte über den Inhalt im Einzelnen und Bruchstücke fehlen. Trotzdem wird es Niemanden kühn dünken zu glauben, dass grundlegende Auseinandersetzungen über die verschiedenen Regierungsarten in einem Dialog, welcher den 'Staatsmann' schilderte, nicht vermieden waren. — Auch einer so wenig gewagten Vermuthung ist man durch sicheres Wissen überhoben bei einer anderen politischen Schrift in populärer Form, welche in dem Verzeichniss des Andronikos 'Von dem Königthum *(περὶ βασιλείας α' Diog. Laert.* 5, 22)' betitelt und als einbändig angegeben ist. Dass Aristoteles sie an seinen königlichen Zögling Alexander gerichtet hatte, erfuhren noch die späten Biographen [15]) des Philosophen aus den Quellen, die sie benutzten; und Cicero hatte sich diese Schrift zum Ausschreiben zurechtgelegt, als er mit dem höchst unnöthigen und für ihn, wie er bald er selbst merkte, unausführbaren Vorhaben umging, einem Grösseren als Alexander Rathschläge zu geben, wie er die auf den Feldern von Pharsalus und Thapsus eroberte Welt zu regieren habe. Man braucht keine übermässige Vorliebe für Personalien in der Geschichtsüberlieferung zu hegen, um vor anderen untergegangenen Werken des Aristoteles besonders tief den Verlust dieser Schrift zu beklagen, in welcher die Verbindung zwischen einem der gewaltigsten Geister und einem der mächtigsten Fürsten aller Zeiten sich auch nach politischer Seite bekundete. Geraubt ist uns jedoch nur der Genuss, welchen es gewährt haben muss, die Haltung eines solchen Theoretikers einem solchen Praktiker gegenüber in den einzelnen Wendungen der Gedanken und Schattirungen des Ausdrucks zu beobachten; der Grundgedanke selbst, den alle in der Schrift aufgebotenen logischen und stilistischen Mittel beweisen und empfehlen sollten, ist nicht verschollen; und er erweist sich als eine im kolossalsten Maassstabe praktische Anwendung der Unterscheidung zwischen den verschiedenen Arten des Regierens, von welcher unsere Stelle der Politik sagt, dass sie in den *ἐξωτερικοὶ λόγοι* durchgeführt war. Alexander müsse — so rieth ihm Aristoteles — in seiner europäisch-asiatischen Doppelstellung auch als doppelartiger Herrscher auftreten, über die Hellenen nur das Recht einer Hegemonie aussprechen *(ἡγεμονικῶς* [20]*)*, gegenüber den Barbaren aber, die sklavischer Natur seien, sich als Inhaber eines unumschränkten Herrenthums benehmen *(δεσποτικῶς)*, und nicht wähnen, er werde von ihnen Liebe für Liebe zurückerhalten. Wie grell dieser unerbittlich realistische Rath von Allem abstechen mag, was gefühlvolle Philanthropen aus der Feder eines Königs belehrenden Philosophen zu lesen wünschen, und wie natürlich auch das Entsetzen ist, das er den Gelehrten in der Mischstadt Alexandria, Eratosthenes an ihrer Spitze, erregte, so vollständig stimmt er doch zu den Grundsätzen, welche unsere aristotelische Politik (1, 2; 3, 14; 4 (7), 7) überall äussert, wo sie das Verhältniss zwischen Hellenen und Barbaren berührt, und so scharf bezeichnet er die Parteistellung, welche Aristoteles zu den politischen Hauptfragen seiner Zeit einnahm. Selbst wenn jene deutlichen Aussprüche nicht vorlägen, liesse es schon seine nahe Verbindung mit Antipater (s. oben S. 3) erschliessen, dass er denjenigen makedonischen Staatsmännern beistimmte, welche von Alexanders hastiger Hellenisirung der Perser, da sie ohne eine gewisse Persificirung der Hellenen nicht auszuführen war, kein Heil erwarteten; den höchsten Zweck eines wahrhaften Staates setzte Aristoteles in die Verwirklichung eines nach allen Seiten, materiell, sittlich und geistig, guten und schönen Lebens (τὸ ζῆν), etwa in das, was jetzt im höchsten und vollsten Sinn Civilisation heisst; der europäisch-hellenischen Welt glaubte er die natürliche Anlage zur Erreichung eines so hohen Zieles zusprechen zu dürfen, und in einer vielhundertjährigen Arbeit freier Bürger war dort die individuelle und staatliche Entwickelung weit vorwärts auf der Bahn eines menschenwürdigen Daseins geführt worden; diese Entwickelung wollte er nicht gehemmt sehen durch gewaltsame Paarung der Hellenen mit Völkerelementen, denen von der Natur zwar viel Geistesschärfe (διάνοια *Polit.* 4 [7], 7, 1327ᵇ 24, 27) aber nicht die Kraft verliehen schien, die Vorbedingung aller höheren Bildung, die bürgerliche Freiheit, zu gewinnen und zu ertragen, und die unter der langjährigen Zucht des Hofes zu Susa nur das gelernt hatten, was ihre natürliche Unfreiheit zu unerschütterlicher Sitte ausbilden musste. Und besonders für die nächsten Unterthanen Alexanders, für die Makedonier, durfte dem Aristoteles und den gleichgesinnten Staatsmännern eine verfrühte Mischung mit nichthellenischen Massen gefahrvoll erscheinen; das Hellenenthum jener nördlichen Anwohner Griechenlands war von sehr kurzem Datum und eben so geringer Tiefe; die Wahrheit, welche dem Alexander selbst einmal im Rausche entfuhr, dass echte Hellenen unter Makedoniern einherwandeln 'wie Halbgötter unter Bestien (ὥσπερ ἐν θηρίοις ἡμίθεοι *Plut. Alex.* 51)' wird Aristoteles während seines Aufenthalts zu Pella oft genug empfunden haben; und er konnte daher nur wünschen, dass in emsiger und gesonderter Pflege hellenischen Wesens die durch das Schicksal zur Herrschaft berufene makedonische Nation von der noch vorhandenen Hälfte ihrer eigenen Barbarei sich befreie, bevor ihr junger Monarch dem ganz barbarischen Völkergewimmel Asiens einen griechischen Firnis aufzwinge. Wie deutlich oder wie leise in der Durchführung solcher Grundgedanken sich eine Ueberschätzung des Hellenenthums verrathen haben mag, welche bei Aristoteles, eben weil er selbst kein vollbürtiger sondern nur ein geistig eingebürgerter Hellene war, wohl begreiflich wäre, muss mit so vielen anderen geschichtlichen Fragen der anziehendsten Art, welche diese verlorene Schrift anregt, dahingestellt bleiben; auch über ihre Form, ob sie ein wirkliches Gespräch gewesen oder, was nicht unwahrscheinlich ist, in Briefform abgefasst und nur wegen ihrer durch die praktische Destimmung bedingten populären Haltung den Dialogen im Verzeichniss des Andronikos angereiht worden, ist bei dem Mangel wörtlich erhaltener Bruchstücke eine Entscheidung unmöglich. Für den hiesigen Zweck genügt die Gewissheit, dass es keine streng wissenschaftliche Schrift sein konnte und dass ihr Hauptinhalt, die Empfehlung eines hegemonischen Regiments gegenüber den Hellenen und eines despotischen gegenüber den Barbaren, eine ins Einzelne gehende Unterscheidung der 'Weisen der Herrschaft (τρόποι τῆς ἀρχῆς)', mithin das voraussetzt, was die alten Erklärer in dialogischen oder dialogartigen Schriften gefunden haben mussten, um ihre Deutung der *ἡγεμονικοὶ λόγοι* auf das Citat in der Politik anwenden zu können. — Zu gleichem Behufe dienlich war ihnen wohl auch die zweite zu Alexander in Beziehung tretende Schrift *Ἀλέξανδρος ἢ περὶ ἀποικιῶν* [*]) α' (*Diog. Laert.* 5, 22), über deren Inhalt, trotz des Mangels näherer Angaben, schon der Titel hinlänglich unterrichtet. In diesem Dialog — denn dass die Schrift gesprächsförmig gewesen, zeigt, nach fester litterärgeschichtlicher Regel, die zwiefache Betitelung durch Personennamen und sachlichen Stoff — waren also die Rathschläge über 'Anlage von Pflanzstädten' gegeben, zu welchen, wie ein alter Erklärer der Kategorien erzählt fand, der König den Philosophen aufgefordert hatte. Nun hing aber die Gründung neuer Städte im makedonischen Zeitalter auf das Innigste zusammen mit der Hellenisirung des Orients, und Aristoteles musste daher beide Fragen nach denselben Grundsätzen beurtheilen. Wenn er keine andere als eine despotisch zwingende Behandlung den Barbaren angedeihen lassen wollte und für die Hellenen nur eine freiheitliche Leitung passend fand, so konnte er in den neuen Städten nicht, wie Alexander und seine Nachfolger es dennoch thaten, eine stammesverschiedene Bevölkerung zu einem unterschiedlosen Bürgerverbande zu vereinigen rathen; er musste also in dieser Schrift Ueber Pflanzstädte so gut wie in der Ueber Königthum die gesonderten Naturanlagen der Völker und demgemäss die 'verschiedenen Weisen der Herrschaft' auseinanderhalten; wie ja in der That das vierte (siebente) Buch unserer Politik, welches im Wesentlichen eine Anleitung zu zweckmässiger Städtegründung ist, gerade da, wo die Auswahl der Bürgerschaft geregelt wird, die Hellenen, als zur Freiheit geschaffen, den ewigen Knechten (δουλεύοντα διατελεῖ 1327ᵇ 28) Asiens gegenüberstellt. — Darf man nun ferner in dem politischen Theile der Schrift Ueber Gerechtigkeit (s. oben S. 49) eine Entwickelung des Satzes vermuthen, der in dem uns erhaltenen politischen Werk mit wiederholtem Nachdruck hervorgehoben wird, dass nämlich staatliche Gleichheit nur für natürlich Gleiche Recht, für natürlich Ungleiche aber Unrecht sei, so bot auch dieser Dialog eine Besprechung der 'verschiedenen Weisen der Herrschaft' dar. Sie fand sich sonach in dem 'Staatsmanne', den Schriften Ueber Königthum, Ueber Pflanzstädte, Ueber Gerechtigkeit, d. h. in vier Dialogen — eine Zahl, welche den alten Erklärern gross genug scheinen durfte zur Rechtfertigung des Adverbiums 'oft *(πολλάκις διοριζόμεθα)*' in dem Citat der mit den Dialogen identifizirten ἐξωτερικοί λόγοι.

3.

Ebensowenig werden die alten Erklärer sich bei dem Citat in Verlegenheit befunden haben, welches in der nikomachischen Ethik (6, 4) gelegentlich der Unterscheidung zwischen Kunst, Wissenschaft und Klugheit vorkommt. Dieselbe wird auf den Gegensatz von ποίησις und πρᾶξις zurückgeführt, dieser jedoch nicht näher erörtert, weil schon die ἐξωτερικοί λόγοι hinlängliche Ueberzeugung davon verschaffen *(ἕτερον δ' ἐστὶ ποίησις καὶ πρᾶξις· πιστεύομεν δὲ περὶ αὐτῶν καὶ τοῖς ἐξωτερικοῖς λόγοις p. 1140ᵃ 2)*.

Nicht weniger als drei Hilfsmittel zur Erledigung des Citats drängt Zeller (S. 101) in folgende Zeilen zusammen:

ebenso [wie die Stelle über die Weisen der Herrschaft] geht möglicherweise auf die Annahmen und den Sprachgebrauch, welche auch ausserhalb der Wissenschaft gelten, *Eth. N.* 6, 4; wiewohl auch Aristoteles diesen Gegenstand, ausser *Metaph.* 6, 1, 1025ᵇ 18; 2, 1026ᵇ 5, schon *Top.* 6, 6, 145ᵃ 15; 8, 1, 153ᵃ 9 und vielleicht anderswo noch eingehender berührt hatte.

Das erste Hilfsmittel, welches mit leicht erklärlicher Schüchternheit 'möglicherweise' in den nichtwissenschaftlichen Annahmen und dem gewöhnlichen Sprachgebrauch gefunden wird, muss aus den schon gegen Madvig (s. oben S. 39) entwickelten Gründen für unzulässig erklärt werden. Die nichtwissenschaftlichen 'Annahmen' über dergleichen Dinge wie der Unterschied zwischen Machen und Handeln sind im gebildeten Deutschland schwerlich verschieden von denjenigen der nichtphilosophischen Griechen; der gewöhnliche griechische Sprachgebrauch von ποιεῖν und πράττειν ist uns Allen zur Genüge aus Schriftstellern jeder Gattung bekannt; und dennoch wollte es Zeller, obgleich er aus diesen Quellen schöpfen konnte, nach seinem offenen Geständniss (Ph. d. Gr. 2³, S. 128 ob.), so wenig wie Jemandem vor ihm gelingen, in der Gliederung des aristotelischen Systems und der Abgrenzung der Disciplinen das Gebiet des ποιεῖν, oder der Kunst, von dem praktischen einerseits und dem wissenschaftlichen andererseits mit der erforderlichen Schärfe zu sondern. Nun ist aber ebon für diese Aufgabe, die Grenzlinie zwischen ποίησις und πρᾶξις zu ziehen, auf die ἐξωτερικοί λόγοι verwiesen; und sollten also darunter bloss die 'gewöhnlichen Annahmen und der Sprachgebrauch' gemeint sein, so muss die 'Ueberzeugung', welche sie gewährten, für eine höchst unfruchtbare angesehen werden. Da Zeller dies selbst fühlt, so wendet er ein zweites Hilfsmittel an, welches, wenn es sich bewährte, allerdings besser als die 'gewöhnlichen Annahmen' zu seiner Grundansicht stimmen würde, dass ἐξωτερικοί λόγοι 'Erörterungen seien, die nicht in den Bereich der vorliegenden Untersuchung gehören'. Vier Stellen aus nicht ethischen Schriften führt er auf, zwei aus der Topik und zwei aus der Metaphysik. Die zwei aus der Topik sind unglücklicherweise so kurz, dass eine Inhaltsangabe fast gleich viel Raum wie die folgende vollständige Mittheilung kosten würde. Einmal (6, 6) heisst es, in den Disputationen sei darauf zu achten, ob der Gegner bei der Definition eines Beziehungsbegriffs auch den Artunterschied (διαφορά) mit der nöthigen Beziehung versehe; z. B. wenn es sich um den Begriff Wissenschaft handelt; 'bei ihm kommen die Unterarten, theoretische, praktische und poietische Wissenschaft, in Betracht; und jede von diesen gilt nur in bestimmter Beziehung. Denn die theoretische ist Wissenschaft von Etwas, die poietische von Etwas und ebenso die praktische.'*) Man sieht, erläutert wird der Unterschied von ποίησις und πρᾶξις hier so wenig wie in den citirenden

---

*) τῶν ... πρός τι καὶ αἱ διαφοραὶ πρός τι, καθάπερ ἐπὶ τῆς ἐπιστήμης. θεωρητικὴ γὰρ καὶ πρακτικὴ καὶ ποιητικὴ λέγεται, ἕκαστον δὲ τούτων πρός τι σημαίνει· θεωρητικὴ γάρ τινος καὶ ποιητικὴ τινος καὶ πρακτικὴ p. 145ᵃ 14.

Worten der Ethik, sondern er wird als bekannt vorausgesetzt und nur erwähnt. Ebenso verhält es sich mit der zweiten Stelle der Topik (8, 1); sie spricht von dem disputatorischen Kunstgriff, durch Herbeiziehen unnöthiger Inductionsreihen und Eintheilungen dem Schlussverfahren imponirende Fülle *(εἰς ὄγκον p.* 151ᵇ 22*)* und Aufputz *(εἰς κόσμον)* zu verleihen; z. B. wenn der Begriff Wissenschaft in Frage kommt, und man dann, auch wo die Eintheilung für das Endergebniss unerheblich ist, weitläufig herzählt: 'die Wissenschaften zerfallen in theoretische, praktische und *) poietische'. Abermals also wird die peripatetische Eintheilung der Wissenschaften nur beispielsweise erwähnt, der Eintheilungsgrund selbst, die Scheidung zwischen ποίησις und πρᾶξις, wird nicht beleuchtet. Die zwei Stellen der Topik könnten demnach höchstens zu einer Absicht dienen, die man einem ernsten Arbeiter wie Zeller nicht zutrauen darf, nämlich εἰς ὄγκον, wie Aristoteles sagen würde. — Und viel mehr leistet auch eine der Stellen aus der Metaphysik (6, 2, 1026ᵇ 5) nicht, welche jede Theorie des Accidentiellen für unmöglich erklärt, was schon daraus erhelle, dass keine Wissenschaft sich um dasselbe kümmere, 'weder eine praktische noch eine poietische noch eine theoretische'; dies wird dann durch Beispiele aus der Baukunst und der Mathematik belegt, jedoch nur um den Begriff des Accidentiellen auf den verschiedenen Gebieten schärfer zu bestimmen, keineswegs aber um die Grenzen des Theoretischen, Praktischen und Poietischen gegen einander abzustecken. — Endlich gewährt die andere Stelle der Metaphysik (6, 1, 1025ᵇ 22) zwar für die Unterscheidung von ποίησις und πρᾶξις eine werthvolle Ausbeute, insofern sie das bewegende Princip bei der ποίησις in Geist, Kunst oder Fertigkeit des Hervorbringenden, bei der πρᾶξις in den Willen des Handelnden verlegt; aber es geschieht dies nur beiläufig, um dann die poietischen und praktischen Wissenschaften zusammengenommen als solche, welche Dinge mit transcendentem Princip der Bewegung erforschen, der theoretischen Physik gegenüberzustellen, welche auf Dinge mit immanentem Princip der Bewegung sich richtet. Auch bleibt die hier hervorgehobene Seite des Unterschiedes zwischen ποίησις und πρᾶξις, so wichtig sie ohne Zweifel ist, doch nur Eine Seite. Denn sicherlich eben so wichtig wie die

---

*) τὸ δὲ διαιρεῖσθαι τοιοῦτον οἷον .... ὅτι τῶν ἐπιστημῶν αἱ μὲν θεωρητικαί αἱ δὲ πρακτικαί αἱ δὲ ποιητικαί p. 153ᵃ 8.

Scheidung mit Rücksicht auf die wirkende Kraft, welche beim Praktischen vom Willen, beim Poietischen von der Intelligenz ausgeht, ist die Scheidung mit Rücksicht auf das Bewirkte, welches beim Poietischen in einem von der Thätigkeit gesonderten Werk *(ἔργον)* hervortritt, beim Praktischen untrennbar mit der Thätigkeit sich verknüpft. Diesen finalen Gegensatz berührt aber die fragliche Stelle der Metaphysik mit keinem Worte, obzwar er im Eingange der nikomachischen Ethik (1094ᵃ) nach seinen bedeutsamsten Folgen besprochen ist, welche Stelle Zeller jedoch seiner Sammlung nicht einverleiben durfte, weil das erste Buch der Ethik nicht im sechsten ein exoterisches nach Zeller'scher Deutung, d. h. eine Schrift anderen Hauptinhalts, genannt sein kann. Also auch jene Stelle der Metaphysik, die einzige ausserhalb der Ethik aufzutreibende, welche überhaupt etwas Wesentliches über den Unterschied von *ποίησις* und *πρᾶξις* lehrt, reicht bei Weitem nicht aus, um das Citat im sechsten Buch der Ethik zu belegen; und da Zeller dies wiederum selbst fühlt, so greift er, nachdem zwei Hülfsmittel nicht geholfen haben, zu einem dritten, und nimmt an, dass 'Aristoteles diesen Gegenstand anderswo', d. h. in verlorenen Schriften, 'noch eingehender berührt habe'. Auf solchem Wege gedenken auch wir zum Ziele zu gelangen; nur können wir nicht, wie Zeller es nach seiner gesammten Ansicht thun muss, die eingehendere Erörterung in verlorenen Schriften der streng wissenschaftlichen Reihe voraussetzen; denn deren Zahl ist verhältnissmässig gering, und nichts würde die Behauptung unterstützen, dass in den wenigen untergegangenen ein Punkt ausführlicher behandelt worden, über welchen die vielen erhaltenen, auf gleichem wissenschaftlichen Niveau stehenden Schriften so oft wie über einen bekannten hinweggehen. Unter den verlorenen Dialogen hingegen lassen sich nach deutlichen Anzeichen wenigstens zwei nennen, welche das Verhältniss zwischen *ποίησις* und *πρᾶξις* einer verweilenden Betrachtung unterworfen hatten.

Dies darf erstlich von dem dreibändigen Dialog 'Ueber Dichter' angenommen werden, demselben, auf den unsere Poetik als auf 'herausgegebene Gespräche' verweist (s. oben S. 13). Denn wenn irgend eine Thätigkeit eine poietische ist, so ist es sicherlich die Poesie in vorzüglichem Maasse, und wie gern Aristoteles an Bestimmungen über den Gebrauch des griechischen Wortes *ποιητής*

seine ästhetischen Regeln über das dichterische Schaffen anschliesst,
lehrt gleich das erste Capitel unserer Poetik. Um so weniger wird
er in einem Gespräch, dessen lebhaftere Wendungen sich so leicht
mit Ausdeutungen der Wörter zu begrifflichen Zwecken vertragen,
es unterlassen haben, die specielle Kunstthätigkeit des ποιητής in
Zusammenhang mit der allgemeinen Kunstthätigkeit, dem ποιεῖν,
zu betrachten, was dann nothwendig dahin führen musste, die un-
terscheidenden Merkmale der letzteren, gegenüber dem praktischen
Handeln und dem contemplativen Denken, in volles Licht zu setzen.
Und in der That genügen schon die spärlichen, vorhin (S. 59) erwähnten Andeutungen, welche uns über Aristoteles' tiefere Auffassung des ποιεῖν überhaupt vorliegen, um einige seiner wichtig-
sten Grundsätze über die Dichtkunst als unmittelbaren Ausfluss
der für das allgemeine ποιεῖν geltenden Bestimmungen erscheinen
zu lassen. Z. B., da jedes wahrhafte ποιεῖν zu einem concreten
Werk (ἔργον) führen soll, so darf der ποιητής nicht versificirte Worte
(μέτρα) machen, sondern muss Gebilde (μύθους poet. 9 p. 1451ᵇ 27)
schaffen — eine Vorschrift, deren weitverzweigte Folgen keinem
Leser unserer Poetik hergezählt zu werden brauchen. Da ferner
bei jedem ποιεῖν die bewegende Kraft von dem ποιῶν ausgehen
muss, so ist derjenige kein wahrer ποιητής, der nur das schon vor
ihm Vorhandene beschreibt oder lehrt; mit anderen Worten: die
bloss descriptiven oder didaktischen Dichter, wie Empedokles (s.
oben S. 11), sind keine ποιηταί. Und wenn man die Reproduction
noch anderer und nicht so offen liegender aristotelischer Gedanken
wagen wollte, zu wie fruchtbaren Anwendungen auf das Verhältniss zwischen dem Dichter, der Dichtung und der dichterischen
Begeisterung liessen sich nicht die für das ποιεῖν überhaupt aufgestellten Sätze benutzen, dass es ein von dem Hervorbringenden
unabhängiges, in sich geschlossenes Werk hervorrufen soll, und
dass, während der Werth des sittlichen Handelns (πράττειν) nicht
mit dem Maassstab der vollendeten Handlung gemessen werden
kann, bei dem künstlerischen ποιεῖν die Leistung vorzüglicher sei
als die Thätigkeit, das ἔργον höher stehe als die ἐνέργεια (Eth. N.
1, 1, 1094ᵇ 6). Alles was seit dem platonischen Jon bis zu den
Goethe'schen Selbstbekenntnissen über die Fremdartigkeit gesagt
worden, in welcher die vollendete Dichtung dem Dichter selbst
gegenübertritt, ein von ihm gesondertes Leben führt, und Schütze

in sich birgt, deren ihr Urheber sich nicht bewusst ist — Alles dies und wie viel Anderes noch, das sich seinem Tiefblick darbot, konnte Aristoteles mit leichter Wendung für die ποίησις des Dichters aus jenen allgemeinen Bedingungen der ποίησις entwickeln, wenn er sie vorher in ihrem Unterschiede von πρᾶξις dargestellt hatte; und die Annahme ist daher wohl nicht zu kühn, dass eine solche Auseinandersetzung, welche dem Dialog Περὶ Ποιητῶν so nahe lag und so nützlich werden musste, in demselben nicht übersehen und nicht vermieden war.

Dass sie in einem anderen, ebenfalls eine Kunst behandelnden Dialog nicht gefehlt hat, lässt sich auf noch kürzerem Wege einleuchtend machen. In ähnlichem Verhältniss wie das Gespräch 'Ueber Dichter' zu der 'Abhandlung über die Dichtkunst' stand zu der uns erhaltenen Rhetorik das Gespräch, welches im Verzeichniss des Andronikos unter dem Titel περὶ ῥητορικῆς ἢ Γρύλλος α' (Diog. Laert. 5, 22) aufgeführt ist. Der Personenname darf zuversichtlich auf den in der Schlacht bei Mantinea gefallenen Sohn des Xenophon bezogen werden; denn Diogenes *) Laertius fand im 'Aristoteles', also in diesem Dialog, 'Unzählige hätten auf Gryllos, des Xenophon Sohn, Lob- und Grabreden verfertigt, zum Theil aus Höflichkeit gegen den Vater'; und wahrscheinlich war dieser Wettkampf der Rhetoren für die Scenerie des Gesprächs verwendet. Ueber den Inhalt liegt nur Eine nähere Nachricht vor, die jedoch auf das Glücklichste gerade den für unseren Zweck wesentlichen Punkt trifft. Sie wird von Quintilian gegeben in seiner Bestreitung derjenigen Philosophen, welche der Rhetorik die Würde einer Kunst absprachen. Nachdem er das von seinen Gegnern vorgebrachte Beispiel des ohne Schule aufgewachsenen und dennoch schlagfertig wirksamen Redners Demades zu entkräften versucht hat, führt er fort **): 'Aristoteles hat zwar in seiner Weise, um die Forschung anzuregen, im Gryllos einige Schlussfolgerungen erdacht, welche den Stempel seines Scharfsinns tragen; aber derselbe Aristoteles hat auch drei Bücher 'Von der rhetorischen Kunst' geschrieben

---

*) 2, 55: φησὶ δ' Ἀριστοτέλης ὅτι ἐγκώμια καὶ ἐπιτάφιον Γρύλλου μύριοι ὅσοι συνέγραψαν, τὸ μέρος καὶ τῷ πατρὶ χαριζόμενοι.

**) 2, 17, 14: Aristoteles, ut solet, quaerendi gratia, quaedam subtilitatis suae argumentis corripuit in Gryllo, sed idem et de arte rhetorica tres libros scripsit et in eorum primo non artem solum eam fatetur sed ei particulam civilitatis sicut dialecticae assignat.

und in dem ersten derselben (p. 1354ᵃ 11) erkennt er ihr nicht bloss den Charakter einer Kunst, sondern weist ihr auch einen Theil der Politik und Dialektik zu'. Die Gegenüberstellung der zwei aristotelischen Werke giebt unzweideutig zu erkennen, dass im Gryllos die Spitze der 'scharfsinnigen Schlüsse' gegen den Anspruch der Rhetorik auf den Namen einer Kunst gekehrt war; Aristoteles mochte hier mit den entsprechenden Partien des platonischen Phädros und Gorgias wetteifern wollen, und seine eigene, in unserer Rhetorik entwickelte Ansicht, welche er schwerlich ganz unterdrückt hatte, wird in der Führung des Gespräches nicht zu entschiedenem Uebergewicht gelangt sein. Jedenfalls aber musste eine derartige mit 'scharfsinnigen Schlüssen' ausgestattete Verhandlung über künstlerisches oder unkünstlerisches Wesen der Rhetorik von einer Erörterung des Begriffs Kunst begleitet sein; und diese wiederum konnte nicht angestellt werden, ohne dass die Kunstthätigkeit überhaupt, d. h. das ποιεῖν, in ihrem Unterschiede von der übrigen Geistes- und der Willensthätigkeit zur Sprache kam. Auf die Ausführungen im Gryllos also und auf ähnliche in den drei dialogischen Büchern 'Ueber Dichter' bezog sich Aristoteles, nach der Meinung der alten Erklärer, als er im sechsten Buch der Ethik schrieb, die Ueberzeugung von dem Unterschied zwischen ποίησις und πρᾶξις sei bereits durch die ἐξωτερικοὶ λόγοι verbreitet.

4.

An das so erledigte Citat im sechsten schliesst sich füglich die Besprechung des anderen im ersten Buch der Ethik, dessen Wortlaut diesen Abschnitt eingeleitet hat (s. oben S. 29) und das, wie man sich erinnert, zunächst die Dichotomie der Seele in ein unvernünftiges und ein vernünftiges Element aus den ἐξωτερικοὶ λόγοι entlehnt. Zeller sieht sich abermals genöthigt, mehr als Einen Weg der Erklärung zu betreten. Er sagt (S. 101):

> Auch *Eth. N.* 1, 13 ist wohl nicht die Stelle *De an.* 3, 9, 432ᵃ 22 gemeint, sondern entweder andere Schriften des Verfassers oder wahrscheinlicher die sonst verbreiteten Annahmen; die Unterscheidung eines unvernünftigen und eines vernünftigen Theils in der Seele ist ja zunächst platonisch und wird von Aristoteles a. a. O. nicht unbedingt gutgeheissen.

'Platonisch' ist die Dichotomie nun freilich nur in so fern, als ihr Theilungsprincip auch der eigentlich platonischen Trichotomie zu

Grunde liegt, welche als Mittelglied zwischen den vernünftigen und begehrlichen Seelentheil noch einen dritten, den eiferartigen, stellt; und in der Schrift Von der Seele (s. oben S. 37) setzt Aristoteles ausdrücklich der Dichotomie die Trichotomie als verschiedene Ansicht entgegen. Aber zugegeben einmal, dass, wo nicht Platon selbst, doch Manche seiner akademischen Schüler, so gut wie hier Aristoteles, den dritten Seelentheil für entbehrlich hielten, was soll diese aus der Geschichte der Philosophie entnommene Notiz zur Erklärung von ἐξωτερικοί λόγοι nützen? Wenn platonische oder akademische oder sonstige Schuldogmen unter diesem Ausdruck gemeint wären, so würde er bei den unzähligen Erwähnungen derselben in unserem Vorrath aristotelischer Schriften auch unzählige und nicht bloss fünf Mal zu finden sein. Oder zielt etwa die Bemerkung dahin, dass durch Platon's und der Akademie Einfluss die Zweitheilung der Seele allgemein verbreitete Ansicht der attischen Gebildeten geworden sei? Wie wenig sich eine solche Behauptung mit der Natur der Sache und mit Aristoteles' Worten verträgt, ist bereits gegen Madvig (s. oben S. 37) dargelegt worden. Zeller's 'wahrscheinlicheres Oder' muss also seinem 'Entweder' Platz machen, welches das Citat in 'anderen', d. h. verlorenen, Schriften des Aristoteles unterbringt. Nur darf man auch hier sich nicht, mit Zeller, auf die verlorenen der streng wissenschaftlichen Gattung beschränken; denn da die erhaltenen drei Bücher Von der Seele, welche die Psychologie im Zusammenhang vortragen, nach Zeller's offenem Eingeständniss, nichts Brauchbares gewähren, so wird es schwer zu glauben, dass in der einzigen sonst auf Psychologie bezüglichen nicht dialogischen Schrift, den in einigen Handschriften des Diogenes Laertius (5, 24 vgl. Anm. 2) genannten θέσεις περὶ ψυχῆς, deren Titel sie schon als abgerissene Thesen bezeichnet, die fragliche Dichotomie mit der zur Rechtfertigung des Citats nöthigen Ausführlichkeit behandelt gewesen. Alle Schwierigkeiten ebneten sich dagegen den alten Erklärern, welche in ἐξωτερικοί λόγοι eine Verweisung auf die Dialoge sahen. Dann bot sich der Dialog Eudemos von selbst dar, und an ihn hat auch schon im sechzehnten Jahrhundert Carolus Sigonius[*]) erinnert, freilich an einem abgelegenen und, so weit sich erkennen lässt, von Keinem der Neueren

---

[*]) *de dialogo (op. Vol. I p. 440 ed. Argelati): satis constituere non parum quid multis hoc tempore ... renerit in mentem ..., si excerpti gratia in Nicomachis de*

betretenen Ort. Der früher gegebene (s. oben S. 21) Abriss dieses psychologischen Gesprächs macht den Nachweis unnöthig, dass die Frage nach den Elementen der Seele in ihm den passendsten Platz fand, und es darf daher gleich die von den bis jetzt erwogenen Fällen merklich abweichende Form des hiesigen Citats näher betrachtet werden. Während nämlich bei den Ideen, den Arten des Regierens, dem Unterschied zwischen ποίησις und πρᾶξις durch die Rückbeziehung auf die Dialoge nur die Kürze der streng wissenschaftlichen Behandlung gerechtfertigt werden sollte, also nur eine Erwähnung der Werke vorlag, aus denen der mehr begehrende Leser seine Wünsche befriedigen könne, tritt hier das Citat nicht als eine blosse Verweisung auf, sondern giebt die Quelle des folgenden Abschnittes an. Aristoteles beschränkt sich nicht darauf zu sagen: 'Ueber die Seele ist Einiges in den ἐξωτερικοὶ λόγοι genügend besprochen worden (λέγεται δὲ περὶ αὐτῆς ἀρκούντως, ἔνια)', sondern er fügt hinzu: 'Und davon ist hier Gebrauch zu machen (καὶ χρηστέον αὐτοῖς; s. oben S. 29)'. Und sollte Jemand aus diesen deutlichen Worten noch nicht erkennen, dass es sich um eine Recapitulation, nicht um ein nacktes Citat handelt, so muss die Einführung des unmittelbar folgenden, die Dichotomie der Seele enthaltenden Satzes durch 'Zum Beispiel (οἷον, τὸ μὲν ἄλογον αὐτῆς εἶναι κτλ.)' jeden Zweifel heben. Da nun ferner das fragliche Capitel der Ethik in seinem weiteren Inhalt lediglich eine Entwickelung jener Dichotomie giebt, so wird man denselben, in stricter Auffassung der ankündigenden Worte καὶ χρηστέον αὐτοῖς, für zusammenfallend mit den Ausführungen der ἐξωτερικοὶ λόγοι, also des Dialogs Eudemus, anzusehen haben. Eine solche Herübernahme aus einem Dialog passt auch vollkommen zu der Bestimmung, welche den psychologischen Lehren in jenem Capitel der Ethik angewiesen ist; sie sollen dort nicht mit wissenschaftlicher Genauigkeit, welche Aristoteles ausdrücklich ablehnt (p. 1102ᵃ 25), den objectiven Anforderungen des Gegenstandes genügen, sondern für den subjectiven Bedarf des Politikers bemessen werden, und das angelegte Mass ist daher gleich wenig streng wie das für die Dialoge mit Rücksicht auf einen weiteren Leserkreis gewählte. Ergiebig wird aber die so gewonnene Erkenntniss, dass das Schluss-

varie ex facultatibus antmi divisae inductae in exotericis, libros potius de anima tres ob ex significari putant quam Eudemum dialogum.

capitel des ersten Buches der Ethik aus dem Dialog Eudemos geflossen ist, nicht bloss insofern nun den Bruchstücken jenes Dialogs eine erwünschte Ergänzung aus sicherster Hand zu Theil wird, sondern fast noch werthvolleren Ertrag bringt sie dadurch, dass Unverträglichkeiten, in welche die Lehren jenes Capitels zu der Schrift Von der Seele treten, auf die natürlichste Weise ihre Erklärung finden, und dass sonst auffällige excerpirende Wendungen in demselben nicht länger auffallen können. Hinsichtlich des letzteren Punktes erwäge man z. B. den Satz, welcher gleich auf die Nennung der zwei Seelentheile folgt (p. 1102ᵃ 28):

ταῦτα (τὸ ἄλογον καὶ τὸ λόγον ἔχον) δὲ πότερον διώρισται καθάπερ τὰ τοῦ σώματος μόρια καὶ πᾶν τὸ μεριστόν, ἢ τῷ λόγῳ δύο ἐστὶν ἀχώριστα πεφυκότα καθάπερ ἐν τῇ περιφερείᾳ τὸ κυρτὸν καὶ τὸ κοῖλον, οὐθὲν διαφέρει πρὸς τὸ παρόν.	Ob nun aber das unvernünftige und vernünftige Element so von einander getrennt sind wie die Glieder des Körpers und alles Zerlegbare, oder ob sie nur dem Begriff nach zwei, aber von unzertrennlicher Natur sind, wie in einem Rund das Convexe und Concave, das ist für den hiesigen Zweck gleichgiltig.

Wenn es 'gleichgiltig' ist, warum wird es denn überhaupt erwähnt, und zwar so ausführlich erwähnt, dass jede der beiden Möglichkeiten mit einem veranschaulichenden Beispiel versehen ist? Das Verhältniss des Capitels zu dem Dialog Eudemos giebt den einfachen Aufschluss. In jenem Gespräch konnte, da sein eigentlicher Gegenstand die Psychologie war, eine so wichtige Frage, wie es Trennbarkeit oder Untrennbarkeit der Seelentheile ist, nicht umgangen werden; sie war dort nach ihren beiden Seiten, vielleicht von verschiedenen Unterrednern, so behandelt, dass jeder für seine Ansicht versinnlichende Analogien, wie sie dem Gesprächston angemessen sind, beigebracht hatte; an diese fand sich daher Aristoteles erinnert, als er einen Auszug des im Eudemos Vorgetragenen in die Ethik einflocht; nur eilt er mit einem kurzen Fingerzeig vorüber, weil eine Entscheidung der schwierigen theoretischen Frage für die Zwecke des praktischen Politikers entbehrlich schien; und eine Entscheidung hätte Aristoteles, wenn er eingehend darüber zu reden anfing, in der Ethik nach der Beschaffenheit dieses Werks geben müssen, während der Dialog füglich die beiden Möglichkeiten bloss gegen einander stellen und die Wahl, wie es so oft bei Platon geschieht, dem Leser freilassen durfte. — Und noch ein anderes Mal wird eine vom Eudemos her herandringende

Frage als 'gleichgiltig' zurückgewiesen. Nachdem das gänzlich vernunftlose animalische Seelenelement besprochen worden, soll die Widerspenstigkeit eines zwar die Vernunft passiv vernehmenden aber ihr nicht activ folgenden Elements durch den Vergleich mit paralytischen Kranken verdeutlicht werden. Wie das gelähmte Körperglied solcher Unglücklichen, wenn sie rechts wollen, links ausführt,[26]) so gebärde sich auch das leidenschaftliche Seelenelement bei denen, die, wie die Unmässigen, es seiner natürlichen Unbändigkeit überlassen und nicht unter das Gesetz der Vernunft beugen. Und obgleich dieses Verhältniss auf seelischem Gebiet nicht wie auf dem körperlichen sich dem Auge darstelle, so müsse man dennoch annehmen, dass in der Seele ausser der Vernunft Etwas vorhanden sei, das in eine der Vernunft entgegengesetzte Richtung strebe. Wie jedoch — heisst es dann weiter — die Verschiedenheit stattfindet, ist gleichgiltig *(πῶς δ' ἕτερον, οὐδὲν διαφέρει* 1102[b] 25). In recht wunderlicher Weise überflüssig müssten diese Worte erscheinen, wenn sie bloss eine abermalige Ablehnung der eben erst zur Seite geschobenen Frage nach der Art, wie die Seelentheile überhaupt getrennt sind, enthalten sollten; wogegen sie als Andeutung einer im Eudemos geführten und hier übergangenen Untersuchung unschwer ihre Erklärung finden. In jenem Dialog war, ausser der Erörterung, ob die Zerlegung der Seele in das vernunftlose animalische und in das theils passiv theils activ vernünftige Element zu räumlicher oder bloss begrifflicher Trennung führe, auch noch der Versuch gemacht, die Differenzirung des vernünftigen Elements in passives und actives nach ihrer Modulität näher zu bestimmen; es stand dieser Versuch in derselben Gegend des Gesprächs, wo das Dasein einer Differenz innerhalb des vernünftigen Elements durch das von der körperlichen Paralyse entlehnte Gleichniss versinnlicht war; das Gleichniss, dessen an sich schon so ergreifende Kraft in dem Gespräch wohl durch stilistische Mittel noch sehr gesteigert war, fand Aristoteles auch für den kurzen Unterricht in der Psychologie passend, welchen er dem Politiker ertheilt, und er nahm es daher in die Ethik auf. Nun sah er sich zugleich an die im Eudemos eng dem Gleichniss angeschlossenen Modalitätsbestimmungen erinnert, aber mit diesen dem Politiker beschwerlich zu fallen, verbietet er sich gleichsam selbst durch das Sätzchen *πῶς δ' ἕτερον, οὐδὲν διαφέρει.* — Eben so nützlich wie für das Verständniss solcher stilistischen Wendungen wird die Herleitung unseres Capitels aus dem Eudemos für die Lösung einer sachlichen Schwierigkeit. In der Schrift Von der Seele (3, 9) verwirft Aristoteles die dort als Schulmeinung erwähnte Dichotomie, weil sie Seelenkräfte von ebenso verschiedener Eigenart wie unvernünftiges und vernünftiges Seelenelement ausser Acht lasse; und als erstes Beispiel einer in der Dichotomie nicht unterzubringenden Kraft ist dort *(p. 432ª 29)* die animalisch ernährende, das $\vartheta\rho\epsilon\pi\tau\iota\kappa\acute{o}\nu$ genannt, welches erst von der peripatetischen Schule zum Rang eines psychischen Elements erhoben wurde. In unserem Capitel der Ethik dagegen, welches dieselbe Dichotomie aus den $\xi\omega\tau\epsilon\rho\iota\kappa o\iota$ $\lambda\acute{o}\gamma o\iota$ herübernimmt, wird sie unbedenklich als eine das $\vartheta\rho\epsilon\pi\tau\iota\kappa\acute{o}\nu$ mitumfassende verwendet; ja, als selbstverständlich und schlechthin 'unvernünftig *(ἄλογον p. 1102ª 32—ᵇ12)*' gilt hier nur das $\vartheta\rho\epsilon\pi\tau\iota\kappa\acute{o}\nu$, während für das bloss passiv vernünftige Element die Bezeichnung $ἄλογον$ zwar zugelassen, aber erst einer näheren Rechtfertigung bedürftig erachtet wird *(p. 1102ᵇ 13—1103ª 1)*. Zur Beseitigung dieses Widerspruchs erweisen sich alle logischen Ausgleichungskünste eben so ohnmächtig wie die jetzt gangbaren Auffassungen von $\xi\omega\tau\epsilon\rho\iota\kappa o\iota$ $\lambda\acute{o}\gamma o\iota$, welche dieselben nicht auf peripatetischen Boden versetzen; gelöst kann er nur werden durch die Annahme, dass die $\xi\omega\tau\epsilon\rho\iota\kappa o\iota$ $\lambda\acute{o}\gamma o\iota$ mit der ursprünglich einer anderen Schule entstammenden Dichotomie eine Umbildung in specifisch peripatetischem Sinne vorgenommen hatten, oder, da es vor Aristoteles keinen Peripatos gab, dass $\xi\omega\tau\epsilon\rho\iota\kappa o\iota$ $\lambda\acute{o}\gamma o\iota$ eine früher veröffentlichte psychologische Schrift des Aristoteles, d. h. den Dialog Eudemos, bezeichnen. Man erinnert sich, dass die Abfassung dieses Gesprächs in die Zeit fällt, da Aristoteles noch zu dem akademischen Kreise zählte (s. oben S. 23), und dass es auch nach dogmatischer Seite deutliche Spuren des Strebens trug, die Verbindung mit der platonischen Schule wohl zu lockern, aber nicht schroff zu zerreissen. So hatte denn Aristoteles in dem Dialog bei der Scheidung der Seelenkräfte zwar das Mittelglied der eigenthümlich platonischen Trichotomie *(θυμοειδές)*, gänzlich fallen gelassen, aber das platonische Theilungsprincip, die Sonderung des Vernünftigen und Unvernünftigen, hatte er in dichotomischer, auch von anderen Akademikern vorgezogener Form beibehalten, jedoch mit wesentlich veränderter Bedeutung. Denn die Akademiker, welche die Seele als eine selbständige Substanz vor jeder Vermengung mit Körperlichem zu behüten suchten, verstanden auch unter dem unvernünftigen Seelenelement immer noch etwas bloss Spiritualistisches, nämlich die Begierde *(ἐπιθυμητικόν)*, und liessen innerhalb der Seele für die den Körper materiell erhaltende Kraft keinen Raum; Aristoteles dagegen, der schon, als er den Dialog Eudemos schrieb, das Band zwischen Seele und Körper straffer anzog, glaubte ein körperbildendes Princip in die Seele selbst aufnehmen zu müssen, und bereitete ihm Raum, indem er das ἄλογον der Dichotomie in zwei Unterarten zerfällte, in das schlechthin unvernünftige animalische *(θρεπτικόν)* und in das leidenschaftliche *(παθητικόν)*, d. h. passiv vernünftige, Element. In der Schrift Von der Seele durfte daher die Dichotomie, weil sie dort im Sinn ihrer akademischen Vertreter aufgestellt ist, als zu eng für das animalische Princip verworfen, und in der Ethik durfte das animalische Princip unter dem ἄλογον einbegriffen werden, weil dort die Dichotomie in der Erweiterung benutzt werden soll, welche ihr der Dialog Eudemos gegeben hatte. Denn ausdrücklich kündigt Aristoteles in den einleitenden Worten an, dass er von den Ergebnissen der ἐξωτερικοί λόγοι 'Gebrauch machen wolle *(καὶ χρηστέον αὐτοῖς)*'.

5.

Wörtlich dieselbe Ankündigung einer Recapitulation findet sich bei dem fünften und letzten Citat der ἐξωτερικοί λόγοι zu Anfang des vierten (siebenten) Buches der Politik. Um die beste Staatsform festzustellen, hatte Aristoteles gesagt, müsse man vorher bestimmen, welches für den Einzelnen die vorzüglichste Lebenslage sei und ob diese sich auf den Staat übertragen lasse. Dann heisst es weiter: 'da wir nun glauben, dass Vieles von dem schon in den ἐξωτερικοί λόγοι über das beste Leben Vorkommenden genügend behandelt ist, so haben wir davon auch jetzt Gebrauch zu machen *(νομίσαντες οὖν ἱκανῶς πολλὰ λέγεσθαι καὶ τῶν ἐν τοῖς ἐξωτερικοῖς λόγοις περὶ τῆς ἀρίστης ζωῆς καὶ νῦν χρηστέον αὐτοῖς; p.* 1323ª 21)'.

Obwohl Zeller sich hier von der 'gebildeten Conversation' durchaus fern hält, so ist es doch wohl zweckmässig, die Anhänger dieser Erklärungsart, falls deren, trotz der obigen (S. 35) auf sachliche Gründe fussenden Widerlegung, noch vorhanden sind, darauf aufmerksam zu machen, dass an dieser Stelle ihre Auffassung auch durch ein zwingendes sprachliches Anzeichen ausgeschlossen ist.

Aristoteles schreibt nicht ἱκανῶς πολλὰ λέγεσθαι καὶ ἐν τοῖς ἐξωτερικοῖς λόγοις, bei welcher Wortfassung die Wahl zwischen ungebundenem mündlichen Gespräch und abgeschlossenen Schriften offen bliebe; sondern er setzt den Artikel vor die Präposition und schreibt ἱκανῶς πολλὰ λέγεσθαι καὶ τὰ ἐν τοῖς ἐξωτερικοῖς λόγοις; es wird somit in einer nur bei Schriftwerken möglichen Weise durch τὰ ἐν τοῖς ἐξωτερικοῖς λόγοις περὶ τῆς ἀρίστης ζωῆς ein festumgrenztes Ganze bezeichnet, von welchem πολλά einen beträchtlichen Theil für den hiesigen Zweck ausscheidet. Zeller hat nun auch das Citat nur für aristotelische Bücher passend gefunden und die Beziehung desselben auf die Ethik, welche bereits Sepulveda behauptet hatte, durch folgende Sätze zu begründen versucht (S. 101):

> Polit. 7, 1, 1323ᵃ 21 wird man am Passendsten auf Eth. N. 1, 0; 10, 6 beziehen, zwei Ausführungen, von denen namentlich die erste mit dem hier Angeführten genau stimmt; da es doch gar zu unnatürlich wäre, auf anderweitige minder wissenschaftlich gehaltene Schriften zu verweisen, und die eingehenden Untersuchungen eines Werks, welches Aristoteles selbst mit der Politik in den engsten Zusammenhang setzt, zu übergehen.

Aber sehr 'natürlich' wäre es doch wahrlich auch nicht, dass ein Werk wie die Ethik, welches Aristoteles selbst 'mit der Politik in den engsten Zusammenhang setzt', ja, als ersten Theil der Politik betrachtet, dennoch in eben dieser Politik ein exoterisches nach Zeller'scher Deutung, d. h. ein 'nicht in den Bereich der Politik gehörendes', genannt würde. Und ganz unbegreiflich wäre es ferner, dass Aristoteles für Entlehnungen aus einem so streng wissenschaftlichen Werk wie die Ethik eine so schüchterne Einführung nöthig, ja nur schicklich finden sollte, in welcher er zu meinen erklärt, dass 'Vieles auch dort über das beste Leben Gesagte genügend behandelt sei.' War Aristoteles mit der Ethik so unzufrieden, dass er ihren wesentlichsten Inhalt, die Bestimmungen über das beste Leben, nur theilweise (πολλά) zu benutzen wagt? und wurde er plötzlich von einem falschen, ihm sonst doch ungewohnten Misstrauen in seine wissenschaftliche Kraft befallen, dass er von der Ethik eine 'genügende (ἱκανῶς)' Behandlung ihres Gegenstandes nicht als selbstverständlich voraussetzt, sondern nur in unmaassgeblicher Meinung anzunehmen sich erlaubt? Das müsste ein stilistisch farbenblindes Auge sein, das, einmal aufmerksam gemacht, verkennen wollte, wie deutlich das Colorit des Satzes τοpίσαντας ....

χρηστέον αὐτοῖς in allen seinen Theilen es beweist, dass er nur für 'minder wissenschaftlich gehaltene Werke' passt, deren Benutzung ungewöhnlich und daher eines rechtfertigenden Wortes bedürftig ist. Aber noch ein dritter, wo möglich noch entscheidenderer Grund verbietet, die ἐξωτερικοὶ λόγοι auf die Ethik zu beziehen. Nicht weniger als sechs Mal greift Aristoteles in der Politik durch ausdrückliche Citate auf die Untersuchungen seines ethischen Werkes zurück; überall nennt er es bei seinem einfachen Namen; meint er auch hier im vierten Buch der Politik dasselbe Werk, warum nennt er es nicht ebenfalls? wozu gerade hier eine so versteckende Umschreibung? Damit die Beweiskraft dieser Frage vollständig wirken könne, wird eine kurze Durchmusterung jener sechs wirklichen Citate aus der Ethik, welche auch nach anderer Seite Nutzen bringt, nicht zu umgehen sein. Auf zwei *(Polit. 2, 2; 3, 9)*, welche die in der Ethik (5, 8; 5, 5) entwickelten Begriffe der vergeltenden Gleichheit und der relativen Gerechtigkeit betreffen, soll kein zu grosses Gewicht gelegt werden, da sie ausserhalb der Construction des Satzes angehängt sind,*) und Citate dieser Art bereits in mehreren Fällen als Zusätze von fremder Hand erkannt worden. Die übrigen vier aber sind so unzertrennlich mit dem umgebenden Wortgefüge verwebt, dass Niemand sich einen Zweifel an ihrem aristotelischen Ursprung beigehen lassen wird. Im zwölften Capitel des dritten Buches der Politik heisst es mit Beziehung auf das fünfte Buch der Ethik, Recht sei nach allgemeiner Annahme ein Gleichheitsverhältniss, und bis zu einem gewissen Grade stimmen über diesen Punkt Alle, auch die Nichtphilosophen, den philosophischen Vorträgen bei, 'in welchen die Ethik erörtert wurde *(μέχρι γάρ τινος ὁμολογοῦσι [πάντες] τοῖς κατὰ φιλοσοφίαν λόγοις, ἐν οἷς διώρισται περὶ τῶν ἠθικῶν p. 1282ᵇ 18).*' Also auch hier, wo durch die Gedankenverbindung eine umschreibende Wendung unvermeidlich wurde, hat Aristoteles die eigentliche Benennung ἠθικά einfliessen lassen. — Kurzweg aus 'der Ethik' wird die Grundlehre, dass Tugend ein Mittleres zwischen zwei Aeussersten sei, im elften Capitel des sechsten (vierten) Buchs citirt *(εἰ γὰρ καλῶς ἐν τοῖς ἠθικοῖς εἴρηται τὸ τὸν εὐδαίμονα βίον εἶναι τὸν κατ' ἀρετὴν ἀνεμπόδιστον, μεσότητα δὲ*

---

*) p. 1261ᵃ 30 τὸ ἴσον τὸ ἀντιπεπονθὸς σώζει τὰς πόλεις, ὥσπερ ἐν τοῖς ἠθικοῖς εἴρηται πρότερον. — p. 1280ᵃ 16 τὸ δίκαιον ἴσον, καὶ διήρηται τὸν αὐτὸν τρόπον ἐπὶ τε τῶν πραγμάτων καὶ οἷς, καθάπερ εἴρηται πρότερον ἐν τοῖς ἠθικοῖς.

τὴν ἀρετὴν κτλ. p. 1295ᵃ 35). — Und im vierten (siebenten) Buch, also in demselben, dessen erstes Capitel angeblich die Ethik unter der Maske der ἐξωτερικοὶ λόγοι verbirgt, tritt sie im dreizehnten Capitel zweimal mit ihrem unverhüllten Namen auf, zuerst um eine kurze Begriffsbestimmung der Glückseligkeit zu liefern, und dort ist dem Citat ein Nebensätzchen beigefügt, das zu einigem Verweilen einladet. Die Worte lauten: 'In der Ethik sagen wir, wofern das dort Vorgetragene praktischen Nutzen hat, dass die Glückseligkeit in Kraftthätigkeit und vollkommener Ausübung der Tugend besteht (φαμὲν δὲ καὶ ἐν τοῖς ἠθικοῖς (1, 6), εἴ τι τῶν λόγων ἐκείνων ὄφελος, ἐνέργειαν εἶναι [τὴν εὐδαιμονίαν] καὶ χρῆσιν ἀρετῆς τελείαν p. 1332ᵃ 7)'. Man geht wohl nicht fehl, wenn man die stolze Bescheidenheit des Beisatzes εἴ τι τῶν λόγων ἐκείνων ὄφελος aus dem Verhältniss des Philosophen zu den praktischen Politikern erklärt, welche seiner politischen Vorlesung beigewohnt haben, oder die er sich als Leser seiner politischen Schrift denkt. Er sieht voraus, dass eine so schulmässige Definition und eine so ideale Ansicht, wie es Herleitung der Glückseligkeit aus energischer Tugend ist, bei den Weltkindern und Weltlenkern ein Achselzucken hervorrufen werde, und um diesem sich nicht ungeschützt auszusetzen, giebt er zu erkennen, dass er sich zu trösten wisse, wenn man seiner Schulweisheit 'praktischen Nutzen' absprechen wolle. Erst nachdem er sich so gewahrt hat, entlehnt er bald darauf abermals eine streng philosophische Definition des Tugendhaften ohne Weiteres aus 'der Ethik' (καὶ γὰρ τοῦτο διώρισται κατὰ τοὺς ἠθικοὺς λόγους (3, 6) ὅτι τοιοῦτός ἐστιν ὁ σπουδαῖος, ᾧ διὰ τὴν ἀρετὴν τὰ ἀγαθά ἐστι τὰ ἁπλῶς ἀγαθά p. 1332ᵃ 21). Jenes parenthetische Sätzchen, unter dessen Schutz Lehnsätze aus der Ethik mit schulmässiger Terminologie dem dreizehnten Capitel eingewebt sind, eröffnet nun auch den richtigen Gesichtspunkt zur Würdigung des Zeller 'gar zu unnatürlich' erschienenen Umstandes, dass im ersten Capitel desselben vierten Buches Aristoteles lieber auf 'minder wissenschaftlich gehaltene Werke' als auf die Ethik sich berufen wollte. Mit dem vierten Buche der Politik beginnt bekanntlich die zweite Abtheilung des gesammten Werkes, deren Aufgabe der Entwurf zum besten Staat, also dasjenige Wagniss der politischen Philosophie ist, auf welches die praktischen Politiker zu allen Zeiten mit spöttischem Mitleid geblickt haben. Das Missliche seines Unternehmens

solchen Zuhörern und Lesern gegenüber wollte Aristoteles nicht
dadurch noch steigern, dass er sie gleich an der Schwelle in ein
so schulmässig theoretisches Werk, wie es seine Ethik ist, ver-
wickelte, zumal er hier nicht, wie im dreizehnten Capitel, mit dem
Erborgen kurzer Definitionen ausreichte, sondern eine zusammenhängende Ausführung über das beste Leben des Einzelnen seinem
Staatsideale vorauzuschicken nöthig fand. Um also das leicht ab-
wendige Ohr dieses praktischen Theiles seiner Zuhörer und Leser
zu gewinnen, kündigt er an, dass das Folgende aus Schriften genommen sei, die für weitere Kreise bestimmt und in denselben be-
liebt waren, rechtfertigt aber zugleich, den Philosophen gegenüber,
die Benutzung der Dialoge durch die Bemerkung, dass von Seiten
des Inhalts jene populären Darstellungen den Forderungen der
Philosophie genügen *(ἱκανῶς λέγεσθαι)*; wie ja auch Tyrannio (s.
oben S. 33) zwischen den beiden aristotelischen Schriftenclassen
keinen wesentlichen dogmatischen Unterschied entdecken konnte.
Und wirklich stimmt der Inhalt des vorliegenden Capitels mit den
Grundlehren der Ethik überhaupt und insbesondere mit dem Ergebniss des von Zeller erwähnten sechsten Capitels des ersten
Buches überein. Aber welch tiefe Verschiedenheit giebt sich überall im Ton der Darstellung kund! Das Capitel der Ethik operirt
ohne Unterlass mit specifisch peripatetischen Begriffen und Kunstausdrücken, und fasst sein Resultat zusammen in einem bis zur
Athemlosigkeit langen, dreimal mit denselben Partikeln ansetzen-
den, durch Einschachtelungen aller Art aufgebauschten Kettenschluss
(p. 1098ᵃ 7—17), dessen stilistische Ungeheuerlichkeit wenig Aehnliches in dem ganzen Umkreis unserer aristotelischen Sammlung
findet. Das Capitel der Politik weist dagegen mit Ausnahme von
τὰ ἐκτός für 'äussere Güter' keinen peripatetischen Terminus auf;
sogar das Wort *ἐνέργεια*, obgleich man merkt, dass es ihm in der
Feder steckt, versagt sich Aristoteles hinzuschreiben; auch in der
Periodologie äussert sich ein Streben nach Glätte und wohlgeord-
neter Fülle, und führt in einigen Fällen zu Satzbildungen, die an
Platon's Kunst erinnern; überall treten deutliche Spuren der stilistischen Tugenden hervor, welche die Besitzer der Dialoge an
diesen uns entzogenen Werken rühmten. Damit dies nicht bloss
behauptet, sondern auch belegt werde, dulde man hier den vollständigen Abdruck jenes ersten Capitels des vierten Buches der

Politik in einem von den störendsten Abschreiberfehlern [**]) gesäuberten griechischen Text und mit einer zum Behuf der Erklärung frei sich bewegenden Uebersetzung.

Περὶ πολιτείας ἀρίστης τὸν μέλλοντα ποιήσασθαι τὴν προςήκουσαν ζήτησιν ἀνάγκη διορίσασθαι πρῶτον τίς αἱ-
5 ρετώτατος βίος. ἀδήλου γὰρ ὄντος τούτου, καὶ τὴν ἀρίστην ἀναγκαῖον ἄδηλον εἶναι πολιτείαν· ἄριστα γὰρ πράττειν προςήκει τοὺς ἄριστα
10 πολιτευομένοις ἐκ τῶν ὑπαρχόντων αὑτοῖς, ἐὰν μή τι γίνηται παράλογον. διὸ δεῖ πρῶτον ὁμολογεῖσθαι τίς ὁ πᾶσαν ὡς εἰπεῖν αἱρετώτα-
15 τος βίος, μετὰ δὲ τοῦτο πότερον κοινῇ καὶ χωρὶς ὁ αὐτὸς ἢ ἕτερος. νομίσαντας οὖν ἱκανῶς πολλὰ λέγεσθαι καὶ τῶν ἐν τοῖς ἐξωτερικοῖς λό-
20 γοις περὶ τῆς ἀρίστης ζωῆς καὶ νῦν χρηστέον αὐτοῖς· ὡς ἀληθῶς γὰρ πρός γε μίαν διαίρεσιν οὐδεὶς ἀμφισβητήσειεν ἂν ὡς οὐ τριῶν οὐσῶν
25 μερίδων, τῶν τε ἐκτὸς καὶ τῶν ἐν τῷ σώματι καὶ τῶν ἐν τῇ ψυχῇ, πάντα ταῦτα ὑπάρχειν τοῖς μακαρίοις δεῖ. οὐδεὶς γὰρ ἂν φαίη μακά-
30 ριον τὸν μηδὲν μόριον ἔχοντα ἀνδρίας μηδὲ σωφροσύνης μηδὲ δικαιοσύνης μηδὲ φρονήσεως, ἀλλὰ δεδιότα μὲν τὰς παραπετομένας μυίας, ἀπε-
35 χόμενον δὲ μηθενός, ἂν ἐπιθυμήσῃ, τῶν ἐσχάτων, ἕνεκα δὲ τεταρτημορίου διαφθείροντα τοὺς φιλτάτους, ὁμοίως δὲ καὶ τὰ περὶ τὴν διά-
40 νοιαν οὕτως ἄφρονα καὶ

2. 35 ἐπιθυμήσῃ τοῦ φαγεῖν ἢ πιεῖν, τῶν ἐσχάτων Bekker, dessen Abweichungen von dem hiesigen Text ich nach der kleineren Ausgabe, Berlin 1855, angebe.

Um die Forschung über die beste Staatsverfassung sachgemäss anzustellen, muss zuvörderst bestimmt werden, welches die wünschenswertheste Lebenslage sei; denn so lange dies unklar bleibt, wird auch die beste Staatsverfassung nicht zu finden sein. Ist doch die Erwartung eine berechtigte, dass es den Menschen, welche unter einer nach den gegebenen Umständen besten Verfassung leben, nun auch, von unberechenbaren Zufällen abgesehen, möglichst gut gehe. Mithin muss erstlich festgestellt werden, welches für alle Menschen im Grossen und Ganzen die wünschenswertheste Lebenslage sei, und demnächst, ob sie für Gesammtheiten und für Einzelne dieselbe oder eine verschiedene sei. Da wir nun glauben, dass Vieles von dem schon in den exoterischen Gesprächen über das beste Leben Vorkommenden genügend behandelt ist, so haben wir davon auch jetzt Gebrauch zu machen. In der That, wenigstens diese Eine Eintheilung wird doch Jedermann gelten lassen und anerkennen, dass die drei Arten, in welche die Güter zerfallen, nämlich die von aussen kommenden, die im Körper, die in der Seele vorhandenen, allesammt im Besitz derjenigen sein müssen, welche für glückselig gehalten werden sollen. Denn wahrlich Niemand wird doch einen Menschen glückselig nennen, der von Mannhaftigkeit, von Mässigung, von Gerechtigkeit, von Einsicht keine Spur besitzt, sondern Furcht hat vor jeder Fliege, die an ihm vorüberfliegt, selbst nach dem Abscheulichsten greift, wenn ihn eine Begierde ankommt, für einen Dreier seine nächsten Verwandten umbringt und dabei noch geistig so unentwickelt und verkehrt ist wie ein kleines Kind oder ein Wahnsinniger. Diese Behauptung wird nun zwar in dieser allgemeinen Fassung allsei-

διηψευσμένον ὥσπερ τι παι-
δίον ἢ μαινόμενον. ἀλλὰ
ταῦτα μὲν λεγόμενα ἁπλῶς
πάντες ἂν συγχωρήσειαν.
45 διαφέρονται δ' ἐν τῷ ποσῷ
καὶ ταῖς ὑπεροχαῖς· τῆς μὲν
γὰρ ἀρετῆς ἔχειν ἱκανὸν εἶναι
νομίζουσιν ὁποσονοῦν, πλούτου δὲ χρημάτων καὶ δυνά-
50 μεως καὶ δόξης καὶ ἁπάντων τῶν τοιούτων εἰς ἄπει-
ρον ζητοῦσι τὴν ὑπερβολήν.
ἡμεῖς δὲ αὐτοῖς ἐροῦμεν ὅτι
ῥᾴδιον μὲν περὶ τούτων καὶ
55 διὰ τῶν ἔργων λαμβάνειν τὴν
πίστιν, ὁρῶντας ὅτι κτῶνται
καὶ φυλάττουσιν οὐ τὰς ἀρετὰς τοῖς ἐκτός, ἀλλ' ἐκεῖνα
ταύταις, καὶ τὸ ζῆν εὐδαι-
60 μόνως, εἴτ' ἐν τῷ χαίρειν
ἐστὶν εἴτ' ἐν ἀρετῇ τοῖς ἀνθρώποις εἴτ' ἐν ἀμφοῖν, ὅτι
μᾶλλον ὑπάρχει τοῖς τὸ ἦθος
μὲν καὶ τὴν διάνοιαν κεκοσμη-
65 μένοις εἰς ὑπερβολήν, περὶ
δὲ τὴν ἔξω κτῆσιν τῶν ἀγαθῶν μετριάζουσιν, ἢ τοῖς
ἐκεῖνα μὲν κεκτημένοις πλείω
τῶν χρησίμων, ἐν δὲ τούτοις
70 ἐλλείπουσιν· οὐ μὴν ἀλλὰ
καὶ κατὰ τὸν λόγον σκοπου-
μένοις εὐσύνοπτόν ἐστιν. τὰ
μὲν γὰρ ἐκτὸς ἔχει πέρας,
ὥσπερ ὄργανόν τι· πέρας δὲ
75 τὸ χρήσιμόν ἐστιν, ὥστε τὴν
ὑπερβολὴν ἢ βλάπτειν ἀναγκαῖον ἢ μηδὲν ὠφελος εἶναι
αὐτῶν τοῖς ἔχουσιν. τῶν δὲ
περὶ ψυχὴν ἕκαστον ἀγαθῶν,
80 ὅσῳ περ ἂν ὑπερβάλλῃ, το-
σούτῳ μᾶλλον χρὴ χρήσιμον
εἶναι, εἰ δεῖ καὶ τούτοις ἐπι-
λέγειν μὴ μόνον τὸ καλὸν
ἀλλὰ καὶ τὸ χρήσιμον. ὅλως
85 τε δῆλον ὡς ἀκόλουθόν εἰς ἥσο-

43 λεγόμενα [ὥσπερ] πάντες. 49 δὲ
καὶ χρημάτων. 74 ὄργανόν τι. πέρας
δὲ τὸ χρήσιμόν ἐστιν, ὧν τήν. 81
μᾶλλον χρήσιμον (εἶναι).

tig zugestanden, Zwiespalt entsteht jedoch bei der Frage nach dem Wieviel
und der vergleichsweisen Vorzüglich-
keit der verschiedenen Arten von Gütern. Die Leute nämlich meinen, von
Tugend genüge schon der Besitz eines
beliebig kleinen Quantums, von Geld-
reichthum aber, von Macht, von Ruhm
und von allen ähnlichen Dingen erstreben sie einen Ueberschwang bis
ins Unendliche. Wir unseres Theils
wollen ihnen hingegen Folgendes sagen:
Schon aus der thatsächlichen Erfahrung kann man über diesen Punkt
sich eine feste Ueberzeugung bilden, da
ja der Augenschein lehrt, dass erworben
wie erhalten nicht sowohl die Tugenden
werden mittels der äusseren Güter, sondern vielmehr diese mittels jener; und
mag nun die menschliche Glückseligkeit
in der Freude bestehen oder in der Tugend oder in beiden zugleich, so lehrt
ebenfalls der Augenschein, dass sie bei
denen, welche die Zierden des Charak-
ters und des Geistes im Ueberschwang
besitzen, von äusseren Gütern dagegen
nur ein mässiges Theil haben, weil eher
sich findet als bei denen, welche von
äusseren Gütern mehr erworben haben,
als sie brauchen können, dagegen mit
den geistigen mangelhaft ausgestattet sind.
Jedoch von der Erfahrung abgesehen,
auch bei rein begrifflicher Betrachtung
wird die Sache leicht deutlich. Die
äusseren Güter haben eine Grenze, wie
jedes Werkzeug. Und zwar wird die
Grenze durch die Brauchbarkeit bestimmt, so dass der darüber hinaus-
gehende Ueberschwang schaden oder
wenigstens ohne Nutzen für die Besitzer sein muss. Dagegen darf man
behaupten, dass jedes geistige Gut, je
höher sein Ueberschwang steigt, nur um
desto brauchbarer werde, wenn wir uns
einmal erlauben wollen, auch bei diesen
Gütern, neben dem Edlen, noch von
Brauchbarkeit zu reden. Ferner dürfen
wir es ja als allgemeinen Satz aussprechen, dass die vergleichsweise Vorzüg-

μεν τὴν διάθεσιν τὴν ἀρίστην
ἑκάστου πράγματος πρὸς ἀλ-
ληλα κατὰ τὴν ὑπεροχήν,
ἥνπερ διαστᾶσιν ὧν φαμὲν αὐ-
90 τὰς εἶναι διαθέσεις ςοιαύτας.
ὥστ' εἴπερ ἐστὶν ἡ ψυχὴ καὶ
τῆς κτήσεως καὶ τοῦ σώματος
τιμιώτερον καὶ ἁπλῶς καὶ
ἡμῖν, ἀνάγκη καὶ τὴν διάθε-
95 σιν τὴν ἀρίστην ἑκάστου ἀνά-
λογον τούτων ἔχειν. ἔτι δὲ τῆς
ψυχῆς ἕνεκεν ταῦτα πέφυκεν
αἱρετὰ καὶ δεῖ πάντας αἱρεῖ-
σθαι τοὺς εὖ φρονοῦντας,
100 ἀλλ' οὐκ ἐκείνων ἕνεκεν τὴν
ψυχήν. ὅτι μὲν οὖν ἑκάστῳ
τῆς εὐδαιμονίας ἐπιβάλλει
τοσοῦτον ὅσον περ ἀρετῆς
καὶ φρονήσεως καὶ τοῦ πράτ-
105 τειν κατ' αὐτάς, ἔστω συν-
ωμολογημένον ἡμῖν, μάρ-
τυρι τῷ θεῷ χρώμενος, ὃς
εὐδαίμων μέν ἐστι καὶ μα-
κάριος, δι' οὐδὲν δὲ τῶν
110 ἐξωτερικῶν ἀγαθῶν ἀλλὰ δι'
αὑτὸν αὐτός καὶ τῇ ποιός
τις εἶναι τὴν φύσιν. ἐπεὶ καὶ
τὴν εὐτυχίαν τῆς εὐδαιμο-
νίας διὰ ταῦτ' ἀναγκαῖον
115 ἑτέραν εἶναι· τῶν μὲν γὰρ
ἐκτὸς τῆς ψυχῆς αἴτιον ταὐ-
τόματον καὶ ἡ τύχη, δίκαιος
δ' οὐδεὶς οὐδὲ σώφρων ἀπὸ
τύχης οὐδὲ διὰ τὴν τύχην
120 ἐστίν. ἐχόμενον δ' ἐστὶ καὶ
τῶν αὐτῶν λόγων δεόμενον
καὶ πόλιν εὐδαίμονα τὴν
ἀρίστην εἶναι καὶ πράττου-
σαν καλῶς. ἀδύνατον γὰρ
125 καλῶς πράττειν τὴν μὴ τὰ
καλὰ πράττουσαν· οὐθὲν δὲ
καλὸν ἔργον οὔτ' ἀνδρὸς
οὔτε πόλεως χωρὶς ἀρετῆς καὶ
φρονήσεως. ἀνδρία δὲ πό-
130 λεως καὶ δικαιοσύνη καὶ φρόνησις καὶ σωφροσύνη τὴν αὐ-

89 ἔνπερ εἶπης (εἶπερ codd.) διάστασιν. 101 νακεύντας] ταύτας. 116 ὄντος
ἀγαθῶν τῆς. 124 ἀδύνατον δὲ καλῶς.

lichkeit der besten Beschaffenheit einer
jeden Sache bemessen wird nach dem
Abstand zwischen den Sachen selbst, von
welchen wir sie als solche beste Beschaffenheiten ansprechen. Mithin, wenn die
Seele, an sich wie in Beziehung auf uns
Menschen, schätzbarer ist als die Habe
und der Körper, so müssen auch die
besten Beschaffenheiten dieser drei in
ähnlichem Verhältniss zu einander stehen.
Ferner liegt es im Wesen der äusseren
Güter, dass sie nur behuf der Seele wünschenswerth sind, und alle vernünftigen
Menschen müssen sie nur zu diesem Behufe wünschenswerth finden, nicht aber
die Seele behufs der äusseren Güter. Dass
also das Maass der Glückseligkeit eines
Jeden nach dem Maass von Tugend und
Einsicht sich richtet, das er besitzt, und
danach, wie er den Geboten derselben
gemäss handelt, dürfen wir als zugestanden ansehen, und können dafür Gott zum
Zeugen nehmen, der ja glückselig und
selig ist, jedoch nicht in Folge irgend-
welcher von Aussen kommender Güter,
sondern lediglich durch sich selbst und
kraft der Eigenthümlichkeit seines Wesens.
Wie denn auch der begriffliche Unterschied zwischen Glück und Glückseligkeit
nothwendigerweise hierin begründet ist.
Nämlich, bei allem ausserhalb der Seele
Liegenden waltet das Ungefähr und das
Glück, gerecht jedoch kann so wenig wie
mässig je Jemand zufällig oder durch
Glück sein. — Hieran schliesst sich die
Behauptung, deren Beweis schon in dem
eben Gesagten enthalten ist, dass nur der
beste Staat auch glückselig und in schönem Zustande sei. Denn unmöglich kann
er in schönem Zustande sein, wenn seine
Handlungen nicht schön sind; schön wiederum kann weder ein einzelner Mann
noch ein Staat handeln ohne Tugend und
Einsicht. Tapferkeit aber, und Gerechtigkeit und Einsicht und Mässigung haben
in Bezug auf den Staat denselben Sinn
und dasselbe Wesen, in welchem sie dem
einzelnen Wesen, wenn er sie besitzt, das Prädikat eines Mannhaften,

τὴν ἔχει δύναμιν καὶ μορφήν, ἀφ'
μετασχὼν ἕκαστος τῶν ἀνθρώπων λέγεται ἀνδρεῖος καὶ δίκαιος
135 καὶ φρόνιμος καὶ σώφρων. ἀλλὰ
γὰρ ταῦτα μὲν ἐπὶ τοσοῦτον ἔστω
πεφροιμιασμένα τῷ λόγῳ· οὔτε
γὰρ μὴ θιγγάνειν αὐτῶν δυνατόν,
οὔτε πάντας τοὺς οἰκείους ἐπ-
140 εξελθεῖν ἐνδέχεται λόγους· ἑτέ-
ρας γάρ ἐστιν ἐργονχολῆς· τοσοῦτον
νῦν δ' ὑποκείσθω τοσοῦτον, ὅτι
βίος μὲν ἄριστος, καὶ χωρὶς
ἑκάστῳ καὶ κοινῇ ταῖς πόλεσιν,
145 ὁ μετ' ἀρετῆς κεχορηγημένης ἐπὶ
τοσοῦτον ὥστε μετέχειν τῶν κατ'
ἀρετὴν πράξεων. πρὸς δὲ τοὺς
ἀμφισβητοῦντας, ἐάσαντας ἐπὶ
τῆς νῦν μεθόδου, διασκεπτέον
150 ὕστερον, εἴ τις τοῖς εἰρημένοις
τυγχάνει μὴ πειθόμενος.

Gerechten, Einsichtigen, Mässigen verschaffen. — So viel genüge zur Einleitung. Diese Dinge gar nicht zu berühren war unmöglich, und alle zur
Sache gehörigen Ausführungen erschöpfend anzustellen, ist hier unthunlich,
da dies Aufgabe eines anderen Vor-
trages ist. Für jetzt nehmen wir so
viel als feststehend an, dass das Leben in einer mit Mitteln zur Ausübung
tugendhafter Handlungen ausgestalte-
ten Tugend das beste Leben sei,
sowohl für den Einzelnen wie für
ganze Staaten. Mit den Vertretern
abweichender Ansichten lassen wir
uns in der hiesigen Untersuchung nicht
ein, sondern behalten uns, wenn Jemand durch das Gesagte nicht überzeugt sein sollte, die nähere Auseinandersetzung für spätere Gelegenheit vor.

Beim Ueberlesen dieses Abschnittes wird Jeder, der in der strengen Atmosphäre des gewöhnlichen aristotelischen Stils länger verkehrt hat, sich von einem fremdartig milden Hauch angeweht fühlen. Der Einfluss desselben tritt, nachdem zu Anfang (Z. 1 — 17)
Aufgabe und Gang der Untersuchung mit der üblichen schmuck-
losen Schärfe bezeichnet worden, gleich sehr merklich in dem Satze
(Z. 21—28) hervor, welcher unmittelbar auf das Citat der ἐξωτερικοὶ
λόγοι folgt. Aristoteles bittet gleichsam darum, dass man ihm doch
'wenigstens Eine Eintheilung' hingehen lasse. Es ist als wenn er
den allgemeinen Vorwurf unnöthiger Begriffsspalterei erfahren hätte,
und fürchte, man werde denselben auch auf seine Eintheilung der
Güter ausdehnen. Und gewiss war nie ein anderer Philosoph solchen Angriffen von Seiten der Nichtphilosophen und der philosophischen Gegner so sehr ausgesetzt wie der Schöpfer der formalen
Logik, der keine Forschung beginnt, ohne vorher die in Frage
kommenden Wörter nach ihren verschiedenen Bedeutungen zu sondern, und dadurch zugleich die Begriffe in ihre Bestandtheile zu
zerlegen. Noch von den späteren Platonikern, die doch selbst mit
Distinctionen nicht geizten, wird Aristoteles als ein unaufhörlicher
Eintheiler verschrien, und eben in Betreff der Güterclassen ruft
ihm der zur Zeit des Marcus Aurelius lebende Attikos, der es ihm,
wie die übrigen Platoniker, nicht verzeiht, dass er ausser der Tu-

gend auch noch äussere Güter für unentbehrlich zur Glückseligkeit erklärt, einmal böhmisch zu*): 'Theile ein, wenn es dir behagt, und treibe deine bunten Künste mit dreifachen und vierfachen und hundertfachen Distinctionen der Güter; das nützt Alles nichts zur Sache'. Wie werden nun erst die unphilosophischen Zeitgenossen des Aristoteles und vornehmlich seine isokratcischen Widersacher ihm seine Eintheilungssucht vorgerückt haben. Aber sonst pflegt er, unbekümmert um den Eindruck bei der grossen Menge, seinen gemessenen und selbstbewussten Schritt einzuhalten; die graciöse Demuth, mit der er hier um Erlaubniss ersucht, doch 'wenigstens Eine Eintheilung' anbringen zu dürfen, erklärt sich daraus, dass er zugleich mit dem Inhalt des Dialogs, aus dem er schöpft, auch den populären Ton dieser Schriftengattung annimmt. — Eben so deutlich weicht von der gewöhnlichen aristotelischen Schreibweise die zunächst folgende grosse Periode (Z. 29—42) ab, welche die Gegensätze zu den vier Cardinaltugenden nicht einfach nennt, sondern hyperbolisch schildert, den Feigen durch eine Fliege schrecken, den Ungerechten für einen Dreier zum Mörder seiner Verwandten werden lässt und für den Unmässigen und geistig Rohen zwar nicht so anschauliche aber voll in das Ohr fallende und das Gleichgewicht der Satzglieder wahrende Umschreibungen wählt. Nichts hindert zu glauben, dass diese kunstgerecht auf rhetorischen Effect angelegte Periode aus dem Dialog, dessen Zierde sie war, unverändert unserem Capitel eingefügt worden. — Wo möglich noch weiter von der Haltung der pragmatischen Schriften entfernt sich die lebendig persönliche Gegenüberstellung in den Worten: 'Wir aber wollen ihnen sagen *(ἡμεῖς δὲ αὐτοῖς ἐροῦμεν* Z. 53)'. Man glaubt, zwei Unterredner hätten sich vereinigt einen gemeinschaftlichen Gegner zurückzuweisen, etwa wie der platonische Sokrates**) den Phädros auffordert, sich mit ihm zu einer Belehrung des Tisias über die Rhetorik zu verbinden. Auch nach sachlicher Seite ist in dem Satz, den diese persönliche Wendung einleitet, das von der Eudämonie Gesagte bemerkenswerth: 'mag sie in der Freude bestehen oder in der Tugend oder in beiden zugleich (Z. 59)'. Ein

---

*) *διαίρει τοίνυν, εἰ βούλει, καὶ πολλαχῇ τριχῇ καὶ τετραχῇ καὶ πολλαχῇ τὰ ἀγαθὰ διαστελλόμενος. οὐδὲν γὰρ ταῦτα πρὸς τὸ προκείμενον*. Euseb. praep. evang. 15,4, p. 797ᶜ.
*) Phaedr. p. 273ᵉ *ἐταῖρε, ἃ ἑταῖροι, τούτῳ ἡμεῖς πότερον λέγομεν ..... ὅτι, ὦ Τισία, πάλαι ἡμεῖς κτλ.*

solches neckisches Offenlassen und unverzügliches Zusammenschlagen der Alternative, welches Aristoteles auch sonst mit Vorliebe anwendet, mochte in dem hier benutzten Theil des Gesprächs von guter Wirkung sein; bei einer Entlehnung aus der streng forschenden und vornehmlich die Eudämonie behandelnden Ethik würde eine derartige Unbestimmtheit selbst an dieser Stelle, wo nur durch empirische 'Thatsachen *(ἔργων* Z. 55)' der Vorzug der geistigen vor den äusseren Gütern erwiesen werden soll, immer noch auffallen. — Und was der 'thatsächlichen' Erwägung als 'Begriffliches *(κατὰ τὸν λόγον* Z. 71)' zur Seite tritt, giebt weiteren Aufschluss darüber, welcherlei wissenschaftlichen Charakter die benutzte Schrift trug und wie sehr dieselbe von der Methode der Ethik abstach. Das 'Begriffliche' stellt sich nämlich als ein abstract logisches heraus, von der Art, wie es in den dialektischen Wortturniren angewendet wurde, deren Kampfregeln und Kampfmittel in der aristotelischen Topik niedergelegt sind; und im dritten Buch dieses Werkes *(c.* 2 u. 1) sind auch unter anderen allgemeinen Formeln zur Bestimmung des Vorzuges eines gegebenen Objectes vor einem anderen die hier (Z. 86 u. 96) gebrauchten verzeichnet,*) dass, 'wenn das eine Object an sich vorzüglicher ist als das andere an sich, auch das Beste des einen vorzüglicher sei als das Beste des anderen' und dass 'das an sich Wünschenswerthe vorzüglicher sei als das nur um eines Anderen willen Wünschenswerthe'. Nun besteht aber bekanntlich eines der philosophischen Hauptverdienste des Aristoteles, wie ihn uns die erhaltenen Schriften kennen lehren, darin, dass er die abstract logische Dialektik, die er wie keiner vor oder nach ihm gepflegt und gefördert hat, zugleich in ihre Schranken wies, welche sie unter sophistischem und zum Theil auch unter platonischem Einfluss zu vergessen in Gefahr war; gegenüber der drohenden Universalherrschaft der Dialektik steckt Aristoteles die Bereiche der einzelnen wissenschaftlichen Disciplinen ab, stellt für jede die ihr eigenthümlichen Principien *(οἰκεῖαι ἀρχαί)* auf, und lässt als wissenschaftliche Behandlung nur Folgerungen aus diesen concreten Grundlagen gelten, nicht aber allgemein logische Manipulationen, unter welchen, um mit Goethe zu reden, alles Eigenthüm-

---

*) εἰ ἁπλῶς τοῦτο τούτου βέλτιον καὶ τὸ βέλτιστον τῶν ἐν τούτῳ βέλτιον τοῦ ἐν τῷ ἑτέρῳ βελτίστου p. 117ᵃ 32. — τὸ δι' αὐτὸ αἱρετὸν τοῦ δι' ἕτερον αἱρετοῦ αἱρετώτερον p. 116ᵃ 29.

liche 'verdampft'. In der Physik behandelt er das allgemein Logische, das λογικόν und καθόλου im Gegensatz zum οἰκεῖον, mit unverholener Geringschätzung; und in der Einleitung zur Ethik (I, 1; 2; 7) hebt er wiederholt die Unanwendbarkeit der reinen Logik auf diese Disciplin hervor, welche von den Thatsachen des sittlichen Bewusstseins auszugehen und die ihrer Natur nach schwankenden Verhältnisse des praktischen Lebens zu beachten habe. Durchweg befolgt daher unsere Ethik ein concret pragmatisches Verfahren, eben weil sie eine pragmatische Abhandlung ist und nur Zuhörer (p. 1095ª 2) und Leser im Auge hat, welche den Gegenstand unter seinen speciellen Bedingungen zu erforschen fähig und geneigt sind. In den dialogischen Schriften hingegen sollte auf das grössere Publicum gewirkt werden, das, wie vorsichtig man es auch mit logischen Kunstausdrücken verschonen muss, im Grunde doch für nichts ein so offenes Verständniss besitzt wie für allgemeine Logik und nichts so sehr vermissen lässt wie den wissenschaftlichen Tact, welcher für jedes einzelne Gebiet der Forschung gleichsam eine besondere Logik fordert und schafft. Nothwendig musste daher die Behandlung in den Dialogen eine abstractere und allgemein dialektische werden; und diese Haltung der Dialoge ist es, welche sich in unserem Capitel der Politik wiederspiegelt, an der hiesigen Stelle (Z. 81) die ausführliche Entwickelung der logischen Formel veranlasst, weiterhin (Z. 123) aber sogar dazu führt, dass eine griechische Phrase zu einem logischen Wortspiel ausgesponnen und darauf ein Beweis gegründet wird, der seine Kraft in der oben gegebenen Uebersetzung verlor, weil er sie verlieren muss, sobald man ihn in eine Sprache überträgt, welche den guten Zustand (καλῶς πράττειν) nicht mit denselben Wortwurzeln wie 'gut handeln (καλὰ πράττειν),' auszudrücken vermag. Auf den monoglotten Griechen, dessen Denken mit den Eigenthümlichkeiten der einzig ihm bekannten Muttersprache innig verschmolz, mochte freilich ein solches idiomatisches Argument eine bei Weitem schlagendere Wirkung üben, als wir in der vielsprachigen und daher den Begriff leichter seiner Worthülle entkleidenden Neuzeit uns vorstellen können; verschmäht es doch der platonische Sokrates[*]) nicht, da wo

---

[*]) Plat. Gorg. p. 507 c; πολλὴ ἀνάγκη ... τὸν .. ἀγαθὸν ἅ τε καὶ καλῶς πράττειν ἃ ἂν πράττῃ, τὸν δ' εὖ πράττοντα μακάριόν τε καὶ εὐδαίμονα εἶναι, τὸν δὲ πονηρὸν καὶ κακῶς πράττοντα ἄθλιον.

er seinen Kampf gegen den sensualistischen Politiker Kallikles mit
dem bittersten Ernst führt, die Glückseligkeit des Tugendhaften
und die Unseligkeit des Bösen durch eine Schlussfolgerung zu erweisen, welche eben auf diesen Doppelsinn des griechischen Wortes πράττειν fusst. Aber Aristoteles hütet sonst vor Nichts sich so
sorgfältig, wie vor dem leisesten Schein einer Erschleichung des
Beweises mittels der Aeusserlichkeiten des Sprachgebrauchs; und
damit auch Andere vor solchen dialektischen Künsten gesichert
seien, hat er sie der Reihe nach in dem Anhang zur Topik rubri-
cirt und aufgedeckt. Wenn er in bedeutungsvollen Redensarten
und Wörtern eine Uebereinstimmung mit seinen philosophischen
Ansichten begrüssen kann, versagt er es sich zwar nicht, auf das Zu-
sammentreffen hinzuweisen, aber er thut dies immer nur in nachträg-
lichen Nebenbemerkungen, welche keinerlei Einfluss auf die eigentliche Argumentation gewinnen. So wird z. B., um bei der Phrase
εὖ πράττειν stehen zu bleiben, im ersten Buch der Ethik, die Glückseligkeit zuvörderst (c. 6) auf selbständig begrifflichem Wege dahin
bestimmt, dass sie eine tugendgemässe Seelenenergie sei; und dann
erst wird in einem besonderen Abschnitt (c. 8), welcher den Einklang dieser Definition mit anderen gängbaren philosophischen Ansichten nachweisen soll, auch der gewöhnliche Ausdruck εὖ πράττειν folgendermaassen berührt: 'Es stimmt auch zu dieser auf Energie, also auf Handeln, gegründeten Definition der Glückseligkeit,
dass man von dem Glückseligen εὖ πράττει sagt (συνᾴδει δὲ τῷ
λόγῳ καὶ ... τὸ εὖ πράττειν τὸν εὐδαίμονα p. 1098ᵇ 20)'. Wenn nun
hier in der Politik das Verhältniss sich ändert und die sprachliche
Wendung καλῶς πράττειν nicht bloss zur äusseren Bestätigung eines
auf seiner inneren Wahrheit ruhenden Gedankens angeführt, sondern selbst zum Argument gemacht wird, so erklärt sich dies aus
der Abhängigkeit unseres Capitels von einem Dialog, der seiner
Natur nach dialektischen Effect erstrebt und den Gebrauch auch
derartiger, bei geschickter Handhabung, wie das platonische Beispiel lehrt, so wirksamer Mittel gestattet. — Endlich muss noch
beachtet werden, wie sehr die hiesige (Z. 107) Anrufung Gottes
als Zeugen der sonstigen Behutsamkeit des Aristoteles im Verwenden religiöser Vorstellungen zu wissenschaftlichen Zwecken entgegensteht. Der wissenschaftliche Aristoteles wandelt im Licht der
Natur, die er erforscht hat; und weil er dieses Licht nicht schwä-

chen lassen will durch den trüben Schein des mythologischen Wahnglaubens, hat er seine Philosophie mit der kältesten Gleichgiltigkeit gegen die hellenischen Götter gewappnet; und seinem eigenen philosophisch erkannten Gott hat er zwar einen prächtigen Tempel errichtet in dem Theil seines Systems, den er Theologie nannte und wir jetzt Metaphysik nennen, aber seine Theologie durchdringt seine Philosophie so wenig wie sein Gott die Welt durchdringt. Höchst selten sind ausserhalb der Metaphysik die Anknüpfungen selbst an die reineren Vorstellungen vom göttlichen Wesen, denen der Philosoph beistimmen muss, und nirgends wird man sie, so wie es hier geschieht, zur Entscheidung von Fragen über menschliche Dinge herbeigezogen finden. Und hier soll nicht bloss Gottes Wesen für das menschliche zeugen, sondern das abgelockte Zeugniss trifft so wenig den eigentlichen Fragepunkt, dass kein Nachdenkender ihm Gewicht beilegen wird. Denn ohne äussere Güter selig kann die Gottheit sein, weil es für sie, in ihrem allumfassenden Selbstgenügen, kein Bedürfniss äusserer Güter giebt; dass jedoch der auf die Erde angewiesene Mensch und seine Tugend, die ja nur als wirkende Tugend selig macht, bei ihrem Wirken von den äusseren Umständen abhängen, dass der tadellos Tugendhafte, wenn ihn 'Schicksale des Priamos *(p.* 1100ᵃ 8)' treffen, nicht selig zu preisen sei, hat nie ein Philosoph aufrichtiger anerkannt, als es der von neuplatonischer Himmelei gleich sehr wie von stoischer Begriffssteifheit entfernte Aristoteles in der Ethik thut, wo er die Unentbehrlichkeit des äusseren Wohles auch für den Tugendhaften behauptet; ja, selbst am Schlusse unseres Capitels sieht er sich, trotz der versuchten Gleichstellung göttlicher und menschlicher Eudämonie, bei der Definition des besten Lebens genöthigt, die nackte Tugend aufzugeben und sie mit äusseren Mitteln auszustatten *(ἀρετὴ κεχορηγημένη* Z. 145). Soll noch durch einen Contrast der Abstand der hiesigen Anrufung Gottes von Aristoteles' sonstiger Weise deutlich werden, so braucht man nicht in weiter Ferne umherzusuchen. Gegen Ende des dritten Capitels unseres vierten Buches der Politik wird entwickelt, dass Staaten, die grundsätzlich sich nur ihren inneren Angelegenheiten widmen und von Einmischung in auswärtige Händel fernhalten, darum noch nicht stumpfer Thatenlosigkeit zu zeihen seien, und gleichfalls der Einzelne in sich selbst Spielraum für geistige Thätigkeit finde, auch wenn er sich nicht auf dem Markt des äusseren Lebens tummele. Wäre dem nicht so, und könnte nur die nach Aussen wirkende Thätigkeit für eine wahrhafte gelten, so dürfte es 'schwerlich um Gott und das Himmelsgebäude gut stehen, für welche es ja nur die mit ihrem inneren Wesen verknüpfte und keine nach Aussen gerichtete Thätigkeit giebt (σχολῇ γὰρ ἂν ὁ θεὸς ἔχοι καλῶς καὶ πᾶς ὁ κόσμος, οἷς οὐκ εἰσὶν ἐξωτερικαὶ πράξεις παρὰ τὰς οἰκείας τὰς αὐτῶν p. 1325ᵇ 28).' Diesen Worten verleiht der rasch dahineilende Ausruf, mit welchem die in Frage kommende Seite des göttlichen Wesens berührt wird, und die Nebeneinanderstellung Gottes und des Himmelsgebäudes ebenso kenntlich den eigenthümlich aristotelischen Ton, wie ihr Inhalt übereinstimmt mit den höchsten Lehren der aristotelischen Theologie von dem in gedankenreger Selbstbeschauung ruhenden Gott und dem in innerer Lebendigkeit sich umschwingenden, göttlicher Ewigkeit und Seligkeit theilhaften Himmelsgebäude. Auch gegen die Statthaftigkeit der Analogie lässt sich hier nicht das Mindeste einwenden. Denn es werden hier nicht von der Beschaffenheit Gottes und des Himmelsgebäudes Verhaltungsregeln für den Menschen abgeleitet, sondern es soll bloss der Begriff der Thätigkeit erläutert und durch Hinweisung auf die höchsten, nur innerlich thätigen Wesen sollen Diejenigen widerlegt werden, welche nichts als das nach Aussen strebende Thun für wahrhafte Thätigkeit anerkennen wollen. Hingegen ist die oben gewagte Analogie zwischen göttlicher und menschlicher Seligkeit dem Einwand ausgesetzt, dass sie auf menschlicher Seite die zwar nicht causativen aber peremptorischen Vorbedingungen oder, um peripatetisch zu reden, das οὗ οὐκ ἄνευ übersieht, welches dem δι' ὅ zur Seite treten muss. Wohl wird Jeder zugeben, dass menschliche Eudämonie so gut wie die göttliche nur durch (διά) innere Eigenschaften bewirkt werden kann, aber während diese ausschliesslich und unmittelbar das göttliche Wesen beseligen, können sie bei dem Menschen ⁸⁰) nicht ohne äussere Unterlage ihre beglückende Kraft äussern; und dass dieses in der Ethik so nachdrücklich hervorgehobene Verhältniss von unserem Capitel der Politik so weit in den Hintergrund geschoben wird, hängt mit dem dialogischen Ursprung desselben zusammen. Für die populären Zwecke und bei der dialektischen Haltung der Dialoge war eine Verknüpfung des Menschlichen mit dem Himmlischen, eine weihevolle, aus gehobener

Stimmung des Sprechenden entspringende und die Stimmung des Zuhörers steigernde Anrufung göttlichen Zeugnisses auch dann schon wirksam und statthaft, wenn sie auch nur nach Einer Seite traf; denn es ist ja ein Vortheil der dialogischen Darstellung, dass sie, ohne Schaden für das Endergebniss, die einzelnen Unterredner einseitig ihre Thesis verfechten lassen darf, da das Uebertreiben und Uebersehen des Einen durch die Gegenrede des Anderen gebessert werden kann. Und so musste auch die einseitige Verherrlichung der geistigen Güter, mit welcher unser Capitel die niedrige Lebensauffassung der gewöhnlichen, das sinnlich Ergreifbare überschätzenden Menschen zurückweist, in dem ethischen Dialog, aus welchem sie stammt, zu der vollen peripatetischen Ansicht ergänzt sein durch andere, wohl einem anderen Unterredner übertragene Erörterungen, die, gegenüber der spiritualistischen Ueberschwänglichkeit so vieler Philosophenschulen, der irdischen Natur des Menschen neben seiner göttlichen ihr Recht wahrten.

Dass dies der Fall gewesen, darf nicht bloss im Allgemeinen vermuthet, sondern kann im Einzelnen dargethan werden durch Zusammenordnung derjenigen Bruchstücke verlorener aristotelischer Werke, welche ethischen Inhalt aufweisen und eine von der streng wissenschaftlichen abweichende Darstellungsform verrathen. Zunächst liegt nun ein Fragment von solcher Beschaffenheit in zwei Stellen Cicero's vor, deren Vereinigung [1]) ergiebt, dass Aristoteles irgendwo die Inschrift auf dem Grabe des Sardanapal erwähnt hatte, welche früh in einer prosaischen Uebersetzung und dann durch die mannigfachsten metrischen Bearbeitungen in Griechenland verbreitet war. Aristoteles hatte sich mit Anführung zweier Verse begnügt, in welchen der gekrönte Wüstling dem vorüberziehenden Wegefahrer aus dem Grabe zuruft: 'Was ich gegessen und was ich verjubelt und was in der Liebe Süsses mir ward, das hab' ich: der übrige Schwall ist verloren'; und diese königliche Rede ward dann folgender Kritik unterworfen: 'Nicht wahr? auf eines Ochsen, nicht auf eines Königs Grab passt diese Inschrift? denn was er auch, da er noch lebte, nicht länger als im Augenblick des Genusses empfinden konnte, wie kann das im Tode bei ihm ausharren?' Dass Cicero, der eifrige Leser und Nachahmer der aristotelischen Dialoge, diese Sätze einer dialogischen Schrift entnommen hat, würde, selbst wenn die Färbung der Worte einen Zweifel liesse, ausser Frage gesetzt durch eine Anführung des Athenäus,*) welche aus der unmittelbaren Umgebung des von Cicero übertragenen Stückes geschöpft sein muss und dahin lautet: 'Aristoteles sage, Sardanapal, der Sohn des Anakyndaraxes, werde durch seinen Vaternamen nur unkenntlicher;' nämlich, in dem aristotelischen Dialog war der assyrische König erst mit voller Bezeichnung als Sohn des Anakyndaraxes genannt worden, und dann scherzte ein anderer Unterredner über diese genealogische Genauigkeit und sagte, die Erwähnung des Vaters, welche bei griechischen Personennamen zur Deutlichkeit diene, bewirke hier das Gegentheil, da der vielberufene Sardanapal dem griechischen Ohr geläufig, der kauderwelsche Anakyndaraxes aber sehr fremdartig klinge. Die dialogische Form des Werks, welches die sardanapalische Grabschrift erwähnte und besprach, ist also erwiesen; und dass der Dialog ethische Fragen behandelte, zeigt schon der Inhalt der Grabschrift, welche wohl nur zu einer Bestreitung älterer Hedoniker von Aristoteles benutzt werden konnte, in der Art wie Cicero sie zur Verhöhnung der Epikureer gebraucht; auf welche Weise aber die behandelten ethischen Fragen in dem Dialog entschieden waren, braucht nicht aus zerstreuten Bruchstücken erst ermittelt zu werden, sondern lehrt in übersichtlicher Kürze ein von Aristoteles' eigener Hand herrührender Auszug im dritten Capitel des einleitenden Buchs der nikomachischen Ethik.

Dort werden die gangbaren Ansichten über das Wesen der Eudämonie aus den drei verbreitetsten Lebensrichtungen, der genusssüchtigen, der politischen, der contemplativen, hergeleitet. Die contemplative und das ihr entsprechende eudämonistische Ideal werden nur genannt und nicht näher erörtert, da sie einen wesentlichen Gegenstand der Ethik bilden und daher nicht in der Einleitung ihren Platz finden können; auch bei den zwei anderen, von denen zuerst das Genussleben und dann das politische berührt ist, beschränkt sich Aristoteles auf die unentbehrlichsten Bemerkungen und bricht dann mit folgenden Worten ab: 'Doch genug davon; denn es ist auch in den ἐγκύκλια ausreichend darüber geredet worden (καὶ περὶ μὲν τούτων ἅλις· ἱκανῶς γὰρ καὶ ἐν τοῖς ἐγκυκλίοις εἴρηται περὶ αὐτῶν p. 1096ᵃ3)'. Dass τὰ ἐγκύκλια sich den früher aufgetretenen drei Un-

*) K. p. 335 e.... φησίας (Archestratus) τὸν Σαρδανάπαλλον τοῦ Ἀνακυνδαραξίου βίον, ὃν εὐδαιμονέστερον εἶναι κατὰ τὴν προσηγορίαν τοῦ πατρὸς Ἀριστοτέλης ἔφη.

schreibungen für die aristotelischen Dialoge (*ἐκδιδομένοι, ἐν κοινῷ γιγνόμενοι, ἐξωτερικοὶ λόγοι* oben S. 13, 29, 42) als vierte anreiht, wird der nächste (s. unten S. 93) Abschnitt dieser Untersuchung darlegen; und wer ihr bisher gefolgt ist, erinnert sich ohne fremdes Zuthun, mit wie formelhafter Stetigkeit die Wendung *ἱκανῶς* oder *ἀρκούντως λέγεσθαι* bei Verweisungen solcher Art wiederkehrt (oben S. 6, 29, 69). Wie in den früheren Fällen, darf also das an diesem Ort der Ethik über die genusssüchtige und die politische Lebensrichtung Gesagte seinem Hauptinhalt nach für übereinstimmend mit den Ausführungen eines Dialogs, und dann natürlich eines ethischen, erklärt werden. Und wirklich zeigt der Satz, in welchem die gemeinen Lüstlinge und vornehmen Wüstlinge gegeisselt werden, eine Aehnlichkeit, wie man sie nicht grösser wünschen kann, mit dem von Cicero übersetzten Bruchstück des Dialogs. Es wird gesagt (1095ᵇ 19):

οἱ μὲν οὖν πολλοὶ παν-	die Menge, welche dem Sinnengenuss fröhnt
τελῶς ἀνδραποδώδεις φαί-	und die Lust für das höchste Gut hält, beweist
νονται βοσκημάτων βίον	ihre vollständige Roheit dadurch, dass sie ein
προαιρούμενοι, τυγχάνουσι	Leben wählt, wie es das Vieh führt; und der
δὲ λόγου διὰ τὸ πολλοὺς	ethische Philosoph brauchte sie gar nicht zu
τῶν ἐν ταῖς ἐξουσίαις	Worte kommen zu lassen, wenn nicht die Meisten
ὁμοιοπαθεῖν Σαρδανα-	unter den Grossen Gesinnungsverwandte Sar-
πάλλῳ.	danapals wären.

Der βοσκημάτων βίος (Z. 3) ist das dem gehaltenen Ton der Ethik angepasste Aequivalent für die dem Dialog erlaubte derbe Antithese zwischen dem 'Ochsen' und dem 'Königs'; und dass dem Aristoteles die Grabschrift, in welcher das Vorbild der meisten Grossen seine und ihre Gesinnung ausdrückte, hier vorschwebt, hat der Augenschein alle Erklärer der Ethik gelehrt, die ein etwas entwickelteres Sehvermögen besassen, als der auch hier im Dunkeln tappende Eustratios (s. oben S. 30); den Wortlaut des Epigramms abermals anzuführen, durfte Aristoteles sich erlassen, da es, begleitet von den gebührenden Sarkasmen, in dem Dialog, auf welchen er verweist, zu finden war. Lässt sich sonach mit Hilfe des bei Cicero geretteten Bruchstückes die Besprechung des Genusslebens, welche nicht unmittelbar dem Citat in der Ethik vorhergeht, noch jetzt in dem Dialog wiederfinden, so wird um so zuversichtlicher die dem Citat allernächst benachbarte Besprechung des politischen Lebens und seines eudämonistischen Ideals in eben denselben Dialog verlegt werden dürfen. Von den Staatsmännern nun heisst es, ihr nächstes Ziel scheine zwar Ehre zu sein: da jedoch die besseren unter ihnen nicht jede beliebige, sondern nur die von Verständigen für wahres Verdienst gewährte Ehre erstreben, gleichsam um ein äusseres Zeichen zu gewinnen, an dem sie sich ihrer inneren Tugend bewusst werden, so sei es richtiger, nicht die Ehre, sondern die Tugend als das Glückseligkeitsideal der praktisch politischen Lebensrichtung anzusehen. Aber, wird dann fortgefahren (1095ᵇ 31), eben so wenig wie die Lust erschöpft der blosse Besitz der Tugend den vollen Begriff der wahren Eudämonie, welche in einer Kraftthätigkeit besteht und von körperlichen und äusseren Gütern begleitet sein muss. Denn

φαίνεται δὲ ἀτελεστέρα καὶ αὕτη [ἡ ἀρετή]· δοκεῖ γὰρ ἐνδέχεσθαι καὶ καθεύδειν ἔχοντα τὴν ἀρετὴν, ἢ ἀπρακτεῖν διὰ βίον, καὶ πρὸς τούτοις κακοπαθεῖν καὶ ἀτυχεῖν τὰ μέγιστα· τὸν δ' οὕτω ζῶντα οὐδεὶς ἂν εὐδαιμονίσειεν, εἰ μὴ θέσιν διαφυλάττων· καὶ περὶ μὲν τούτων ἅλις. Ἱκανῶς γὰρ καὶ ἐν τοῖς ἐγκυκλίοις εἴρηται περὶ αὐτῶν.

es ist denkbar, dass Jemand, der die Tugend besitzt, schläft, oder Zeit seines Lebens unthätig bleibt und daneben noch von den schwersten körperlichen Leiden und den härtesten Schicksalsschlägen betroffen wird. Einen in solcher Lage Befindlichen wird aber doch Niemand glückselig nennen, ausser wer seine Thesis um jeden Preis durchfechten will.

Hier tritt es also zu Tage, dass der ethische Dialog, welcher die das vierte Buch der Politik eröffnende Verherrlichung der geistigen Güter enthielt, zugleich die Bedeutung der körperlichen und äusseren Güter auf das Nachdrücklichste anerkannte; und der Versuch ist nun wohl erlaubt, auf Grund der zwei Auszüge in der Politik und in der Ethik den Gang des Dialogs etwas näher zu zeichnen. Danach war in demselben die Aufzählung und Entwickelung der philosophischen Schulmeinungen über Eudämonie auf den dialogischen Ton gestimmt und vor dogmatischer Trockenheit dadurch geschützt, dass die verschiedenen Definitionen nicht als bloss theoretische Ergebnisse abstracter Gedankenarbeit gefasst, sondern als zusammenfallend mit den bewusst oder unbewusst auf den mannigfaltigen Laufbahnen des wirklichen Lebens erstrebten Zielen dargestellt waren. So hatte Aristoteles bei der Schilderung der in die Sinnlichkeit versunkenen Lebensweise Gelegenheit gefunden, mit aller Freiheit lebendiger Wechselrede die ganze Wucht seiner Verachtung auf die groben Schlemmer und feinen Wollüstlinge unter den Geringen wie unter den Grossen niederfallen zu lassen, bevor er mit den philosophischen Anpreisern der Lust als des höchsten

Gutes, mit Aristippos und Eudoxos, den Kampf begann. Dann hatte er, bei Betrachtung der politischen Thätigkeit, dem gewöhnlichen, eitler Ehre nachjagenden Schlage von Politikern die edleren Staatsmänner gegenübergestellt, welche in der Ehre nur einen das Selbstgefühl kräftigenden und die zum Handeln unentbehrliche Freudigkeit nährenden äusseren Erfolg ihrer Tugend schätzen; und gar wohl möglich ist es, dass eine würdigende Beurtheilung politischer Persönlichkeiten aus der griechischen Vergangenheit in diesem Theil des aristotelischen Dialogs ein Gegenstück bildete zu dem berühmten platonischen Angriff im Gorgias (503ᵉ—516ᵉ) auf die vier Meister der athenischen Staatskunst. Von den praktischen Anhängern wandte sich dann das Gespräch zu den theoretischen Predigern der Tugend als einer ohne äussere Zuthat aus eigener Kraft beseligenden Eigenschaft, nämlich zu Antisthenes, Diogenes und den übrigen Vorläufern des schroffen Stoicismus. Hatte den hedonistischen Sinnenknechten gegenüber Aristoteles die Würde des Geistes mit schonungsloser Strenge gewahrt, so brauchte er um so weniger Missverständnisse zu besorgen, wenn er den enthusiastischen Tugendschwärmern die ruhige Besonnenheit des weltkundigen und das gesunde Menschengefühl achtenden Denkers entgegensetzte. Aehnliche Ausmahlungen 'vorsätzlichen oder unwillkührlichen Unsinns', wie sie das siebente Buch unserer Ethik*) in dem 'gerädterten und dennoch glückseligen Tugendhaften' vorführt, wird der Dialog in reicherer Auswahl aus den Schriften der bestrittenen Schulhäupter beigebracht und mit dem Licht des einfachen Menschenverstandes so beleuchtet haben, dass sie als Nothbehelfe disputatorischer Hartnäckigkeit *(θέσιν διαφυλάττων)* aus der Helle des wirklichen Lebens in die Winkel der Hörsäle zurückgestellt wurden. Nach Beseitigung dieser beiden extremen Ansichten, welche die äusseren Güter für Alles oder für Nichts erklären, ward schliesslich bei Besprechung der contemplativen Lebensweise die Eudämonie nach der peripatetischen Auffassung als die Blüthe einer wahrhaft menschlichen, d. h. zugleich leiblichen und geistigen, Vollkommenheit geschildert und das Verhältniss der verschiedenen Güterclassen zu einander dahin bestimmt, dass die körperlichen und äusseren Güter gleichsam als stoffliche Vorbedingungen der Glückseligkeit zwar in

---

*) c. 14 p. 1153ᵇ 19: οἱ δὲ τὸν τροχιζόμενον καὶ τὸν δυστυχίαις μεγάλαις περιπίπτοντα εὐδαίμονα φάσκοντες εἶναι, ἐὰν ᾖ ἀγαθός, ἢ ἑκόντες ἢ ἄκοντες οὐδὲν λέγουσιν.

ihrer Unentbehrlichkeit anerkannt, ursächliche Kraft zur Beseitigung aber nur den sittlichen und geistigen beigelegt wurde. Und dieser Theil des Dialogs lieferte die den Werth der geistigen Güter betreffenden Auseinandersetzungen, welche später dem vierten Buch der Politik, unter solchen Modificationen, wie sie die Einverleibung in ein nicht gesprächsförmiges Werk nöthig machte, als Einleitung vorangeschickt wurden.[²¹]

Je mehr nun aber unsere Vorstellung von dem Gedankeninhalt des verlorenen ethischen Dialogs sich abgerundet hat, desto dringender wird der Wunsch, auch von ihm wie von den anderen bisher berührten den genauen Titel und Näheres über seine äussere Einkleidung zu erfahren. Das Verzeichniss des Andronikos gewährt keine unmittelbare Auskunft, da in dem dialogischen Theil desselben kein sachlicher Titel mit kenntlich ethischem Gepräge vorkommt, und von den zwei aus blossen Eigennamen bestehenden der eine, Menexenos, durch seinen Gleichlaut mit der Aufschrift des platonischen Werkes eher politisch rhetorischen Inhalt andeutet als rein ethischen, der andere, Νήρινθος (Diog. Laert. 5, 22), erst auf combinatorischem Wege von seiner eigenen Dunkelheit befreit werden muss, ehe er über den so benannten Dialog aufklären kann. Einen Anhalt zu Combinationen bietet Themistius dar in seiner Selbstvertheidigung, welche den von Widersachern gegen ihn ausgestossenen Schimpfnamen 'Sophist' zurückweisen soll. Nicht sophistischen Künsten, setzt er auseinander, verdanke er die grosse um ihn versammelte Schülerzahl; sondern sein Ruf sei dadurch begründet worden, dass die ursprünglich zu eigenem Gebrauch verfassten und ohne sein Zuthun in die Oeffentlichkeit gedrungenen aristotelischen Paraphrasen dem Leiter einer Philosophenschule in Sikyon zu Gesicht gekommen waren und diesen zu solcher Bewunderung hingerissen hatten, dass er sammt seinen Schülern nach Konstantinopel aufbrach und sich zu den Füssen des grösseren Aristotelikers niedersetzte; von jenen Paraphrasen sei der sikyonische Schulvorsteher eben so mächtig angezogen worden, wie vormals der Kaufmann Zenon von Platon's Apologie des Sokrates, welche ihn zum Stifter der Stoa umschuf, wie von anderen platonischen Werken die Phliasierin Axiothea, welche von Stund an in Männerkleidern den Vorträgen in der Akademie beiwohnte, und 'wie der korinthische Landmann von dem Gorgias, nicht dem leibhaftigen Gorgias, sondern dem Gespräch, welches Platon zur Widerlegung des leontinischen Sophisten geschrieben hat. Als dieses dem Landmann einmal in die Hände fiel, hat er alsbald sich von seinem Acker und Weinberg losgesagt, dem Platon seine Seele untergeben und dessen Lehren fortan zum Säen und Pflanzen sich gewählt. Und das ist der Landmann, den Aristoteles durch seinen korinthischen Dialog*) ehrt'. Da ein Gespräch, dessen Scenerie auf die Umwandlung eines Bauern in einen Philosophen gegründet war, die verschiedenen 'Lebensrichtungen' besprechen musste, so stimmt der 'korinthische Dialog' von Seiten des Inhalts zu dem in der nikomachischen Ethik ausgezogenen, dessen Titel wir suchen; und da ferner, nach Themistius' offenbar aus dem aristotelischen Dialog geschöpfter Angabe, die Sinnesänderung des Landmannes durch den platonischen Gorgias bewirkt wurde, so wird auch wohl Aristoteles durch seinen Dialog in der Weise, die uns so oft schon begegnete (s. oben S. 23, 50, 63), ein Gegenbild haben aufstellen wollen zu dem Werk seines Lehrers, in welchem dieser die Grundfragen der Ethik erforscht und vornehmlich den Gegensatz zwischen Philosophie und praktischer Politik in dem Kampf des Sokrates mit Kallikles hervortreten lässt. Sonach finden die Berührungen mit einzelnen Partien gerade dieses platonischen Dialogs, welche in den Ueberresten des aristotelischen bemerkbar wurden (s. oben S. 80, 88), aus der gesammten Anlage des 'korinthischen Gespräches' ihre natürliche Erklärung. Versucht man nun diesen sachlich so ergiebigen Bericht des Themistius auch für die Entzifferung des Titels Νήρινθος zu verwenden, des einzigen, der in dem Verzeichniss des Andronikos für einen ethischen Dialog übrig bleibt, so würde die gewaltsame Vertauschung des räthselhaften und sonst nicht nachweisbaren Namens Νήρινθος mit dem einfachen Κορίνθιος schwerlich die Billigung vorsichtiger Kritiker gewärtigen dürfen; günstigeres Gehör wird vielleicht einer Vermuthung geschenkt, welche an die leukadische, von den Korinthiern gegründete und lange beherrschte Stadt anknüpft, deren Namensform zwischen

---

*) Themist. or. 23 p. 356 Dind.: ὁ δὲ γεωργὸς ὁ Κορίνθιος τῷ Γοργίᾳ ἐντετυχηκώς — οὐκ αὐτῷ ἐκείνῳ Γοργίᾳ, ἀλλὰ τῷ λόγῳ ὃν Πλάτων ἔγραψε κατ' ἔλεγχον τοῦ σοφιστοῦ — αὐτίκα ἀφεὶς τὸν ἀγρὸν καὶ τὰς ἀμπέλους Πλάτωνι ὑπέθηκε τὴν ψυχὴν καὶ τὰ ἐκείνου ἐσπείρετο καὶ ἐφυτεύετο· καὶ οὗτός ἐστιν ὃν παρὰ Ἀριστοτέλης τῷ διαλόγῳ τῷ Κορινθίῳ.

Νήρικος *(Thuc. 3, 7)* und Νήρικος *(Strab.* 10 p. 452 *Cas.)* schwankt. In der dortigen Gegend mochte der korinthische Bürger, auf welchen der platonische Gorgias so tiefe Wirkung äusserte, ein Landgut besitzen, von dessen Bewirthschaftung ihn die Philosophie abrief, und Aristoteles ihn daher Νηρίτιος nennen, Themistius aber die verständlichere Bezeichnung nach dem bekannteren Korinth vorziehen. Allein welch anderer Aufschluss über den Titel noch zu finden sei, jedenfalls genügen die Angaben des Themistius über den Inhalt des Gesprächs, um es als die Quelle der auszugsweise in die Ethik und Politik eingeflochtenen Abschnitte erkennen zu lassen; und es wäre somit auch für das in der Politik vorkommende fünfte und letzte Citat der ἐξωτερικοὶ λόγοι die von den alten Erklärern empfohlene Identification derselben mit den Dialogen durch belegenden Nachweis gerechtfertigt.

Mit den so erledigten fünf Stellen, in welchen Aristoteles ἐξωτερικοὶ λόγοι citirt, sind jedoch die Fälle nicht erschöpft, in denen er den Ausdruck gebraucht. Er gebraucht ihn noch ein sechstes Mal, wo er unstreitig weder die Dialoge noch eine andere, eigene oder fremde, Schrift citiren will; und obgleich für den Hauptzweck der hiesigen Untersuchung nur die aristotelischen Selbstcitate förderlich sind, so muss doch auch auf jene sechste Stelle eingegangen werden, da aus ihr, eben weil sie die Worte ἐξωτερικοὶ λόγοι nicht zum Citiren von Schriftwerken anwendet, am zuverlässigsten sich ersehen lässt, welche Eigenthümlichkeit der an den anderen fünf Stellen gemeinten Dialoge Aristoteles' Wahl dieses umschreibenden Ausdrucks zu ihrer Bezeichnung bestimmt hat.

Nachdem im vierten Buch der Physik die Forschung über den Raum beendet worden, heisst es: 'An das Erörterte schliesst sich die Forschung über die Zeit. Hinsichtlich ihrer ist es zweckmässig, zuerst auch im Wege des exoterischen Redens zu fragen, ob sie zu den seienden oder den nicht seienden Dingen gehört, dann, was ihr Wesen ist *(ἐχόμενον δὲ τῶν εἰρημένων ἐστὶν ἐπελθεῖν περὶ χρόνου· πρῶτον δὲ καλῶς ἔχει διαπορῆσαι περὶ αὐτοῦ καὶ διὰ τῶν ἐξωτερικῶν λόγων πότερον τῶν ὄντων ἐστὶν ἢ τῶν μὴ ὄντων, εἶτα, τίς ἡ φύσις αὐτοῦ c.* 10 p. 217ᵇ 29). Die Wortverbindung καλῶς ἔχει διαπορῆσαι, in welcher der Aorist einem Futurum gleichgilt, lässt keinen Zweifel daran aufkommen, dass an dieser Stelle mit ἐξωτερικοί λόγοι weder früher veröffentlichte Schriften noch anderswo angestellte Untersuchungen gemeint, sondern der methodologische Charakter der unmittelbar folgenden Besprechung bezeichnet ist. Ebenso unzweideutig lehrt die Stellung von πρῶτον und καὶ διὰ τῶν ἐξωτερικῶν λόγων, dass nur die erste Frage, keineswegs auch die zweite auf exoterischem Wege verhandelt werden soll, also nur die Frage 'ob die Zeit zu den seienden oder den nicht seienden Dingen gehört', nicht die Frage 'nach dem Wesen der Zeit'; für exoterisch ausgegeben wird mithin nur der Abschnitt, welcher mit den Worten 'dass die Zeit gar nicht oder nur mit genauer Noth und in dunkler Weise existirt, möchte man aus folgenden Gründen vermuthen (ὅτι μὲν οὖν ἢ ὅλως οὐκ ἔστιν ἢ μόλις καὶ ἀμυδρῶς, ἐκ τῶνδέ τις ἂν ὑποπτεύσειεν 217ᵇ 33)' beginnt und mit den Worten 'So viel sei über die der Zeit beizulegenden Attribute gefragt (περὶ μὲν οὖν τῶν ὑπαρχόντων αὐτῷ τοσαῦτ' ἔστω διηπορημένα 218ᵃ 30)' schliesst. An der Beschaffenheit dieses Abschnittes lässt sich demnach die richtige Worterklärung von ἐξωτερικοί λόγοι erproben. Die von Zeller gebilligte (s. oben S. 42) bewährt sich nicht; denn in den 'Bereich einer Untersuchung' über die Zeit gehört allerdings die Frage, ob sie für ein Sciendes oder Nichtseiendes zu halten sei. Und wo möglich noch weniger passt die Madvig'sche Erklärung (s. oben S. 35). Denn Niemand, der sich aus eigener Kraft oder an der sicher leitenden Hand des paraphrasirenden Themistius durch die verschlungenen Gedankengänge dieses Abschnittes hindurchgewunden hat, wird glauben können, dass in Athen die 'Gebildeten ausserhalb der Schule' je ein solches Labyrinth der subtilsten Abstractionen betreten haben. Dagegen bietet sich die nach allen Seiten treffende Erklärung des Wortes ἐξωτερικόν von selbst dar, wenn man den Unterschied der in diesem Abschnitt herrschenden Methode von derjenigen erwägt, die sonst dem Aristoteles eigen und auch gleich in der nächsten nicht exoterischen Erörterung über das Wesen der Zeit (p. 218ᵃ 31) wieder befolgt ist. Ganz abweichend nämlich von der sonstigen Forschungsweise des Aristoteles bewegt sich die Verhandlung über Sein oder Nichtsein der Zeit nur in dilemmatischer Dialektik, die fortwährend fragt, ohne zu einem deutlich ausgesprochenen Ergebniss zu gelangen; und den Ausgangspunkt dieses dialektischen Fragens bildet nicht der eigenthümliche Begriff des Gegenstandes; nicht einmal genannt ist in dem ganzen Abschnitt die Bewegung (κίνησις), an welche doch, nach Aristoteles' Ansicht, sowohl jede physische Untersuchung wie insbesondere die Definition der Zeit anknüpfen muss; sondern ohne vorherige Begriffsbestimmung werden allgemeine Vorstellungen über Vergangenheit, Gegenwart und Zukunft auf einer, freilich sehr geschickt geschwungenen, logischen Wortschaufel durcheinander geschüttelt. Also nicht die dem Gegenstand wesentlichen Principien (οἰκεῖαι ἀρχαί) liegen der Auseinandersetzung zu Grunde; nicht in das Innere der Sache wird eingedrungen; sondern von Aussen hergenommene allgemeine Kategorien werden als Maassstab angelegt; und deshalb wird das hier beobachtete Verfahren mit dem Worte bezeichnet, welches den Gegensatz zu dem Innerlichen und Sachgemässen, zu οἰκεῖον, ausdrückt,[12]) und ein äusserliches, ἐξωτερικόν, genannt. Eben in dieser allgemein dialektischen Haltung liegt nun aber, wie sich ergeben hat (s. oben S. 79), ein hervorstechender Charakterzug der aristotelischen Dialoge; auch sie also können im Gegensatz zu den pragmatischen Schriften, welche von den inneren Principien des jedesmaligen wissenschaftlichen Gebietes ausgehen, füglich 'äusserliche' genannt werden; und mit Vorliebe gebraucht daher Aristoteles, wenn er die Dialoge in den pragmatischen Schriften citirt, diese den methodologischen Unterschied der beiden Schriftenclassen deutlich hervorhebende Bezeichnung. Sie findet sich fünfmal; während die zwei von der früheren Veröffentlichung (ἐκδεδομένοι λόγοι) oder allgemeinen Zugänglichkeit (ἐν κοινῷ γιγνόμενοι λόγοι) entlehnten Umschreibungen jede nur Einmal vorkommen, und nur zweimal eine andere Umschreibung, deren oben (S. 83) vorläufig angenommene Beziehung auf die Dialoge näher zu begründen uns noch obliegt.

IV.

In seiner kosmologischen Schrift bekräftigt Aristoteles die früher behauptete Unwandelbarkeit des ausserhalb der äussersten Himmelssphäre befindlichen, dem Raume und der Zeit entrückten Wesens, des sogenannten ersten Bewegers, durch eine Erörterung, die er folgendermaassen einleitet: 'Wie es in den enkyklischen Philosophemen über die göttlichen Dinge oft durch die dortigen Begründungen ans Licht tritt, dass die Gottheit unwandelbar ist, so muss

in der That jedes Wesen unwandelbar sein, das für das erste und
höchste gelten soll. Und da nun das ausserhalb der äussersten
Sphäre befindliche sich wirklich als unwandelbar herausstellt, so
wird auch von dieser Seite her unsere Ansicht bestätigt, dass es
das erste und höchste Wesen sei [34]) (καὶ γὰρ ἐπιτιμήσας ἐν τοῖς ἐγκυκλίοις φιλοσοφήμασι περὶ τὰ θεῖα πολλάκις προφαίνεται τοῖς λόγοις
ὅτι τὸ θεῖον ἀμετάβλητον, ἀναγκαῖον εἶναι πᾶν τὸ πρῶτον καὶ ἀκρό-
τατον· ὃ οὕτως ἔχον μαρτυρεῖ τοῖς εἰρημένοις de caelo 1, 9, p. 279ᵃ 30)'.

Auf die Frage nach der Bedeutung der 'enkyklischen Philosopheme' antworten einige neuere Erklärer, wie im siebzehnten Jahrhundert Melchior Zeidler (s. oben S. 35) geantwortet hatte: nicht
Schriften des Aristoteles oder anderer Verfasser, sondern die 'gebildete Conversation' sei gemeint. Diese Annahme kann jedoch in
dem gegenwärtigen Fall noch kürzer, als es in Betreff der ἐξωτερικοὶ λόγοι thunlich war, abgewiesen werden. Sie setzt bei den nichtphilosophischen Griechen zur Zeit des Aristoteles eine allgemein
verbreitete Ueberzeugung von der Unwandelbarkeit Gottes voraus;
und wollte man auch von den Bedenken absehen, die dagegen
Jedem sich aufdringen müssen, der den Einfluss der von Platon
(*Rep.* 2 p. 380d) gerade in Bezug auf dieses göttliche Attribut be-
kämpften, mythologischen Vorstellungen erwägt, so wird es doch
Niemandem leicht werden zu begreifen, wie die gebildeten Anhänger einer reineren Gotteslehre im mündlichen Gespräch die göttliche Unwandelbarkeit durch Argumente von so scharf umschrie-
bener Bestimmtheit festgestellt und diese Argumente dann ebenfalls auf mündlichem Wege eine solche Verbreitung gefunden haben,
dass Aristoteles sich auf sie berufen durfte. Denn nicht an eine
blosse Ueberzeugung knüpft er an, sondern er verweist die Leser
seiner Kosmologie auf 'begründende Schlussfolgerungen (προφαίνεται
τοῖς λόγοις)', welche in den 'enkyklischen Philosophemen' zu finden
seien. In diesen glaubten daher die alten griechischen Erklärer,
wie wohl Jeder, der den Satz unbefangen liest, schriftliche Aufzeichnungen erkennen zu müssen; sie suchten in den aristotelischen
Werken und fanden das Gesuchte in einem Dialog. Simplicius,
dessen zuversichtlicher Ton anzudeuten scheint, dass er sich im
Einklang mit dem uns nicht vorliegenden Commentar des Aphrodisiensers befindet, sagt*): enkyklische nenne Aristoteles dieselben

*) Die griechischen Worte des Simplicius werden später vollständig angeführt.

für einen weiteren Leserkreis bestimmten Schriften, die sonst exoterische heissen; er rede aber über den fraglichen Punkt in den Büchern Ueber Philosophie (*λέγει δὲ περὶ τούτων ἐν τοῖς Περὶ Φιλοσοφίας*). Die Mittheilungen, welche dann Simplicius aus diesen Büchern macht, werden besser zu nutzen sein, nachdem aus den sonstigen nicht allzu spärlichen Angaben eine vollere Kenntniss von dem Inhalt und Gang dieses dialogischen Werkes — denn dass es ein solches gewesen, trat bereits (s. oben S. 17) hervor — gewonnen worden.

Es zerfiel nach dem Verzeichniss des Andronikos, in welchem es auf das Werk Ueber Dichter folgt, ebenso wie dieser Dialog, in drei Bücher (*περὶ φιλοσοφίας α' β' γ'* Diog. Laert. 5, 22 vgl. Anm. 2). Aus jedem derselben ist ein mit der Buchzahl versehenes Bruchstück gerettet; und um die so gegebenen festen Punkte gruppiren sich die bloss mit dem Schrifttitel bezeichneten und einige nur unter dem Namen Aristoteles angeführten Ueberreste. Aus dem ersten Buch erwähnt Diogenes Laertius*): 'Die Mager seien älter als die ägyptischen Priester; nach ihrer Lehre gebe es zwei Principien, eine gute Gottheit Oromasdes, welche dem hellenischen Zeus, und eine böse, Areimanios, welche dem hellenischen Hades entspreche'. Aristoteles hatte also, um die geistige Entwickelung des Menschengeschlechtes darzustellen, mit einer Betrachtung der ältesten asiatischen Theologie begonnen, der er ja auch in den uns erhaltenen Werken gelegentliche Aufmerksamkeit schenkt (*Metaph.* 14, 4 *p*. 1091ᵇ 10). Er ging dann zu den ägyptischen, für jünger als die Zoroastrischen erklärten Lehren über; und eine möglichst gesichtete Zusammenfassung der Gerüchte, welche in der voralexandrinischen Zeit über Indien umliefen, wird wohl nicht gefehlt haben. — An diese ausserhellenischen Anfänge einer philosophirenden Theologie schlossen sich die ähnlichen Versuche des hellenischen Alterthums. Die orphischen Gedichte waren erwähnt und einer litterärgeschichtlichen Kritik unterworfen; nicht Orpheus habe sie verfasst; von diesem stammten nur die Lehren; die Verse seien das Product des fälschenden Onomakritos. So wenigstens lautet der Bericht, welchen aus dem Dialog Johannes

---

*) 1, 8: *Ἀριστοτέλης δ' ἐν πρώτῳ Περὶ Φιλοσοφίας καὶ πρεσβυτέρους [τοὺς Μάγους φησὶν] εἶναι τῶν Αἰγυπτίων καὶ δύο κατ' αὐτοὺς εἶναι ἀρχάς, ἀγαθὸν δαίμονα καὶ κακὸν δαίμονα, καὶ τῷ μὲν ὄνομα εἶναι Ζεὺς καὶ Ὠρομάσδης, τῷ δὲ Ἅιδης καὶ Ἀρειμάνιος.*

Philoponus*) giebt auf Anlass einer die Echtheit der orphischen Gedichte verdächtigenden Aeusserung in der Schrift Von der Seele. Nach Cicero,**) dem unser Dialog eine reiche Beisteuer zu den seinigen, besonders dem das Wesen der Götter behandelnden geliefert hat, war Aristoteles noch weiter gegangen und hatte nicht bloss die Gedichte dem Orpheus abgesprochen, sondern 'geleugnet, dass je ein Orpheus gelebt', für dessen Existenz, wenn die Gedichte fortfielen, ja auch keine den kritischen Blick des Aristoteles aushaltende Gewähr übrig blieb. Wie gering man von Cicero's Genauigkeit denken mag, der eines Johannes Philoponus muss sie die Wage halten; und gewiss ist es glaublicher, dass Philoponus, der es nur mit der Echtheit der Gedichte zu thun hat, statt der bei Aristoteles etwa erwähnten 'orphischen Lehren', d. h. Lehren der orphischen Sekte, 'Lehren des Orpheus' nannte, als dass Cicero, für dessen dortige Argumentation gegen die epikureische Vorstellungstheorie die Nichtexistenz des Orpheus wesentlich ist, eine den Alten so ungeläufige kritische Auflösung einer mythischen Persönlichkeit irrthümlich in Aristoteles' Worte sollte hineingelesen haben. — Neben den priesterlichen Lehren kamen sodann die alten gnomischen Kernworte zur Sprache, welche, unter den weihenden Schutz des delphischen Apollon gestellt, den Keim der späteren Sittenlehre bargen; und auch auf ihre dunkle Geschichte liess Aristoteles kritische Streiflichter fallen. Porphyrios***) fand in unserem Dialog, dass der Mahnruf 'Erkenne dich selbst', welcher gewöhnlich zu dem Spartaner Chilon in Bezug gesetzt wird, lange vor Chilon in demjenigen delphischen Tempelgebäude als Aufschrift diente, welches nach dem federnen und ehernen, d. h. nach den mythischen, aus Stein erbaut worden und zur Zeit des Chilon abbrannte. Demnach

---

*) Zu de anima 1, 5 p. 41¹ᵇ 28 ἐν τοῖς Ὀρφικοῖς ἔπεσι καλουμένοις] 'Ἰεγομένοις' εἶπεν, ἐπειδὴ μὴ δοκεῖ Ὀρφέως εἶναι τὰ ἔπη, ὡς καὶ αὐτός ἐν τοῖς Περὶ φιλοσοφίας λέγει· αὐτοῦ μὲν γάρ εἰσι τὰ δόγματα· ταῦτα δέ φησιν Ὀνομάκριτον ἐν ἔπεσι (so längst verbessert statt ὄνομα κρείττων ἐνέπεσε) κατατεῖναι. fol. F 3ᵉ.

**) de nat. deorum 1, 38, 107: *Orpheum poëtam docet Aristoteles numquam fuisse . . . . Ai Orpheus, id est imago eius, ut vos [Epicurei] vultis, in animum meum saepe incurrit.*

***) Im ersten Buch der Schrift Περὶ τοῦ Γνῶθι Σαυτόν bei Stobäus Floril. 21, 26: καὶ πρὸ Χίλωνος ἦν [ὡς] ἀνάγραπτον ἐν τῷ Ἰσχυρωτῷ νεῷ μετὰ τὸν σίδηρον τε καὶ χαλκοῦν (Pausan. 10, 5, 5; Strab. 9 p. 421 Cas.), καθάπερ Ἀριστοτέλης ἐν ταῖς Περὶ φιλοσοφίας εἴρηκεν. — Vgl. *Clemens Alex. Str.* 1, 14 p. 351 P.: τὸ . . 'γνῶθι σεαυτόν'. . ., οἱ μὲν Χίλωνος ὑπειλήφασι . . . . Ἀριστοτέλης δὲ τῆς Πυθίας.

hatte Aristoteles jenen tiefsinnigsten aller Sinnsprüche mit den
ersten geschichtlichen Anfängen des delphischen Cultus verknüpft
gefunden und keinem der sogenannten sieben Weisen ein Anrecht
auf denselben zuerkannt.

Nachdem das erste Buch die unentwickelten Vorstufen der
philosophischen Forschung durchmessen hatte, verweilte das zweite
bei den ausgebildeteren Systemen. Denn aus dem zweiten Buch
unseres Dialogs führt Syrianos das bereits (oben S. 47) benutzte
Bruchstück an, welches die Denkbarkeit der Idealzahlen leugnet,
also aus einem kritischen Ueberblick der platonischen Lehre stammt.
Bei Ergründung derselben war Aristoteles nicht auf die platonischen
Schriften allein angewiesen, die auch wir befragen können und so
oft über Grundlage und Ausbau der nur angedeuteten Gedanken
vergebens befragen; er schöpfte aus einer viel reichlicher und klarer
fliessenden Quelle, da er den mündlichen Vorträgen Platon's beigewohnt hatte, welche das System in gegliedertem Zusammenhange
und befreit von künstlerischer Hülle den akademischen Genossen
mittheilten. Den bedeutsamsten Cyklus dieser Vorträge, die Vorlesung über das Gute (s. oben S. 37), hatte Aristoteles in besonderen Aufzeichnungen bearbeitet, welche drei Bücher füllten *(περὶ
τἀγαθοῦ α' β' γ' Diog. Laert. 5, 22)*, also von gleich grossem Umfang wie unser Dialog waren und wohl den Zweck verfolgten,
möglichst treu und vollständig das Gehörte aufzubewahren. Dagegen in einer geschichtlich kritischen Darstellung der gesammten
Philosophie, wie sie unser Dialog geben sollte, musste sich Aristoteles mit Hervorhebung der wesentlichsten Lehrstücke und Auf-
deckung des tieferen Grundes begnügen, auf welchem das platonische System ruhte; auch dieser kürzere Abriss hat jedoch, neben
der ausführlicheren Nachschrift der platonischen Vorlesung, den
alten Aristotelikern, welche beide zu Rath ziehen konnten, gute
Dienste geleistet zum Verständniss der in der Metaphysik über die
Ideenlehre gemachten Angaben (Brandis *de perditis Arist. libris* p.
42, 43); leider sind die hierauf bezüglichen Anführungen, ausser
den oben (S. 47) erwähnten, nicht wörtlich und müssen, da ihr
Werth nur in einer erschöpfenden Behandlung der platonischen
Speculation zu würdigen ist, hier übergegangen werden. — Etwa
die zweite Hälfte des Buches denkt man sich füglich dem platonischen System gewidmet; die erste musste von den vorplatonischen

eingenommen sein; und in der Kritik der eleatischen Lehre liess wohl ein Unterredner gegen Parmenides und Melissos die von dem Skeptiker Sextus*) aufgegriffenen Spottnamen στασιῶται und ἀφύσικοι fallen, deren stechende Kraft keine Uebersetzung auszudrücken und nur eine mit Worten nicht kargende Erklärung fühlbar zu machen vermag. In στασιῶται nämlich, womit das gewöhnliche Griechisch 'zusammenstehende Parteimänner' meint, ward der Wurzelbegriff 'Stillstehen *(Ιστασθαι)*', nach Platon's *(Theaet.* p. 181*) Vorgang, hervorgesucht und sonach das zur Bezeichnung von Revolutionären gebräuchliche Wort in seiner Umdeutung zu 'Männern des Stillstandes' auf die genannten Verfechter des ewigen Seins und Leugner der Bewegung angewendet. Φυσικοί ferner heissen alle vorsokratischen Philosophen, weil sie vornehmlich mit der Natur, nicht mit dem Menschen sich befassen, und in diesem Sinne sind auch die Eleaten φυσικοί; da jedoch der Grieche durch sein Wort für Natur (φύσις) unmittelbar an ein Wachsen und Werden (φῦναι) erinnert wird, welches die Eleaten bestreiten, so sind diese Philosophen einer nichtwerdenden Natur als φυσικοί zugleich ἀφύσικοι. — Bei der Grenzscheide der vorsokratischen und nachsokratischen Philosophie angekommen, mochte Aristoteles die Prophezeiung wagen, die ihm so oft als Selbstüberschätzung ausgelegt worden ist und die wir nur in ciceronischem Latein **) lesen: 'die alten Philosophen, welche wähnten, dass ihre Geisteskraft die Philosophie zum Abschluss gebracht habe, seien entweder arge Thoren oder arge Prahler gewesen; aber da seit wenigen Jahren ein grosser Zuwachs gewonnen worden, so sehe er voraus, dass binnen Kurzem eine in allen Theilen vollendete Philosophie vorhanden sein werde'. Unter den 'alten Philosophen', denen ein so wenig schmeichelhaftes Dilemma gestellt wird, ist wohl hauptsächlich Heraklit gemeint, der in begeistertem Entdeckerrausch das gefundene Weltgesetz der gegensätzlichen Einheit als die alles andere Wissen überflüssig machende Wahrheit verkündete, und dann noch Parmenides und Empedokles, welche das Selbstgefühl der Systembildner mit der

---

*) adv. mathem. 10, 46 μὴ εἶναι δὲ [φησεῖν φασιν] οἱ περὶ Παρμενίδην καὶ Μέλισσον, οὓς ὁ Ἀριστοτέλης στασιώτας τε καὶ ἀφυσίκους καλοῦμεν.

**) Tuscul. 3, 28, 69: *Aristoteles veteres philosophos accusans, qui existimavissent philosophiam suis ingeniis esse perfectam, ait eos aut stultissimos aut gloriosissimos (= εὐηθεστάτους ἢ ἀλαζονιστάτους) fuisse, sed se videre quod paucis annis magna accessio (= ἐπίδοσις) facta esset, brevi tempore philosophiam plane absolutam fore.*

dichterischen Freiheit des Selbstlobes verbanden. Wenn Aristoteles auf ihre und der anderen Vorsokratiker vereinzelten und durch lange Zwischenräume philosophischer Dürre unterbrochenen Bestrebungen von der Höhe seines Zeitalters aus zurückblickte, so konnte der mächtige und stetig gesteigerte Aufschwung, welchen seit Sokrates, also, verglichen mit der vorsokratischen Zeit, in 'wenigen Jahren', die Forschung auf allen Gebieten genommen hatte, ihm die kühnsten Hoffnungen für die Zukunft erwecken, freilich unter der Voraussetzung, die wohl auch in dem Dialog klar genug ausgesprochen war, dass der philosophische Trieb und die philosophische Kraft in dem bisherigen Maasse den Hellenen erhalten bleibe. Diese Voraussetzung schlug fehl; und wer von Aristoteles das richtige Bild gefasst hat, wird gern glauben, dass er freudig seinen Prophetenruhm dahingegeben haben würde, wenn sich nunmehr von seiner Prophezeiung nicht einmal so viel erfüllt hätte, als sich noch immer dadurch erfüllt hat, dass die aristotelische Philosophie, das reifste Erzeugniss der durch Sokrates eingeleiteten Entwickelung, während der nächsten anderthalb Jahrtausende die Grenze geblieben ist, welche der menschliche Geist nicht überschreiten konnte.

In zwei Büchern war die kritische Geschichte der früheren Systeme zu Ende geführt; im dritten trug Aristoteles das für einen weiteren Leserkreis Wichtigste seiner eigenen Lehre vor. Denn in dem 'dritten Buch Ueber Philosophie' fand der bei Cicero über das Wesen der Götter[*] redende Epikureer den 'Wirrwarr,' in welchem Aristoteles befangen sei; 'bald verlege er alle göttliche Kraft in den Geist; bald sage er, die Welt selbst sei Gott; dann setze er wieder einen anderen Gott über die Welt und weise ihm das Geschäft an, durch eine kreisförmige Drehung die Weltbewegung zu regeln und zu erhalten; und dann sage er wieder, der himmlische Feuerstoff, der Aether, sei Gott'. Streift man von diesen Angaben die epikureischen Verzerrungen ab, so treten, wenn zunächst von dem Missverständniss, dass 'die Welt Gott sei', abge-

---

[*] 1, 13, 33 *Aristotelesque in tertio de philosophia libro multa turbat .... modo enim menti tribuit omnem divinitatem, modo mundum ipsum deum dicit esse, modo alium quendam praeficit mundo eique eas partes tribuit, ut replicatione quadam mundi motum regat atque tueatur, tum caeli ardorem* (vgl. 2, 15, 41 *in ardore caelesti qui aether nominatur*) *deum dicit esse.*

sehen wird, im Uebrigen die Hauptpunkte der aus dem zwölften Buch der Metaphysik und den zwei ersten Büchern Vom Himmelsgebäude bekannten Theologie und Kosmologie hervor: die sich selbst denkende göttliche Intelligenz *(Metaph.* 12, 7); der ausserhalb der äussersten Sphäre befindliche erste Beweger (s. oben S. 93); der Versuch, in der alten Vorstellung und Benennung des Aether *(αἰθήρ)* eine Ahnung des von den irdischen Elementen verschiedenen, mit ewigem Kreislauf *(ἀεὶ θεῖν)* begabten Sphärenstoffes zu entdecken *(de caelo* 1, 3 p. 270ᵃ 23). Die Schwierigkeiten jedoch, auf welche zu allen Zeiten auch ernste Forscher stiessen, wenn sie jene Grundzüge zu einem klaren Gesammtbilde ausführen wollten, bemüht sich der von Cicero ausgeschriebene Epikureer gar nicht zu überwinden; in epikureischer Manier, welche bei Nichtepikureern von vorn herein Sinnloses voraussetzt, erklärt er Alles für 'Wirrwarr'; und der stilistische Glanz, in welchen der Dialog die kühnen Speculationen kleidete, musste einem flüchtigen Leser neue Anlässe zu verkehrten Auffassungen geben. Noch jetzt lässt eine glücklich erhaltene Spur erkennen, welcherlei lebhafte Wendungen des Dialogs den Epikureer zu dem Schluss verleiten mochten, für welchen die pragmatischen Werke keinen Anhalt bieten, dass nach Aristoteles 'die Welt Gott sei'. In der fälschlich [20]) für philonisch*) geltenden Schrift, welche die Unvergänglichkeit des Weltalls vornehmlich gegen die heraklitisch stoische Lehre von den periodischen Weltbränden vertheidigt, wird den Stoikern die Ansicht des Aristoteles folgendermaassen gegenübergestellt: 'Aristoteles dagegen behauptete, das Weltall sei ungeworden und unvergänglich; die Vertheidiger der gegnerischen Ansicht aber zieh er schwerer Gottesleugnung, dass sie vergänglichen Menschenwerken gleichsetzten eine so grosse augenfällige Gottheit, welche die Sonne umfasst und den

---

*) *de incorruptibilitate mundi* Vol. 2 p. 489 Mang.: Ἀριστοτέλης δὲ, μήποτ' εὐσεβῶς καὶ ὁσίως ἱστάμενος (haud scio an non pie et sancte contrarium opinionem oppugnans), ἀγένητον καὶ ἄφθαρτον ἔφη τὸν κόσμον εἶναι· δεινήν δὲ ἀθεότητα κατεψηύσατο τῶν τὰ ἐναντία διεξιόντων, οἳ τῶν χειροκμήτων οὐδὲν ᾠήθησαν διαφέρειν τοσοῦτον ὁρατὸν θεόν, ἥλιον καὶ σελήνην καὶ τὸ ἄλλο τῶν πλανήτων καὶ ἀπλανῶν ὡς ἀληθῶς περιέχοντα κόσμιον· Φησὶ γε, ὡς ἔστιν ἀπούειν (εἰδέναι), καὶ κατασκώπτειν ὅτι πάλαι μὲν ἐδεδίει περὶ τῆς οἰκίας, μὴ βιαίοις φέρηται (so statt συνέμασιν) ἢ χειμώνων ἐξαισίαις ἢ χρόνῳ ἢ ἀθωρίᾳ τῆς ἁρμοττούσης ἐπιμελείας ἀνατραπῇ· νυνὶ δὲ φόβον ἐπανατεταμένον μείζονα πρός τὸν τὸν ἅπαντα κόσμον τῷ λόγῳ καθαιρούντων.

Mond und die übrige Göttergemeinde [34]) der wandelnden und festen Himmelskörper. Und auch in offenem Spott gegen diese Ansicht sagte er, vormals habe er für sein Haus nur gefürchtet, es könne durch gewaltige Fluthen oder durch ungeheure Stürme oder vor Alter oder weil es nicht gehörig in Stand gehalten worden, einmal einstürzen; jetzt aber drohe eine weit grössere Gefahr von denen, welche das ganze Weltall durch ihre Theorie einreissen'. So deutlich der in den letzten Sätzen angeschlagene 'spöttische' Ton einen dialogischen Ursprung verräth, so wahrscheinlich wird es durch den kosmologischen Inhalt des Ganzen, dass der uns beschäftigende Dialog Ueber Philosophie, welchen der ciceronische Epikureer für Fragen solcher Art ausbeutet, die Quelle auch dieser Mittheilung gewesen ist. Hatte demnach der Dialog da wo er, übereinstimmend mit der Schrift Vom Himmelsgebäude, das Weltall als ungeschaffen und unzerstörbar schilderte, dem Heraklit und Empedokles und ihren späteren Anhängern, welche eine Unterbrechung der Weltdauer annehmen, 'Atheismus' vorgeworfen, hatte er ferner, wie Platon *(Tim. p. 40d, 34b)*, im Anschluss an den Volksglauben, welchen ja auch die Metaphysik (12, 8 *p.* 1074ᵃ 38) mit der aristotelischen Sphärenlehre in Verbindung setzt, die Sonne und die übrigen Himmelskörper 'Götter' und das sie umfassende Weltall eine 'augenfällige Gottheit' genannt, so begreift man wie der Epikureer, der auf Widersprüche Jagd machte, solche Accommodationen und stilistische Hyperbeln buchstäblich nehmen und aus ihnen die Folgerung ziehen konnte, nach Aristoteles sei die Welt Gott. — Jedoch nicht bloss durch Verspottung der Gegner und den Aufwand sprachlicher Mittel versuchte der Dialog den Glauben an die Ewigkeit der Welt zu verbreiten; auch logische Beweisführung ward unternommen, die zwar nicht von so umfassender und strenger Art sein mochte, wie die in der erhaltenen kosmologischen Schrift *(de caelo* 1, 10 ff.) gegebene, aber gewiss Vieles von ihrer ursprünglichen Schärfe unter Cicero's Händen, aus denen wir sie empfangen, eingebüsst hat. Ebenfalls den Stoikern gegenüber, welche Erschaffung der Welt und ihren periodischen Untergang lehren, weist Cicero den Lucullus*) auf Aristoteles hin: 'Wenn dein stoischer

---

*) *acad. pr.* 34, 119: *Cum enim tuus iste Stoicus sapiens syllabatim tibi ista dixerit, veniet flumen orationis aureum fundens Aristoteles, qui illum desipere dicat; neque enim ortum esse umquam mundum, quod nulla fuerit novo consilio inito tam praeclari*

Welser in knappen Sätzen seine Meinungen dir vorgetragen hat, wird Aristoteles mit dem Ergusse eines goldenen Redeflusses' — also nicht der mit ehernem Griffel schreibende Aristoteles, den wir kennen, sondern der Aristoteles der Dialoge — 'an dich herantreten und den Welser für einen Narren erklären. Denn weder sei die Welt je entstanden, weil kein plötzlicher Entschluss zur Unternehmung eines so herrlichen Werkes gefasst worden; und andererseits sei sie in allen Theilen so fest gefügt, dass keine Kraft so gewaltige Hebel der Bewegung und Veränderung ansetzen, nie durch die Länge der Zeit innere Schwäche eintreten könne, welche den Zerfall dieser Weltordnung und ihren Untergang zu bewirken vermöchte.' Ueber dem Bestreben, in dem letzten Theil dieser Periode den 'goldenen' Wogenglanz der aristotelischen Rede auch durch die lateinische Nachbildung durchschimmern zu lassen, hat Cicero es vergessen, dem ersten Theil die nöthige begriffliche Abrundung zu verleihen. Man erführe sehr gern, in welcher Weise und aus welchen Gründen Aristoteles die Möglichkeit eines einmaligen 'Entschlusses' zur Weltbildung geleugnet hat; aber man wird sich bescheiden müssen, bis einmal ein günstiges Geschick die griechischen Worte ans Licht führt, die Cicero so verstümmelnd gekürzt hat. — Inzwischen gebührt ihm Dank für die Rettung eines anderen weniger beschädigten Restes, der sich von selbst durch seinen Inhalt in den Rahmen unseres Dialogs einfügt. Der bei ihm über das Wesen der Götter*) redende Stoiker sagt zur Empfehlung der stoischen Lehre von dem Leben der Gestirne: 'Da auf der Erde lebendige Wesen entstehen, andere im Wasser, andere in der Luft, so erklärt Aristoteles es für ungereimt zu meinen, dass in demjenigen Bereich der Welt, welcher der geeignetste zur Lebenserzeugung ist,' d. h. im Himmelsraume, 'kein lebendes Wesen sich entwickeln solle'. Ganz dieselbe, auch im platonischen Timäus**) vorkommende Viertheilung in lebendige Erden-, Wasser-,

operis inceptio, et ita esse cum undique aptum, ut nulla vis tantos queat motus mutationesque moliri, nulla senectus diuturnitate temporum existere, ut hic ornatus (= κόσμος) unquam dilapsus occidat.

*) 2, 15, 42: *cum aliorum animantium ortus in terra sit, aliorum in aqua, in aere aliorum, absurdum esse Aristoteli videtur in ea parte, quae sit ad gignenda animantia aptissima, animal gigni nullum putare.*

**) p. 40ᵃ εἰσὶ δὴ τέτταρες [ἰδέαι τοῦ ὅ ἐστι ζῷον], μία μὲν οὐράνιον θεῶν γένος, ἄλλη δὲ πτηνὸν καὶ ἀεροπόρον, τρίτη δὲ ἔνυδρον εἶδος, πεζὸν δὲ καὶ χερσαῖον τέταρτον.

Luft- und Himmelswesen, welche in den erhaltenen aristotelischen Schriften nicht nachzuweisen ist, legt das unter Plutarch's Werken stehende Register philosophischer Dogmen [**]) dem Aristoteles bei; und in Betreff der Himmelskörper spricht sie nur deutlich aus, was aus der bekannten Kosmologie mit Nothwendigkeit folgt. Denn da die Substanz der Himmelskörper eine göttliche (σῶμά τι θεῖον *de caelo* 2, 3 p. 286ᵃ 11) ist, so hat sie an dem ewigen Leben Gottes den nächsten Antheil (*de caelo* 1, 9 p. 279ᵃ 29); und die aus ihr gebildeten Wesen sind, mit noch grösserem Rechte als die irdischen (*Eth. N.* 6, 7 p. 1141ᵇ 1), lebendige Wesen zu nennen. — Viel schwerer lässt sich mit den sonst bekannten Lehren eine andere ebenfalls auf Kosmologie bezügliche und also aus unserem Dialog herzuleitende Eintheilung in Einklang setzen, wegen welcher derselbe ciceronische Stoiker*) bald darauf, wo er die Vernünftigkeit der Himmelskörper erweisen will, den Aristoteles belobt. Sie lautet: 'Was sich bewegt, bewegt sich entweder auf natürliche, oder auf gewaltsame, oder auf freiwillige Weise. Nun bewegen sich Sonne, Mond und Gestirne. Da aber die natürlich bewegten Dinge von ihrer Schwere niederwärts oder durch ihre Leichtigkeit aufwärts getrieben werden, so findet keine von beiden Arten der natürlichen Bewegung auf die Gestirne Anwendung; denn deren Bewegung ist eine kreisförmige. Eben so wenig kann man sagen, eine grössere Gewalt verursache, dass die Gestirne sich widernatürlich bewegen. Denn welche Gewalt kann grösser sein als die Ihrige? Es bleibt also nur der dritte Fall übrig, dass die Bewegung der Gestirne eine freiwillige sei'. Mehr als bei allen bisher erwogenen Mittheilungen Cicero's muss bei Würdigung der hiesigen das trübende lateinische Medium in Anschlag gebracht werden. In der Schrift Vom Himmelsgebäude lässt Aristoteles auf das Unzweideutigste die Kreisbewegung der Himmelskörper aus der Beschaffenheit ihrer Substanz folgen; für diese Sphärensubstanz ist die kreisförmige Bewegung die allein natürliche, und bedarf

---

*) *de nat. deor.* 2, 16, 44: Nec vero Aristoteles non laudandus est in eo quod omnia, quae moventur, aut natura moveri censuit, aut vi, aut voluntate; moveri autem solem et lunam et sidera omnia; quae autem natura moverentur, haec vel pondere deorsum aut levitate sublima ferri, quorum neutrum astris contingeret, propterea quod eorum motus in orbem circumque ferretur. Nec vero dici potest vi quadam majore fieri, ut contra naturam astra moveantur; quae enim potest major esse? Restat igitur ut motus astrorum sit voluntarius.

so wenig eines anderen Anstosses, dass vielmehr erklärt werden muss, weshalb nicht alle Bewegungen innerhalb des Himmelsgebäudes kreisförmige seien *(de caelo* 2, 3*)*. Soll man nun glauben, Aristoteles habe in dem Dialog sich so weit von dem Grundgedanken seiner gesammten Kosmologie entfernt, sich so eng der volksthümlichen anthropomorphisirenden Vergötterung der Himmelslichter angeschlossen, dass er ihre Kreisbewegung als eine durch Willensact bewirkte der natürlichen entgegenstellte? Oder darf man folgende Auflösung des Räthsels wagen? Während Aristoteles in der streng wissenschaftlichen Schrift Vom Himmelsgebäude jede aus dem Wesen des Bewegten sich ergebende, noch so ungewöhnliche Art der Bewegung, wie billig, als eine naturgemässe behandelt, bezeichnete er in dem Dialog, von der begrifflichen Strenge nachlassend, nur die steigende und fallende, d. h. die an den irdischen Körpern bemerkbare, als natürliche, indem er den Begriff des Natürlichen auf den des Gewöhnlichen einschränkte; den Himmelskörpern aber schrieb er eine ihnen allein eigenthümliche Bewegung zu, eine Bewegung, die sie für sich besonders, *ἐφ' ἑαυτῶν*, haben; und als dieses *ἐφ' ἑαυτῶν* von Cicero oder einem anderen Eilfertigen mit *ἐφ' ἑαυτοῖς* verwechselt und nach Analogie der griechischen Bezeichnung von 'Willensfreiheit *(τὸ ἐφ' ἡμῖν)*' gedeutet wurde, verwandelte sich unter seiner Feder die 'eigenartige' Bewegung der Himmelskörper in eine 'freiwillige'. Jedoch, in welchem anderen Wege diese vereinzelte Schwierigkeit zu heben sein mag, bei allen übrigen Punkten ist trotz der tiefen Verschiedenheit der Darstellung zwischen dem dialogischen und den pragmatischen Werken die vollständigste Gleichheit der kosmologischen und der mit ihnen verknüpften theologischen Grundlehren in beiden Schriftengattungen zum Vorschein gekommen; und dasselbe Verhältniss wird sich auch hinsichtlich des von der Kosmologie unabhängigen Theils der Theologie bewähren.

Bevor er das Wesen der Gottheit betrachtete, versuchte der Dialog die Entwickelung des Gottesbegriffs in der Menschheit zu schildern. Die Hauptgedanken der, wie es scheint, sehr umfänglichen Auseinandersetzung sind in einem Auszuge bei dem Skeptiker Sextus*) mit hinlänglicher Deutlichkeit zu erkennen. Danach liess

---

*) adv. mathem. 9, 20: Ἀριστοτέλης δὲ ἀπὸ δυοῖν ἀρχῶν ἔννοιαν θεῶν ἔλεγε γεγονέναι ἐν τοῖς ἀνθρώποις, ἀπό τε τῶν περὶ ψυχὴν συμβαινόντων καὶ ἀπὸ τῶν μετεώρων·

Aristoteles die Vorstellung von Gott aus zwei sich ergänzenden
Ansätzen (ἀρχαί) entstehen, einem psychologischen, und einem
kosmologischen. Der vom Innern des Menschen aus wirkende
entspinnt sich in den Lebenszuständen, welche das Band zwischen
Seele und Körper lockern. 'Wenn im Schlafe die Seele sich auf sich
selbst zurückzieht, so tritt ihr eigenthümliches Wesen hervor, und sie
ahnt voraus und sagt voraus was kommen wird. Dieselbe voraus-
schauende Kraft zeigt sie in der Todesstunde, wenn sie von dem Körper
sich losmacht' — eine Beobachtung, deren Häufigkeit und Sicherheit
auch den Homer bewogen habe, sowohl dem sterbenden Patroklos
(Ilias 16, 851) eine Verkündigung von Hektor's Fall, wie dem sterbenden Hektor (Ilias 22, 358) eine Verkündigung über Achilleus'
Ende in den Mund zu legen. Durch solche Thatsachen, welche
ihnen die geistige Kraft der vom Körper gelösten, auf sich selbst
zurückgedrängten Seele nahe brachten, wurden die Menschen 'zu
der Voraussetzung geführt (ὑπονοοῦσιν), dass es ein für sich seiendes
Wesen gebe, das ihrer eigenen Seele ähnlich und mit dem um-
fassendsten Wissensvermögen begabt sei'. Was aber der Blick in
ihr eigenes Innere hatte vermuthen lassen, das ward den Menschen
zum festen Glauben (ὑπέλαβον), als sie den durch die innere Wahrnehmung geschärften Sinn auf die Aussenwelt richteten. 'Als sie
am Tage die Sonne schauten, wie sie dahinwandelte, und bei Nacht
die geordnete Bewegung der übrigen Gestirne, da glaubten sie,
dass wirklich ein Gott sei, von welchem diese Bewegung und diese
Ordnung ausgehe.' Also der Philosoph, der die Gottheit ehrt und
den Menschen achtet, entfernt, auch da wo er nicht seine geläu-
terte Einsicht vortragen, sondern in das unentwickelte Denken der
erst zum Dasein erwachenden Menschheit sich zurückversetzen will,

ἀλλ' ἀπὸ μὲν τῶν περὶ τὴν ψυχὴν συμβαινόντων, διὰ τοὺς ἐν τοῖς ὕπνοις γινομέ-
νους ταύτης ἐνθουσιασμοὺς καὶ τὰς μαντείας. ὅταν γάρ, φησίν, ἐν τῷ ὑπνοῦν καθ'
ἑαυτὴν γένηται ἡ ψυχή, τότε τὴν ἴδιον ἀπολαβοῦσα φύσιν προμαντεύεταί τε καὶ
προαγορεύει τὰ μέλλοντα. τοιαύτη δέ ἐστι καὶ ἐν τῷ κατὰ τὸν θάνατον χωρίζεσθαι
τῶν σωμάτων. ἀποδέχεται (er billigt) γοῦν καὶ τὸν ποιητὴν Ὅμηρον ὡς τοῦτο
παρατηρήσαντα· πεποίηκε γὰρ τὸν μὲν Πάτροκλον ἐν τῷ ἀναιρεῖσθαι προαγορεύοντα
περὶ τῆς Ἕκτορος ἀναιρέσεως, τὸν δ' Ἕκτορα περὶ τῆς Ἀχιλλέως τελευτῆς. ἐκ τούτων οὖν, φησίν, ὑπενόησαν εἶναί τι θεῖον καθ' ἑαυτὸ ὂν (so statt τι θεόν τὸ
καθ' ἑαυτόν), ἐοικὸς τῇ ψυχῇ καὶ πάντων ἐπιστημονικώτατον· ἀλλὰ δὴ καὶ ἀπὸ
τῶν μετεώρων· θεασάμενοι γὰρ μεθ' ἡμέραν μὲν ἥλιον περιπολοῦντα, νύκτωρ δὲ
τὴν εὔτακτον τῶν ἄλλων ἀστέρων κίνησιν, ἐνόμισαν εἶναί τινα θεὸν τὸν τῆς τοι-
αύτης κινήσεως καὶ εὐταξίας αἴτιον.

aus dem Verhältniss des Menschen zu Gott alle niederen Motive. Nicht aus Abhängigkeitsgefühl entspringt der Gottesglaube, sondern des Menschen eigene Seelenkraft in ihren selbständigen, von der Sinnenthätigkeit abgelösten Aeusserungen erweckt ihm die erste Ahnung von dem Dasein eines unsichtbaren, durch Wissensfülle (πάντων ἐπιστημονικώτατον) mächtigen Wesens. Und nicht die Schrecken der aufgeregten Natur, auch nicht die Nützlichkeit ihrer irdischen Gaben, sondern die Schönheit und Ordnung der ruhig ihre Bahnen wandelnden Himmelskörper bilden die Ahnung zum Glauben aus; das bewunderungswürdige Werk zeugt von einem anbetungswürdigen Meister. Die zwei wesentlichsten Punkte dieser Auffassung — dass die Betrachtung der Aussenwelt nur eine Bestätigung des ursprünglich aus innerer Quelle fliessenden Gottesgefühls gewährt, und dass nicht Noth oder Furcht beten, sondern Bewunderung anbeten lehre — werden auch in einer grösseren Stelle bemerklich, die Cicero*) aus dieser Gegend des Dialogs entnommen haben muss und glücklicherweise wörtlich übersetzt hat. Sie lautet: 'Man denke sich Menschen von jeher unter der Erde wohnen in guten und hellen Behausungen, die mit Bildsäulen und Gemälden geschmückt und mit Allem wohl versehen sind, was den gewöhnlich für glücklich Gehaltenen zu Gebot steht; sie sind nie auf die Oberfläche der Erde hinaufgekommen, haben jedoch durch eine dunkle Sage vernommen, dass es eine Gottheit gebe und Götterkraft; wenn diesen Menschen einmal die Erde sich aufthäte, dass sie aus ihren verborgenen Sitzen aufsteigen könnten zu den von uns bewohnten Bezirken, und sie nun hinausträten und

---

*) *de nat. deor.* 2, 37, 95: *praeclare ergo Aristoteles 'Si essent,' inquit, 'qui sub terra semper habitavissent bonis et illustribus domiciliis, quae essent ornata signis atque picturis instructaque rebus iis omnibus, quibus abundant ii, qui beati putantur, nec tamen exissent unquam supra terram, accepissent autem fama et auditione esse quoddam numen et vim deorum, deinde aliquo tempore patefactis terrae faucibus ex illis abditis sedibus evadere in haec loca, quae nos incolimus, atque exire potuissent, cum repente terram et maria caelumque vidissent, nubium magnitudinem ventorumque vim cognovissent aspexissentque solem, eiusque cum magnitudinem pulchritudinemque, tum etiam efficientiam cognovissent, quod is diem efficeret toto caelo luce diffusa, cum autem terras nox opacasset, tum caelum totum cernerent astris distinctum et ornatum, lunaeque luminum varietatem tum crescentis, tum senescentis eorumque omnium ortus et occasus et in omni aeternitate ratos immutabilesque cursus cum vidissent (so mit Madvig statt cursus: quae cum viderent): profecto et esse deos et haec tanta opera deorum esse arbitrarentur'.*

plötzlich die Erde vor sich sähen und die Meere und den Himmel, die Wolkenmassen wahrnähmen und der Winde Gewalt; wenn sie dann aufblickten zur Sonne, ihre Grösse und Schönheit wahrnähmen und auch ihre Wirkung, dass sie es ist, welche den Tag macht, indem sie ihr Licht über den ganzen Himmel ergiesst; wenn sie dann, nachdem Nacht die Erde beschattete, den ganzen Himmel mit Sternen besetzt und geschmückt sähen, und wenn sie das wechselnde Mondlicht in seinem Wachsen und Schwinden, aller dieser Himmelskörper Auf- und Niedergang und ihren in alle Ewigkeit unverbrüchlichen und unveränderlichen Lauf betrachteten: wahrlich, dann würden sie glauben, dass wirklich Götter sind und diese gewaltigen Werke von Göttern ausgehen'. Das hypothetische Bild ist deutlich darauf angelegt, die unterirdischen Menschen in einen nicht bedürftigen und zugleich der Götter nicht unkundigen Zustand zu versetzen. Sie müssen sich wohl fühlen in ihren Grotten, die, wenn auch keine Sonne, doch Licht *(illustribus)* haben und mit Allem, was der Reichthum seinen Besitzern gewähren kann, sogar mit künstlerischem Schmuck *(signis atque picturis)*, ausgestattet sind [17]). Und die vor dem Blick der Heraufgekommenen plötzlich sich enthüllenden Götterwerke flössen ihnen nicht die erste Ahnung von dem Dasein der Gottheit ein; denn schon unter der Erde hatten sie von der Gottheit gehört *(fama et auditione accepissent*, φήμῃ καὶ ἀκοῇ παρέλαβον*)*; sondern die Bewunderung, welche bei den aus der Tiefe aufsteigenden Troglodyten noch nicht wie bei den von Anbeginn die Sonne schauenden Menschen durch die Alltäglichkeit des Anblicks abgestumpft worden, festigt nur die frühere schwankende Kunde zum Glauben.

Ausser solchen Versuchen, das Entstehen des allgemeinen Gottesbegriffs zu veranschaulichen, enthielt der Dialog auch die positiven und höchsten Lehren der peripatetischen Theologie. Mit Bestimmtheit bekundet dies ein in unseren aristotelischen Schriften befindliches Citat 'der Bücher über Philosophie', dessen vollen Gehalt darzulegen zu lohnend ist, als dass man nicht gern den dazu erforderlichen kleinen Umweg einschlüge, zumal er lehrreiche Ausblicke auf einen abgelegenen Theil des Systems eröffnet.

In der Physik (2, 2) hatte Aristoteles die natürliche und wesenhafte Form der Dinge als ihren Zielpunkt und Zweck hingestellt (ἡ φύσις τέλος καὶ οὗ ἕνεκα p. 194ᵃ 28), war aber im Verlauf der dortigen Untersuchungen darauf geführt worden, auch den die Dinge zu seinem Nutzen gebrauchenden Menschen als den Zweck der Dinge anzusehen. Er will dann den scheinbaren Widerspruch durch folgende Worte aufheben: 'Denn in gewisser Weise sind auch wir Menschen Zweck, da das Weswegen eine zwiefache Bedeutung hat. Es ist davon in den Büchern über Philosophie gesprochen *(ἐσμὲν γάρ πως καὶ ἡμεῖς τέλος· διχῶς γὰρ τὸ οὗ ἕνεκα· εἴρηται δ' ἐν τοῖς περὶ φιλοσοφίας p. 194ᵃ 35)*. Mit diesem zwiefachen Weswegen ist es nun ähnlich bestellt wie mit dem früher (s. oben S. 58) behandelten Unterschied zwischen *ποίησις* und *πρᾶξις*. Jeder, der sich die Wichtigkeit vergegenwärtigt, welche in dem durch und durch teleologischen System des Aristoteles der Zweckbegriff besitzt, wird alsbald den Einfluss ermessen, den eine Zerlegung desselben in zwei Unterarten auf die einzelnen Disciplinen und die einzelnen Lehrstücke gewinnen muss; die Kategorie des Zweckes ist gleichsam das Centralorgan der aristotelischen Philosophie, dessen kleinste Modificationen nicht ohne die durchgreifendsten Wirkungen für den gesammten Organismus erfolgen können. Trotzdem suchen wir in den erhaltenen Schriften vergebens nach näherer Auskunft über den Sinn dieses 'zwiefachen Weswegen'; es taucht noch einige Mal auf, und immer in bedeutsamen Untersuchungen, wird jedoch stets als etwas Bekanntes erwähnt, nirgends so eingehend erörtert, dass das Bedürfniss des jetzigen Lesers befriedigt wäre. Bei sorgfältiger Vergleichung aller einschlagenden Stellen erkennt man im Allgemeinen so viel, dass der Begriff des Zwecks nach subjectiver und nach objectiver Seite gespalten wird. Der subjective Zweck *(τὸ οὗ ἕνεκά τινι)* findet sich da, wo ein Erreichender ein Erreichtes dann noch weiter benutzt; bei dem objectiven Zweck *(τὸ οὗ ἕνεκά τινος)* bildet die Erreichung des Erstrebten den Abschluss der Bewegung. Aber selbst diese allgemeine Fassung des Unterschiedes durfte Aristoteles nicht erst auf combinatorischem Wege errathen lassen; und noch weniger durfte er sich der Pflicht entziehen, die schärferen Einzelbestimmungen, durch welche allein solche allgemeine Gedanken für ein geordnetes philosophisches System brauchbar werden, im Zusammenhang und mit der nöthigen Ausführlichkeit festzustellen. Dass er dies nun auch wirklich in den dialogischen Büchern gethan hatte, deren Kenntniss er bei den Benutzern seiner pragmatischen Werke voraussetzen durfte, sagt unser jetziger Text der Physik in den Worten: εἴρηται δ' ἐν τοῖς περὶ φιλοσοφίας. Behutsam von unserem jetzigen aristotelischen Text, und nicht zuversichtlich von Aristoteles selbst zu reden, ist man durch die Form des ausserhalb der Construction dem Satze angehängten Citats genöthigt, da alle derartigen Citate dem Verdacht eines nicht aristotelischen Ursprungs unterliegen [29]) und daher die Möglichkeit nicht ausgeschlossen ist, dass die fraglichen Worte von einem, dann freilich sehr alten und sehr kundigen, Leser oder Commentator herrühren. In diesem Falle dürften wir uns zu der besonders in den aristotelischen Handschriften eingewurzelten Unsitte, Randbemerkungen in den Text zu mengen, hier einmal Glück wünschen. Denn, wird die durch solches Versehen gerettete Marginalie in Verbindung gesetzt mit Aristoteles' sonsther bekannter Theologie und mit dem, was von dem Inhalt des Dialogs Ueber Philosophie ermittelt worden, so ergiebt sich, dass in dem theologischen Abschnitt dieses Dialogs das zwiefache Weswegen seine Erläuterung gefunden hatte. Und kein anderer Ort könnte ersonnen werden, wo sie so unentbehrlich und ihre Folgen erheblicher gewesen wären. Aus dem zwölften metaphysischen und aus dem zweiten kosmologischen Buch (c. 12 p. 292ᵇ 5) hat es jeder Kenner des Aristoteles im Gedächtniss, dass dort das unbewegte Bewegende, d. h. der aristotelische Gott, als höchstes und bestes Ziel, als Zweck schlechthin, eben durch οὗ ἕνεκα bezeichnet wird; und auch in dem tiefsinnigen siebenten Capitel jenes zwölften metaphysischen Buchs, wo die Schreibweise des Philosophen den denkbar höchsten Grad von gedrungener Kürze erreicht hat, findet er es nöthig, die Worte hinzuzufügen, welche nach der richtigen Lesart [30]) besagen: 'es giebt ein subjectives Weswegen und ein objectives; das eine findet auch auf das Unbewegte Anwendung, das andere nicht (ἔστι γάρ τινι τὸ οὗ ἕνεκα καὶ τινός· ὧν τὸ μὲν ἔστι τὸ δ' οὐκ ἔστι p. 1072ᵇ 2)'. In dem Dialog Ueber Philosophie ward nun dieser kurze Satz durch erschöpfende Auseinandersetzung begründet, welche hinsichtlich des göttlichen Wesens wohl zu keinem anderen Ergebniss führen konnte, als zu folgendem: das Unbewegte kann objectiver Zweck sein, aber keinen subjectiven Zweck haben, da subjectiver Zweck eine Veränderung, mithin eine Bewegung, in dem Strebenden voraussetzt. An sich ist also der unbewegte Gott objectiver Zweck, insofern ihm alle Wesen der Welt zustreben und in ihm die Weltbewegung ihr letztes Ziel, ihren Abschluss findet. Für die Welt hingegen ist Gott subjectiver Zweck; denn die Wesen der Welt streben Gott zu, weil sie, jedes nach seinem Vermögen, sich mit Gott erfüllen, an Gott Theil bekommen wollen *(de anima* 2, 4 *p.* 415ᵇ 1—6*)*. Bevor jedoch der Dialog näher begrenzte, in welcher Weise Gott Zweck sei, musste er gesagt und erwiesen haben, dass Gott Zweck, das letzte Ziel und höchste Gute sei, wie ja auch in der Metaphysik die kurze Andeutung über das zwiefache Weswegen herbeigeführt ist durch den eben so kurz gefassten Satz, dass das unbewegte Bewegende als das höchste Gute sich herausstelle *(καὶ ἔστιν ἄριστον ἀεὶ ... τὸ πρῶτον p.* 1072ᵃ 35*)*. Wie viel eingehender der Dialog diesen Punkt erörterte, lehrt die oben (S. 94) für den hiesigen Gebrauch aufgesparte Mittheilung des Simplicius. Sie wird, wie man sich erinnert, zu dem Behufe gemacht, die 'enkyklischen Philosopheme', aus welchen die Schrift Vom Himmelsgebäude Erweise der Unveränderlichkeit Gottes citirt, für identisch mit den Dialogen zu erklären, und zugleich soll sie einen knappen Satz jener pragmatischen Schrift, welcher die göttliche Unveränderlichkeit auf den ausserhalb der äussersten Sphäre befindlichen ersten Beweger mit Unterdrückung der syllogistischen Mittelglieder überträgt, durch die vollständigen Schlussbildungen des Dialogs Ueber Philosophie verdeutlichen. Es ist daher zur Feststellung dessen, was Simplicius dem Dialog entnommen hat, unumgänglich, seinen Anführungen jenen aristotelischen Satz, der ihn zu Einschiebung eigener Zuthaten in die Worte des Dialogs veranlasst, hier voraufzuschicken. Derselbe folgt auf die Erwähnung der enkyklischen Philosopheme und lautet *(de caelo* 1, 9 *p.* 279ᵃ 33*)*: 'das ausserhalb der äussersten Sphäre Befindliche ist unveränderlich; denn

| οὔτε γὰρ ἄλλο κρεῖττόν ἐστιν ὅ τι κινήσει — ἐκεῖνο γὰρ ἂν εἴη θειότερον — οὔτ' ἔχει φαῦλον οὐδὲν οὔτ' ἐνδεὲς τῶν αὑτοῦ καλῶν οὐδενός ἐστιν. | weder giebt es ein Höheres, welches eine verändernde Bewegung in ihm veranlassen könnte — gäbe es ein solches, so wäre dieses allerdings das Göttlichere — noch wohnt ihm Schlechtes inne, noch mangelt ihm einer der mit seinem Wesen vereinbaren Vorzüge.' |

Und Simplicius *(Schol. in Arist. p.* 487ᵃ 3*)* sagt, zunächst die Bedeutung der 'enkyklischen Philosopheme' angebend:

| ἐγκύκλια δὲ καλεῖ φιλοσοφήματα τὰ κατὰ τάξιν ἐξ | enkyklische Philosopheme nennt er die Werke, welche nach der Reihenfolge des |

ἀρχῆς τοῖς πολλοῖς προτι-
θέμενα, ἅπερ καὶ ἐξωτε-
5 ρικὰ καλεῖν εἴωθεν, ὥσπερ
καὶ ἀκροαματικὰ καὶ συν-
ταγματικὰ τὰ σπουδαιό-
τερα. λέγει δὲ περὶ τού-
του ἐν τοῖς Περὶ Φιλοσο-
10 φίας· 'καθόλου γὰρ ἐν
οἷς ἐστί τι βέλτιον, ἐν τούτοις ἐστί τι καὶ ἄριστον·
ἐπεὶ οὖν ἐστὶν ἐν τοῖς
οὖσιν ἄλλο ἄλλου βέλτιον,
15 ἔστιν ἄρα τι καὶ ἄριστον,
ὅπερ εἴη ἂν τὸ θεῖον. εἰ οὖν
τὸ μεταβάλλον (schreibe
οὖν τι μεταβάλλει,) ἢ ὑπ'
ἄλλου μεταβάλλει ἢ ὑφ'
20 ἑαυτοῦ· καὶ εἰ ὑπ' ἄλλου, ἢ
κρείττονος ἢ χείρονος· εἰ δὲ
ὑφ' ἑαυτοῦ, ἢ ὡς πρός τι χεῖρον (schreibe ἢ πρὸς τὸ χεῖρον) ἢ ὡς καλλίονός τινος
25 ἐφιέμενον. τὸ δὲ θεῖον οὔτε
κρεῖττόν τι ἔχει αὑτοῦ, ὑφ'
οὗ μεταβληθήσεται· ἐκεῖνο
γὰρ ἂν θειότερον· οὔτε ὑπὸ
χείρονος τὸ κρεῖττον πά-
30 σχειν θέμις ἐστίν [καὶ
μέντοι εἰ ὑπὸ χείρονος,
φαῦλόν ἄν τι προσελάμ-
βανεν, οὐδὲν δὲ ἐν ἐκείνῳ
φαῦλον]· ἀλλ' οὐδὲ ἑαυτὸ
35 μεταβάλλει ὡς καλλίονός
τινος ἐφιέμενον· οὐδὲ γὰρ
ἐνδεές τι (schreibe ἐνδεές
ἐστι) τῶν αὑτοῦ καλῶν οὐ-
δενός· οὐ μέντοι οὐδὲ πρὸς
40 τὸ χεῖρον, ὅτι μηδὲ ἄνθρωπος ἑκὼν ἑαυτὸν χείρω
ποιεῖ'. [μήτε δὲ ἔχει τὸ φαῦλον μηδὲν ὅπερ ἂν ἐκ τῆς
εἰς τὸ χεῖρον μεταβολῆς
45 προσέλαβεν] καὶ ταύτην δὲ
ἀπὸ τοῦ δευτέρου τῆς Πλά-
τωνος Πολιτείας Ἀριστοτέ-
λης μετέλαβε τὴν ἀπόδειξιν.

Unterrichts zuerst dem grösseren Leserkreis vorgelegt werden, die er auch
exoterische zu nennen pflegt, so wie
andererseits die strengeren Werke akroamatische und syntagmatische heissen.
Aristoteles redet aber über diesen Punkt
(d. h. über die Unveränderlichkeit Gottes) in den Büchern Ueber Philosophie
folgendermassen: 'denn es ist ein allgemein giltiger Satz, dass, wo es unter
mehreren Dingen ein Besseres giebt,
unter diesen auch ein Bestes sei. Nun
ist aber unter den vorhandenen Wesen
eines besser als das andere; mithin muss
es auch ein bestes geben. Alles Ver-
änderliche nun wird verändert durch ein
Anderes oder durch sich selbst; wenn
durch ein Anderes, entweder durch ein
Höheres oder durch ein Geringeres,
wenn durch sich selbst, entweder zum
Geringeren oder weil es sich nach
etwas Schönerem sehnt. Die Gottheit
aber hat kein Höheres über sich, durch
das sie verändert werden könnte — denn
sonst wäre dieses das Göttlichere, [da
ja die Gottheit, wie erwiesen, das
Beste ist] — und dass von dem Geringeren das Höhere leiden müsse, wäre
gesetzwidrig. [Und wenn sie durch ein
Geringeres verändert würde, so würde
an ihr etwas Schlechtes haften bleiben;
es ist aber in ihr nichts Schlechtes.]
Aber sie verändert sich auch nicht selbst,
weil sie sich nach etwas Schönerem
sehnt; denn es mangelt ihr nichts Schö-
nes, das mit ihrem Wesen vereinbar
ist. Und eben so wenig verändert sie
sich zum Geringeren, da ja nicht einmal ein Mensch aus freien Stücken
sich zu einem Geringeren macht' [und
sie hat ja auch nichts Schlechtes, das
ihr doch bei Veränderung zum Geringeren zugeflossen wäre]. — Diesen
Beweis hat Aristoteles aus dem zweiten Buch des platonischen 'Staates' herübergenommen.

Die Z. 30 und 42 durch Klammern ausgeschiedenen Sätzchen geben
sich als Zuthaten des Simplicius dadurch zu erkennen, dass sie

etwas bereits Bewiesenes von Neuem beweisen. Da der Fall, dass die Veränderung der Gottheit von einem geringeren Wesen herrühre, als undenkbar erledigt ist durch die in deutlich populärem Ton gehaltene und für diesen auch hinlänglich triftige Bemerkung ὅτι ὑπὸ χείρονος τὸ κρεῖττον πάσχειν θέμις ἐστίν Z. 28, so hatte der Dialog keine Veranlassung, noch ein zweites Argument, wie das in Z. 30 καὶ μέντοι εἰ ὑπὸ χείρονος, φαῦλον ἄν τι προςελάμβανεν, οὐδὲν δὲ ἐν ἐκείνῳ φαῦλον enthaltene, hinzuzufügen. Ebenso ist die Annahme, dass die Gottheit sich selbst in einen niedrigeren Zustand versetze, schon kräftig genug zurückgewiesen durch die gleichfalls kenntlich populäre Wendung ὅτι μηδὲ ἄνθρωπος ἑκὼν ἑαυτὸν χείρω ποιεῖ Z. 40; das nachschleppende Anhängsel μήτε δὲ ἔχει τι φαῦλον μηδὲν ὅπερ ἂν ἐκ τῆς εἰς τὸ χεῖρον μεταβολῆς προςέλαβεν Z. 42 verräth seinen fremden Ursprung ausser durch seine Ueberflüssigkeit auch noch durch den schwerfälligen, von der leichten Eleganz des Uebrigen empfindlich abstechenden Ausdruck. Was den Simplicius zu seinen Zusätzen bewogen hat, lehrt die Vergleichung der Argumentation des Dialogs mit der in der Schrift Vom Himmelsgebäude befolgten. Alle Punkte der letzteren, bis auf Einen, kommen auch in der ersteren zur Sprache: und dass einige Sätze fast mit denselben Worten wiederkehren (Simpl. Z. 27 ἐκεῖνο γὰρ ἦν θειότερον = de caelo ἐκεῖνο γὰρ ἂν εἴη θειότερον; Simpl. Z. 36 οὐδὲ γὰρ ἐνδεές ἐστι τῶν αὑτοῦ καλῶν οὐδενός = de caelo οὔτ' ἐνδεὲς τῶν αὑτοῦ καλῶν οὐδενός ἐστιν), darf nicht auffallen. Wie nahe zuweilen die dialogischen sich mit den pragmatischen Werken berührten, ist bei Gelegenheit des Dialogs Eudemus klar geworden (oben S. 27); und in der Schrift Vom Himmelsgebäude erklärt ja Aristoteles ausdrücklich (oben S. 94), dass er die dialogischen Beweise für die Unveränderlichkeit Gottes auf den ersten Beweger übertragen wolle; eine stilistische Variation war daher weder erforderlich, noch war sie thunlich bei so einfachen Gedanken, deren sachgemässer Ausdruck überall dieselben Worte herbeiführen muss. Nur für das Sätzchen der Schrift Vom Himmelsgebäude οὔτ' ἔχει φαῦλον οὐδὲν bot der Dialog nichts Entsprechendes dar, und deshalb sucht es Simplicius durch eigene Einschiebungen in der dialogischen Argumentation unterzubringen. Dabei scheint er übrigens die Absicht, welche den Aristoteles zur Hinzufügung des über den Dialog hinausgreifenden Sätzchens bestimmte, richtig getroffen zu haben. Denn statt der populär dialektischen Wendung, 'dass Höheres von Niederem leide, wäre gesetzwidrig (Z. 29)', verlangte der Ernst einer pragmatischen Schrift allerdings ein kräftiger apodiktisches Argument.

Alles dieses musste so ausführlich dargelegt werden, weil es wohl vorzüglich die Einschiebsel des Simplicius sind, welche Zeller's (S. 272) ohne nähere Begründung ausgesprochene Behauptung veranlasst haben, 'bloss Z. 10—16 sei Citat aus den Büchern Ueber Philosophie, alles Uebrige sei Erläuterung der Stelle *de caelo*'. Aber abgesehen davon, dass die 'Erläuterung', falls sie nicht dem dialogisirenden Aristoteles, sondern dem Simplicius beizulegen wäre, eine Kraft selbstständig reproducirender Hermeneutik bekunden würde, von welcher man sonst weder bei dem wackern Simplicius noch bei den anderen Commentatoren, wo sie auf ihren eigenen Kopf angewiesen sind, viele Spuren antrifft, wird jene Behauptung schon durch den Umstand widerlegt, dass die Mittheilung des Simplicius aus den Büchern Ueber Philosophie völlig zicllos wäre, wenn sie bei Z. 16 abbräche. Denn Simplicius zieht diese dialogischen Bücher doch deshalb heran, um seine Erklärung zu belegen, dass Aristoteles unter den 'enkyklischen Philosophemen', auf die er sich beruft, die Dialoge meine. Und wofür beruft sich Aristoteles auf die enkyklischen Philosopheme? Nicht für das, was bei Simplicius Z. 10—16 zu lesen ist, dass die Gottheit das Beste sei; sondern 'die enkyklischen Philosopheme haben erwiesen, dass die Gottheit unveränderlich ist *ὅτι τὸ θεῖον ἀμετάβλητον* oben S. 94)'. Also, erst die von Z. 17—42 sich erstreckende Argumentation für die Unveränderlichkeit Gottes erfüllt den Zweck, welchen Simplicius bei der gesammten Mittheilung im Auge hat; und der Beweis, dass Gott das Beste sei (Z. 10—16), ward nur aus dem Dialog ausgeschrieben, weil er ein Vorderglied der Schlussreihe für die göttliche Unveränderlichkeit ausmacht. — Ebenso entscheidend spricht für den aristotelischen Ursprung der fraglichen Sätze Z. 17—42 die Bemerkung des Simplicius, dass 'Aristoteles diesen Beweis *(ἀπόδειξις* Z. 46) aus dem zweiten Buch des platonischen Staates herübergenommen habe', welche sich nur auf Platon's dortige (*p.* 380*d*—382) Bekämpfung der mythologischen Götterverwandlungen beziehen kann. Wären nun die Sätze Z. 17—42 nicht aristotelischen Ursprungs, so müsste die Entlehnung aus Platon in dem knappen Satz der

Schrift Vom Himmelsgebäude (oben S. 110) zu finden sein, der jedoch für sich, ohne Hinzunahme der volleren Argumentation des Dialogs, nicht ein 'Beweis *(ἀπόδειξις)*' zu nennen ist, und dessen karge Kürze durchaus keine Zusammenstellung mit den ausgearbeiteten Schlussbildungen Platon's gestattet. Hingegen zeigen die Sätze Z. 17—42, trotz ihrer viel bündigeren Form und einer unverkennbaren Eigenthümlichkeit, doch auch eine grosse Aehnlichkeit mit dem syllogistischen Gang der platonischen Ausführung. Z. 18. entspricht Z. 17 *εἴ τι μεταβάλλει ἢ ὑπ' ἄλλου μεταβάλλει ἢ ὑφ' ἑαυτοῦ* der bei Platon bejahten Frage p. 380d *οὐκ ἀνάγκη, εἴπερ τι ἐξίσταιτο τῆς αὑτοῦ ἰδέας, ἢ αὐτὸ ὑφ' ἑαυτοῦ μεθίστασθαι ἢ ὑπ' ἄλλου;* und nur in schärferer Fassung enthüllt Z. 42 *ὅτι μηδὲ ἄνθρωπος ἑαυτὸν ἑαυτὸν χείρω ποιεῖ* den Gedanken einer anderen platonischen Frage p. 381ᵃ *δοκεῖ ἄν τίς σοι ... ἑαυτὸν αὑτὸν χείρω ποιεῖν ὁτιοῦν ἢ θεῶν ἢ ἀνθρώπων;* Dass aber möglichst enger Anschluss an Platon zum Charakter der aristotelischen Dialoge gehört, braucht nach den vielen Beispielen, in welchen dieses Verhältniss hervorgetreten ist, kaum noch in Erinnerung gebracht zu werden.

Erweist nun, nach Aussonderung der wenigen Einschiebsel (Z. 30, 42), die Stelle bei Simplicius in ihrem vollen Umfange von Z. 10 bis Z. 42 sich als aristotelisch, so bringt sie der hiesigen Untersuchung einen doppelten Nutzen. Sie giebt erstlich Kunde von der Verknüpfung der theologischen Lehren in dem Dialog Ueber Philosophie; denn aus dem Beweis für das Dasein Gottes (Z. 10—16) als eines besten Wesens, das den Abschluss einer Reihe von abgestuft guten bildet, ist ersichtlich, dass, wie in der Metaphysik, so auch in dem Dialog die Bestimmungen über das 'zwiefache Weswegen' veranlasst waren durch die Auffassung Gottes als des höchsten Gutes und letzten Zieles *(τὸ ἄριστον)*, dem alle Wesen zustreben. Aber, ausser durch diesen Ertrag für einen einzelnen Dialog, wird die Stelle noch in allgemeiner Hinsicht werthvoll, da sie abermals zeigt, wie die alten Erklärer, wenn sie unschreibende Citate auf die Dialoge bezogen, sich durch Anstellung der Verification überzeugten, dass das Citirte auch wirklich in einem Dialog vorhanden sei. Wie sie in den *ἐν κοινῷ γιγνόμενοι λόγοι* (s. oben S. 15, 27) nicht bloss auf Grund des Sinnes dieser Worte die Dialoge erkannten, sondern weil ihnen der Dialog Eudemos das darbot, wofür Aristoteles auf die *ἐν κοινῷ γιγνόμενοι λόγοι* verweist, so bewährt auch Simplicius seine Identification der 'enkyklischen Philosopheme' mit den Dialogen gleichsam aktenmässig, indem er aus dem Dialog Ueber Philosophie die Beweise für die Unveränderlichkeit Gottes auszieht, von welcher Aristoteles sagt, dass sie 'in den enkyklischen Philosophemen über die göttlichen Dinge durch die dortigen Begründungen oft ans Licht trete (oben S. 91)'. Dass aber Simplicius zum aktenmässigen Beleg dieses Citats Einen Dialog, trotz des Adverbiums 'oft *(πολλάκις)*' für hinreichend hielt, setzt ihn nicht dem Vorwurf aus, welchem Sepulveda in einem nur bei oberflächlicher Betrachtung ähnlich scheinenden Fall blosgestellt war, als er die 'oftmaligen' Unterscheidungen der mannigfachen Arten von Herrschaft durch Hinweisung auf Ein Capitel der nikomachischen Ethik zu erledigen glaubte (oben S. 52). Denn in jenem Capitel der Ethik ist in der That nur Einmal, also nicht 'oft' von den verschiedenen Staatsformen die Rede; wogegen in dem dritten Buch des Dialogs Ueber Philosophie, welches die aristotelische Theologie in ausführlichem Zusammenhang entwickelte, das der Gottheit so wesentliche Attribut der Unveränderlichkeit, nachdem es einmal eingehend bewiesen worden, immer von Neuem und von den verschiedensten Seiten her 'ans Licht treten *(προφαίνεσθαι)*' musste; alle Radien der Argumentation mussten in diesem Centrum zusammenlaufen. Z. B. konnte in einer Besprechung über das göttliche Wesen die fundamentale Lehre des Aristoteles nicht übergangen sein, dass der Gottheit, obzwar das vollste Leben und ununterbrochene Energie ihr innewohnt, doch keine Handlungen beigelegt werden dürfen, sondern ihre Thätigkeit in einer rein geistigen Selbstbeschauung bestehe. Die Beweise für diese Lehre mussten die Unwandelbarkeit Gottes wieder 'ans Licht bringen'; denn eben weil die Gottheit das Unbewegte und Unveränderliche ist, spricht Aristoteles ihr das Handeln ab. Und so wird man auch bei den übrigen göttlichen Eigenschaften, welche das siebente Capitel des zwölften metaphysischen Buches kurz aufzählt, der Dialog Ueber Philosophie aber durch vollständiges Beweisverfahren zur Ueberzeugung bringen wollte, stets auf die göttliche Unwandelbarkeit zurückgeführt; und Simplicius brauchte daher nicht zu fürchten, dass der auf den Einen Dialog Ueber Philosophie verwiesene Leser, wenn er der Verweisung nachkam und mit dem Dialog sich bekannt machte, wegen des Adverbiums 'oft *(πολλάκις)*' die Angabe noch anderer Dialoge fordern werde.

Aber hätte Jemand dennoch eine solche Forderung gestellt, so würden die Besitzer der Dialoge unschwer sie haben befriedigen können. Denn wenigstens noch in drei anderen Dialogen war Aristoteles genöthigt, sich über die göttliche Unwandelbarkeit auszusprechen, da auf ihr, wie eben gezeigt worden, seine Lehre von der nur geistigen Thätigkeit und daher auch nur geistigen Seligkeit Gottes beruht. Die geistige Seligkeit Gottes aber ward erstlich in dem grossen ethischen Dialog, den wir mit Themistius den korinthischen nennen (s. oben S. 00), zu den folgenreichsten Rückschlüssen auf die menschliche Eudämonie benutzt; der aller äusseren Thätigkeit enthobene, über alle äusseren Güter erhabene, und dennoch in der Fülle seines eigenen ewigen Seins selige Gott war dort (s. oben S. 81) zum Zeugen dafür aufgerufen, dass auch des Menschen Seligkeit ihren Quell in seinen inneren Eigenschaften habe. Je schroffer diese Lehre von einem ruhenden Gott den gangbaren religiösen Vorstellungen entgegenstand, desto weniger konnte sie in einer populären Schrift, wo sie zur Bekräftigung weitgreifender praktischer Lebensregeln dienen sollte, ohne Begründung gelassen sein; und die Begründung leitete geraden Weges auf die göttliche Unwandelbarkeit.

Einen wo möglich noch bedeutsameren Gebrauch machte von derselben Lehre eine zweite Schrift, die im Verzeichnisse des Andronikos unter den Dialogen als Προτρεπτικός α' (*Diog. Laert.* 5, 22) aufgeführt ist, und, wie nach feststehender litterärgeschichtlicher Analogie schon der Titel anzeigt, 'Ermunterungen zum Studium der Philosophie' enthielt. Sie war, ungewiss ob in Gesprächsform aber sicherlich in populärer Haltung, an Themison, einen der Stadtkönige auf Kypros, gerichtet, mit welchem Aristoteles durch seinen kyprischen Freund Eudemos (s. oben S. 21) in Verkehr gekommen sein und die Verbindung um so sorgfältiger unterhalten mochte, als man seit Euagoras und dessen die Schwäche des Perserreiches blosslegenden Unternehmungen besonders in Athen jener Insel eine grosse Bedeutung für die zukünftige Entwickelung der Weltverhältnisse beizumessen pflegte. Aristoteles gehörte nicht zu den asketischen Schwärmern, welche den zerfetzten Diogenesmantel für das allein passende Gewand der Tugend und der Wissenschaft ansahen; eine glänzende äussere Lebensstellung galt ihm, richtig angewendet, für ein werthvolles 'Werkzeug (ὄργανον *Eth. N.* 1, 9

p. 1099ᵇ 1)' zum einflussreichen sittlichen Handeln und auch zur Förderung der Wissenschaft, zumal er die letztere mit Vorliebe auf die Naturforschung ausgedehnt hatte, welcher von jeher die Gunst der Grossen unentbehrlich war. Er ermahnte daher den kyprischen Stadtkönig, der, wie alle Besseren unter den kleinen Fürsten, an unbehaglicher Lebensleere leiden mochte, weil er für bürgerliche Beschäftigungen zu sehr Fürst und für eine das Leben ausfüllende Regententhätigkeit zu kleiner Fürst war, dass er sich der philosophischen Forschung ergeben solle; Niemand befände sich dazu in einer günstigeren Lage als er; bei seinem Reichthum könne ihm der nöthige Aufwand für die naturwissenschaftlichen Arbeiten und Sammlungen nicht schwer fallen, und auch das Ansehen seines fürstlichen Ranges werde ihm Vieles ermöglichen, was einem Privatmann versagt sei — freilich eine Auffassung des Verhältnisses von Philosophie zu äusseren Gütern, die dem Kyniker Krates unverständlich bleiben musste. Wir erfahren, dass dieser Schüler des Diogenes den bezüglichen Abschnitt des aristotelischen Protreptikos einst in einer Schusterwerkstatt vorlas; und als der Handwerksgenosse des Sokratikers Simon und des Jacob Böhme, ohne seine Pfriemenarbeit zu unterbrechen, doch den aristotelischen Worten, welche ihm, dem Armen und Niedrigen, die Mittel zur Philosophie abzusprechen schienen, mit verhaltener Bewegung lauschte, rief ihm der Kyniker tröstend zu: 'Nächstens, Meister Philiskos, werde ich einen Protreptikos schreiben und ihn an dich richten; denn ich sehe, du besitzest mehr Mittel zur Philosophie als Aristoteles an seinem Könige*) rühmt'. — Neben der Absicht, einem hochgestellten Manne Geschmack und Gunst für die Wissenschaft einzuflössen, verfolgte die aristotelische Schrift aber noch den allgemeineren Zweck, die Verunglimpfungen zurückzuweisen, welche der Philosophie auch zur Zeit ihrer höchsten Blüthe nicht erspart blieben. In demselben Maasse wie die frühere Thatkraft und Thatenlust in den griechischen Kleinstaaten immer sichtlicher

---

*) Teles bei Stobäus *floril.* 95, 21: Ζήνων ἔφη Κράτητα ἀναγιγνώσκειν ἐν σκυτείῳ καθήμενον τὸν Ἀριστοτέλους Προτρεπτικόν, ὃν ἔγραψε πρὸς Θεμίσωνα τὸν Κυπρίων βασιλέα, λέγων ὅτι οὐδενὶ πλείω ἀγαθὰ ὑπάρχει πρὸς τὸ φιλοσοφῆσαι· πλοῦτόν τε γὰρ πλεῖστον αὐτὸν ἔχειν ὥστε δαπανᾶν εἰς ταῦτα, ἔτι δὲ δόξαν ὑπάρχειν αὐτῷ. ἀναγιγνώσκοντος δὲ αὐτοῦ, τὸν σκυτέα ἔφη προσέχειν ἅμα ῥάπτοντα καὶ τὸν Κράτητα εἰπεῖν 'ἐγώ μοι δοκῶ, ὦ Φιλίσκε, γράψειν πρός σε προτρεπτικόν· πλείω γὰρ ὁρῶ σοι ὑπάρχοντα πρὸς τὸ φιλοσοφῆσαι ἂν ἔγραψεν Ἀριστοτέλης'.

erloschen, steigerte sich auch die laute Heftigkeit der Anklagen, welche von den Männern der Praxis und den aufrichtigen oder heuchlerischen Verehrern der alten marathonischen Zeit gegen die philosophischen Grübler erhoben wurden; sie mit ihrer entnervenden Schulweisheit trügen Schuld daran, dass weder in der Volksversammlung noch auf dem Schlachtfeld die echte hellenische Mannestugend mehr zu finden sei. Selbst Politiker von edlerer Gesinnung, wie Demochares, der Neffe des Demosthenes, verfielen in solches Gerede und liessen sich von ihrer Abneigung gegen die makedonisch gesinnten Häupter der Philosophenschulen endlich sogar zu polizeilicher Verfolgung der Philosophie fortreissen; am widerwärtigsten mochten wie den Platon (*Euthyd.* p. 304⁴) so auch den Aristoteles die Diatriben berühren, in welchen der phrasenkräuselnde alte Isokrates, seine sokratische Jugend verleugnend, die speculative Wissenschaft schmähte; und Aristoteles fand es daher der Mühe werth, bevor er die Philosophie nach ihrer Würde pries, ihre Unvermeidlichkeit den Gegnern zum Bewusstsein zu bringen. Er führte aus, dass, nachdem einmal die Kraft des forschenden Denkens in der Menschheit erwachte, jede Rückkehr zu der naiven Unmittelbarkeit des Nichtdenkens fortan versperrt sei; selbst die Feinde des Denkens und der Philosophie müssten, wenn sie ihre Angriffe nicht in das Leere richten wollen, trotz allen Sträubens, philosophiren; denn um ihrer Behauptung, dass man nicht philosophiren solle, auch nur einen äusserlichen Wortsinn zu verleihen, müssten sie doch vorher wissen und anzugeben vermögen, was denn das sei, das sie verpönen; wer aber das Denken definirt, der muss denken, wer eine Definition der Philosophie zu geben vermag, der löst eine der schwierigsten Aufgaben des Philosophen. In griechischen Worten erhalten ist von dieser Ausführung nur ein zusammenfassendes spitzes Dilemma, mit dem sie geschlossen haben mag; es findet sich in späten Conglomeraten unserer aristotelischen Scholien*), begleitet von mehr oder minder missverständlichen

---

*) *Schol. in Arist.* 7ᵃ 14: Ἀριστοτέλης ἐν τῷ Προτρεπτικῷ ἐπιγεγραμμένῳ, ἐν ᾧ προτρέπει τοὺς νέους πρὸς φιλοσοφίαν φησί.. οὕτως· 'εἰ μὲν φιλοσοφητέον, φιλοσοφητέον, καὶ εἰ μὴ φιλοσοφητέον, φιλοσοφητέον. πάντως ἄρα φιλοσοφητέον'. τοῦτ' ἔστιν, εἰ μὲν γάρ ἐστι (ἡ φιλοσοφία), πάντως ὀφείλομεν φιλοσοφεῖν, οὔσης αὐτῆς· εἰ δὲ μή ἐστι, καὶ οὕτως ὀφείλομεν ζητεῖν πῶς οὐκ ἔστι φιλοσοφία, ζητοῦντες δὲ φιλοσοφοῦμεν, ἐπειδὴ τὸ ζητεῖν αἰτία τῆς φιλοσοφίας ἐστίν. — Das. p. 13ᵃ 3: ὁ Ἀριστοτέλης... ἐν τινι Προτρεπτικῷ αὐτοῦ συγγράμματι, ἐν ᾧ προτρέπεται τοὺς

Erklärungen; sein gedankenhafter Kern wird jedoch gewährleistet durch eine ausdrückliche Bezugnahme des Aphrodisiensers Alexander*) und durch den stillschweigend entlehnenden Gebrauch, welchen Cicero davon gemacht hat. Auch er nämlich schrieb seine 'Ermunterung zur Philosophie'; denn nach dem Muster der griechischen Protreptiken war sein Dialog Hortensius entworfen**), der auf den jungen Augustinus so erwecklich wirkte, und in dem wir, wenn aus Berichten und Bruchstücken geschlossen werden darf, wohl die Krone der ciceronischen Dialoge verloren haben. Erwägt man, in welcher vielseitigen Weise Cicero eingestandener und erwiesener Maassen seine aristotelischen Vorbilder genutzt hat, so wird man nicht anstehen, auf jenes Dilemma, durch welches der aristotelische Protreptikos die Widersacher der Philosophie zu Philosophen wider ihren Willen machte, die 'scharfsinnigen Schlussfolgerungen' zurückzuführen, mit welchen, nach Lactantius' Angabe***), der bei Cicero die Philosophie bekämpfende Hortensius dergestalt umgarnt wurde, 'dass er selbst zu philosophiren schien, obgleich er behauptete, man solle nicht philosophiren'. Durch die viel, und besonders von der Jugend viel gelesene Schrift Cicero's ward dann das ursprünglich aristotelische Dilemma in den römischen Rhetorenschulen einheimisch, und konnte von Quintilian†) als Musterbeispiel

τίνος φιλοσοφεῖν, λέγει ὅτι· 'εἴτε φιλοσοφητέον, φιλοσοφητέον, εἴτε μὴ φιλοσοφητέον, φιλοσοφητέον· πάντως δὲ (wohl δὴ) φιλοσοφητέον'. τοῦτ' ἔστιν ὅτι εἰ λέγει τις μὴ εἶναι φιλοσοφίαν, ἀποδείξει κέχρηται (wohl χρήσεται) δι' ὧν ἀναιρεῖ τὴν φιλοσοφίαν· εἰ δὲ ἀποδείξει κέχρηται, δῆλον ὅτι φιλοσοφεῖ· μήτηρ γὰρ τῶν ἀποδείξεων ἡ φιλοσοφία.

*) Topic. p. 80 = Schol. in Arist. 260ᵃ 15: ἔστι δὲ ἐφ' ὧν καὶ πάντα τὰ σημαινόμενα λαμβάνοντας ἔστιν ἐπὶ πάντων αὐτῶν ἀποσκευάζειν τὸ κείμενον ('In einigen Fällen kann man alle verschiedenen Bedeutungen eines Wortes durchgehen und nach jeder derselben den aufgestellten Satz umstossen'): οἷον εἰ λέγοι τις, ὅτι μὴ χρὴ φιλοσοφεῖν, ἐπεὶ φιλοσοφεῖν λέγεται καὶ τὸ ζητεῖν αὐτὸ τοῦτο εἴτε χρὴ φιλοσοφεῖν εἴτε καὶ μή, ὡς εἶπεν αὐτὸς ἐν τῷ Προτρεπτικῷ, ἀλλὰ καὶ τὸ τὴν φιλόσοφον θεωρίαν μετιέναι, ἑκάτερον αὐτῶν δείξαντες οἰκεῖον τῷ ἀνθρώπῳ, κατασχεῖν ἀναιρήσομεν τὸ κείμενον.

**) Vita Salustii Gabiani c. 2: Marcus Tullius in Hortensio, quem ad exemplum Protreptici scripsit

***) Inst. Div. 3, 16: Ciceronis Hortensius contra philosophiam disserens circumvenitur argutis conclusione, quod cum diceret, philosophandum non esse, nihilominus philosophari videbatur, quoniam philosophi est (mit der Variante esse) quid in vita faciendum vel non faciendum sit disputare.

†) 5, 10, 70: dum propositis ut accommodari aliud idem efficiat, quale est: 'Philosophandum est, etiam si non est philosophandum'.

für die dilemmatische Figur ohne nähere Erklärung und ohne Nennung eines bestimmten Autors angeführt werden. — Damit jedoch, dass die Philosophie durch solchen dialektischen Zwang ihren Verächtern aufgenöthigt wurde, war der eigentlichen Aufgabe der aristotelischen Ermunterungsschrift nicht genügt; das forschende Denken durfte nicht bloss als unvermeidliches Uebel Duldung, sondern musste als des Menschen beste Kraft Anerkennung und Hingebung fordern. Ein unmittelbares Zeugniss über die hierauf bezüglichen Abschnitte des Protreptikos liegt zwar nicht vor; aber man täuscht sich wohl nicht, wenn man sich dort in populärer Ausführlichkeit dieselben Eigenschaften an der Philosophie gepriesen denkt, welche ihr im Eingang unseres ersten metaphysischen Buches zugeschrieben werden: dass sie allein, weil sie nicht im Dienst eines äusseren Zweckes stehe, eine freie und befreiende Wissenschaft sei, und dass sie den Menschen über seine Knechtesnatur *(πολλαχῇ γὰρ ἡ φύσις δούλη τῶν ἀνθρώπων ἐστίν p.* 982ᵇ 29*)* hinauf zu einer gottähnlichen Stufe erhebe, die sogar den Neid der Götter erwecken könnte, wenn göttliche Wesen dieser niederen, von Dichtern und Mythologen ihnen beigelegten Regung zugänglich wären *(p.* 983ᵃ 2*)*. Besonders die Entwickelung des letzteren Gedankens musste den Protreptikos zurückleiten auf die Analogie zwischen der göttlichen Eudämonie und der für den Menschen aus geistig contemplativer Thätigkeit entspringenden Beseligung; und ein nicht unbeträchtlicher, von Augustinus geretteter Rest der ciceronischen Nachbildung im Hortensius giebt einige Kunde von den Mitteln, welche der aristotelische Protreptikos zu populärer Verdeutlichung jener Analogie anwandte. Danach war dort, gemäss der bereits (oben S. 23) geschilderten Neigung des Aristoteles, in den mythologischen Thatsachen Bekräftigung philosophischer Gedanken zu finden, der mythologische Glaube an einen Aufenthalt der gestorbenen Frommen auf den 'Inseln der Seligen *(νῆσοι μακάρων)*' als ein Zeugniss dafür gedeutet, dass auch die Nichtphilosophen unbewusst die beseligende Kraft einer rein geistigen Thätigkeit anerkennen; denn zu keiner Thätigkeit anderer, mit der Praxis verfangener Art lasse das Leben in jenen Bezirken Raum, die, wie schon ihr Name besagt, nur den in den seligen Götterstand *(μάκαρες)* eingegangenen Menschen angewiesen werden; nicht einmal zu der edelsten Praxis, d. h. zur Ausübung der sogenannten vier Cardinaltugenden, sei dort Gelegenheit geboten; denn wo keine Mühe und Gefahr vorhanden ist, wird die Mannhaftigkeit (ἀνδρεία) überflüssig; wo Niemand nach dem trachtet, was seines Nächsten ist, kann die Gerechtigkeit (δικαιοσύνη) sich nicht kundgeben; wo die Begierden fehlen, bedarf es keiner Mässigkeit (σωφροσύνη); und sogar die Klugheit (φρόνησις) muss feiern, wo keine Wahl mehr zwischen Gutem und Schlimmem zu treffen ist. 'Selig also wären wir auf den Inseln der Seligen allein durch Erkenntniss und Wissen; und hierin allein beruht auch der Vorzug des Lebens, welches die Götter führen'. Leider lässt gerade hier, wo die Gründe entwickelt sein mussten, weshalb für die Götter keine andere als geistige Thätigkeit möglich sei, das Bruchstück des ciceronischen Hortensius*) uns im Stich; aber Jeder, der die Uebereinstimmung seines Inhalts mit dem achten Capitel des zehnten Buches der Ethik erkannt hat, wird sich befugt halten, einen ähnlichen Abschluss der Gedankenreihe, wie er in der Ethik zu finden ist, auch in dem von Cicero ausgebeuteten aristotelischen Protreptikos vorauszusetzen. Dort in der Ethik **) nämlich wird,

---

*) Augustin. de trinit. 14, 9 (vol 8 p. 956 Ben.): de omnibus ... quattuor (virtutibus) magnus auctor disputantis Tullius in Hortensio dialogo disputans 'Si nobis' inquit 'cum ex hac vita emigravérimus (mit der besseren Variante migraverimus) in beatorum insulis immortale aevum, ut fabulae ferunt, degere liceret, quid opus esset eloquentia (ein Seitenblick auf den die Philosophie bekämpfenden Redner Hortensius) aut ipsis etiam virtutibus? Nec enim fortitudine egeremus, nullo proposito aut labore aut periculo, nec iustitia, cum esset nihil quod appeteretur alieni, nec temperantia, quae regeret eas, quae nullae essent, libidines: ne prudentia quidem egeremus, nulla delecta proposita bonorum et malorum. Una igitur essemus beati cognitione naturae et scientia, qua sola etiam deorum est vita laudanda. Ex quo intelligi potest, cetera necessitatis esse, unum hoc voluntatis'. Ita ille tantus orator cum philosophium praedicaret, recolens ea, quae a philosophis acceperat (Augustinus hatte es also bei Cicero deutlich gesagt gefunden, dass die Gedanken des Dialoges Hortensius von den Griechen entlehnt seien) et praeclare ac suaviter explicans, in hac tantum vita, quam videmus aerumnis et erroribus plenam, omnes quattuor necessarias dixit esse virtutes etc.

**) p. 1178b 7: ἡ δὲ τελεία εὐδαιμονία ὅτι θεωρητική τις ἐστιν ἐνέργεια, καὶ ἐντεῦθεν ἂν φανείη. τοὺς θεοὺς γὰρ μάλιστα ὑπειλήφαμεν μακαρίους καὶ εὐδαίμονας εἶναι· πράξεις δὲ ποίας ἀπονεῖμαι χρεὼν αὐτοῖς; πότερα τὰς δικαίας; ἢ γελοῖοι φανοῦνται συναλλάττοντες καὶ παρακαταθήκας ἀποδιδόντες καὶ ὅσα τοιαῦτα; ἀλλὰ τὰς ἀνδρείους, ὑπομένοντας (vor ὑπομένοντας ist wohl ὡς einzufügen, 'als wenn die Götter Gefahren beständen'; vgl. zu diesem häufigen Gebrauch von ὡς mit dem Accusativ des Participium z. B. Polit. 1, 1 p. 1252a 12) τὰ φοβερὰ καὶ κινδυνεύοντας, ὅτι καλόν; ἢ τὰς ἐλευθερίους; τίνι δὲ δώσουσιν; ἄτοπον δ' εἰ καὶ ἔσται αὐτοῖς νόμισμα ἤ τι τοιοῦτον· αἱ δὲ σώφρονες τί ἂν εἶεν; ἢ φορτικὸς ὁ ἔπαινος, ὅτι οὐκ ἔχουσι φαύλας ἐπιθυμίας; διεξιοῦσι δὲ πάντα φαίνοιτ' ἂν τὰ περὶ τὰς

ganz zu demselben Zweck [39]) und in ganz gleicher Weise wie das
ciceronische Bruchstück den Menschen auf den Inseln der Seligen
die Tugenden abspricht, durch Aufzählung der einzelnen Cardinaltugenden deren Unanwendbarkeit auf die Götter selbst nachgewiesen und dann geschlossen: 'Und dennoch, obgleich die Götter keine
Handlungen ausüben, ist es allgemeiner Glaube, dass sie leben,
mithin auch kraftthätig sind; denn sie schlafen doch nicht ewig wie
Endymion. Einem solchen lebendigen Wesen nun, dem das Handeln und noch viel mehr das Machen (s. oben S. 89) entzogen ist,
was bleibt diesem für eine andere Thätigkeit übrig, als die contemplative? Also ist die Thätigkeit Gottes, der doch die höchste
Seligkeit beiwohnt, eine contemplative'. Musste nun der Protreptikos, um den Satz zu begründen, dass 'der Vorzug des göttlichen
Lebens allein in der Contemplation bestehe', ebenfalls sowohl 'das
Handeln wie das Machen' als ausgeschlossen von dem göttlichen
Wesen nachweisen, so konnte dies mit der für eine populäre Schrift
unentbehrlichen Deutlichkeit nur geschehen durch Zurückgehen auf
die Unwandelbarkeit Gottes, d. h. auf dasjenige göttliche Attribut,
welches, nach Aussage der Schrift Vom Himmelsgebäude, 'in den
enkyklischen Philosophemen oft ans Licht trat'.

Endlich konnten ähnliche Auseinandersetzungen auch dem Dialog
nicht fehlen, welcher im Verzeichniss des Andronikos περὶ εὐχῆς α'
(Diog. Laert. 5, 22) betitelt ist und demnach 'Vom Beten' handelte.
Jede eindringendere Besprechung dieses Themas, welchem der Verfertiger des unter die platonischen Werke gerathenen 'Zweiten
Alkibiades' so wenig gewachsen war, muss von dem Wesen Gottes
ausgehen, da allein auf solchem Wege die Fragen über eine äussere oder nur innere Wirkung und über die angemessene Form
des Gebetes entschieden werden können. Und dass Aristoteles
diesen Weg eingeschlagen hatte, zeigt das einzige bisher aufgefun-
dene Bruchstück, welches Simplicius erwähnt in einer noch nicht
nach der griechischen Urschrift veröffentlichten Stelle seines Com-

πρᾶξις μικρά καὶ ἀνάξια θεῶν. ἀλλὰ μὴν ζῆν τε (wohl γε) πάντας ὑπειλήφαμεν
αὐτούς· καὶ ἐνεργεῖν ἄρα· οὐ γὰρ δὴ καθεύδειν, ὥσπερ τὸν Ἐνδυμίωνα. τῷ δὴ
ζῶντι τοῦ πράττειν ἀφαιρουμένου ἔτι δὲ μᾶλλον τοῦ ποιεῖν (nach den Spuren
einiger Handschriften ist wohl mit Scaliger τὸ πράττειν ἀφῃρημένῳ ἔτι δὲ μᾶλλον τὸ ποιεῖν zu lesen) τί λείπεται πλὴν θεωρία; ὥστε ἡ τοῦ θεοῦ ἐνέργεια, μα-
καριότητι διαφέρουσα, θεωρητικὴ ἂν εἴη. καὶ τῶν ἀνθρωπίνων δὴ ἡ ταύτῃ συγγε-
νεστάτη εὐδαιμονεστάτη.

mentars zu der Schrift Vom Himmelsgebäude.*) In der mittelalterlichen lateinischen Uebersetzung lautet es: *deus aut intellectus est aut et aliquid supra intellectum*, d. h. Gott ist νοῦς, sein Wesen ist der Gedanke, aber nicht der Gedanke, wie er im Menschen ist, sondern etwas darüber Hinausliegendes, insofern der göttliche νοῦς die ununterbrochene Kraftthätigkeit des Sichselbstdenkens, die νόησις νοήσεως, ist. War nun, wie Simplicius angiebt, 'gegen Ende (*in calce*)' des Dialogs Vom Beten jener aus dem zwölften metaphysischen Buch *(c. 9 p.* 1074ᵇ 34*)* bekannte Schlussstein der aristotelischen Theologie verwendet, so mussten vorher die Grundlagen derselben, die Lehren von dem unbewegten, unwandelbaren, nicht handelnden Gott, erörtert sein, zumal da vorzüglich von ihnen die Bestimmungen über Form und Erfolg des Gebetes abhängen. Denn, dürfen der Gottheit nach Aussen gerichtete Handlungen nicht beigelegt werden, so sind von vorn herein alle eigensüchtigen Absichten, welche ein göttliches Eingreifen in den Lauf der äusseren Begebenheiten hervorrufen wollen, von dem wahren Gebet ausgeschlossen.

Drei dialogische Werke — das korinthische Gespräch, der Protreptikos, das Gespräch Vom Beten — vereinigen sich also mit den von Simplicius genannten dialogischen Büchern Ueber Philosophie, um seine Beziehung der 'enkyklischen Philosopheme' auf die Dialoge nach sachlicher Seite auch den strengsten Forderungen gegenüber aufrecht zu erhalten, die aus dem Adverbium 'oft *(πολλάκις)*' in dem citirenden Satze des Aristoteles hergeleitet werden könnten. Und ebenso wenig wird Simplicius' Erläuterung des Wortes ἐγκύκλια in ihrem wesentlichen Bestande erschüttert durch etwaige Einsprüche gegen die von ihm gewählten Nebenbestimmungen. Indem Simplicius nämlich die enkyklischen Schriften des Aristoteles für solche erklärt, welche 'nach der Reihenfolge des Unterrichts zuerst vorgelegt wurden' (s. oben S. 110), fasst er das Wort offenbar in dem scharfbegrenzten Sinne, nach welchem ἐγκύκλιος παιδεία und ἐγκύκλια μαθήματα den Kreis von allgemein vorbereitenden Lehrgegenständen bezeichnen, in denen, ohne Rück-

---

*) Die bibliographischen Notizen und die Moerbeka'sche Uebersetzung der umgebenden, auf den Inhalt der aristotelischen Stelle einflusslosen, Worte des Simplicius findet man jetzt am bequemsten bei Rose *de Aristotelis librorum ordine* p. 247.

sicht auf den später zu ergreifenden besonderen Lebensberuf, die griechische Jugend unterwiesen wurde; in ähnlicher Weise, meint Simplicius, bilden die aristotelischen Dialoge eine allgemeine Propädeutik zu den speciellen pragmatischen Werken. Nicht lange nach Aristoteles' Zeit treten allerdings die genannten Ausdrücke in dieser genau fixirten Bedeutung als vollständig eingebürgerte auf; und unglaublich ist es nicht, dass sie bereits eine Weile früher gelegentlich so angewendet wurden. Jedoch aus den uns erhaltenen Werken des Aristoteles sind sie nicht bloss nicht zu belegen, sondern, wo er von dem zu reden hat, was die späteren Griechen 'encyclopädische Bildung' nennen, bedient er sich anderer Ausdrücke.[40]) Der grösseren Sicherheit wegen ist es daher gerathen, die von Simplicius vorgezogene Nuance des Wortes ἐγκύκλια fallen zu lassen und auf die weitere Bedeutung zurückzugreifen, aus welcher die engere in leichtem und geraden Fortschritt entstanden ist. Im weiteren Sinne nun heisst ἐγκύκλιον bei Aristoteles und den gleichzeitigen Schriftstellern Alles, was in dem regelmässigen Geleise bleibt, im Gegensatz zu demjenigen, das seine eigene Bahn einschlägt, kürzer gesagt: das Gewöhnliche und Alltägliche gegenüber dem Eigenthümlichen und Seltenen. So setzen Isokrates und Aristoteles das geordnete Leben in Friedenszeiten als ἐγκύκλιον der kriegerischen Unruhe entgegen; die alltäglichen Verrichtungen eines Hausbedienten nennt Aristoteles ἐγκύκλιοι διακονίαι; und Epikur sucht sich unter den Leuten, welche in die 'gewöhnlichen Lebensgeschäfte', in die ἐγκύκλια, versunken sind und nicht viel Musse für Philosophie übrig haben, durch kurzgefasste Darstellung seines Systems Jünger zu erwerben. In dieser unantastbaren Bedeutung gebraucht also Aristoteles das Wort ἐγκύκλιον auch wenn er seine Dialoge, die sich auf dem hergebrachten dialektischen Standpunkt halten und nicht die den streng wissenschaftlichen Werken eigene Forschungsweise befolgen, ἐγκύκλια φιλοσοφήματα oder, wie in der Ethik (s. oben S. 85), kurzweg τὰ ἐγκύκλια nennt, d. h. 'philosophische Betrachtungen' oder 'Schriften im gewöhnlichen Ton'. Es wird dadurch der Alltagscharakter der dialogischen Behandlung angedeutet in seinem Unterschiede von dem pragmatischen Verfahren, dessen Einführung in die Wissenschaft Aristoteles als sein eigenthümliches Verdienst in Anspruch nimmt; und ähnlich wie in dem etwas schärfer gefassten Ausdruck ἐξωτερικοὶ λόγοι erkennt man auch in *τὰ ἐγκύκλια* eine umschreibende Bezeichnung der Dialoge, welche vornehmlich auf die methodologische Verschiedenheit der beiden Schriftenclassen hinblickt.

Die Thatsache selbst aber, dass, mit der einzigen, nicht jedem Zweifel entrückten Ausnahme des die Bücher Ueber Philosophie ausdrücklich nennenden Citats (s. oben S. 109), Aristoteles seine Dialoge überall mit umschreibenden Wendungen erwähnt, verliert das Auffällige, was sie für einen an das moderne Citatenwesen gewöhnten Leser etwa haben mag, sobald man sich die schriftstellerischen Sitten des Alterthums überhaupt vergegenwärtigt und die besonderen Umstände des vorliegenden Falles in Erwägung zieht. Erst in der alexandrinischen Periode und auch dann nur im Kreise der zünftigen Grammatiker zeigen sich Ansätze zu einer sorgfältigen Deutlichkeit bei den Angaben über benutzte oder bestrittene Schriften; zur Zeit der lebendigen, noch nicht unter der Büchermenge erstickten Litteratur galten leise Fingerzeige für ausreichend; und zumal, wo es sich um Selbstcitate handelte, war die auch jetzigen Schriftstellern noch nicht ganz abhanden gekommene Scheu vor dem plumpen l'*ide me* für die feinfühlenden Alten unüberwindlich. Selbst bei den Beziehungen der pragmatischen Schriften auf einander, welche durch den ihnen eigenen Gang der geschlossen systematischen Untersuchung unvermeidlich wurden, wenn Aristoteles nicht in die lästigsten Wiederholungen verfallen wollte, verschweigt er zwar den speciellen Titel des gemeinten Werkes nicht, kleidet aber das ganze Citat, wie in einigen oben (S. 71) gelegentlich angeführten Beispielen hervortrat, oft in eine allgemeine Fassung, und wählt fast immer eine möglichst unpersönliche Form, aus deren blossem Wortlaut sich nicht ersehen lässt, ob das berücksichtigte Werk ein aristotelisches oder ein fremdes ist; wären uns nicht glücklicherweise durch die erhaltenen pragmatischen Werke genügende Mittel zur Verification gegeben, so würden viele dieser Citate zweifelsohne von ähnlichen Controversen umsponnen sein, wie sie um die *ἐξωτερικοὶ λόγοι* und die anderen Umschreibungen der verlorenen Dialoge sich angesammelt haben. Neben solchen stets wirksamen Anlässen zu bloss andeutendem Citiren bestanden aber bei den Dialogen noch besondere, zu eigentlichen Umschreibungen zwingende Gründe, zunächst in allen den Fällen wo, abweichend von den meisten Wechselbeziehungen innerhalb der pragmatischen Werke, nicht ein bestimmt abgegrenzter Lehrsatz aus einem einzigen Dialog entlehnt, sondern auf grundlegende Gedanken, die in einer grösseren Anzahl von Dialogen gleichmässig durchgeführt waren, hingewiesen werden sollte. So verzweigte sich die Polemik gegen die platonische Ideenlehre wenigstens durch vier Dialoge (s. oben S. 51); ebenfalls in wenigstens vieren waren sowohl die verschiedenen Arten der Herrschaft wie die Unwandelbarkeit Gottes besprochen (s. oben S. 57 und S. 123); und für die Erörterung des Gegensatzes zwischen ποίησις und πρᾶξις (S. 63) liessen sich auf Grund der jetzt auffindbaren Spuren immer noch zwei namhaft machen. Hier war überall das Herrechnen der einzelnen Büchertitel schon wegen der Weitschweifigkeit unthunlich; die dialogische Schriftengattung im Ganzen musste durch ein charakteristisches Merkmal bezeichnet werden. Und bei der Auswahl dieses Merkmals musste eine Rücksicht leiten, deren Kraft auch für die übrigen Fälle, in denen, so weit unsere Mittel erkennen lassen, nur Ein Dialog gemeint ist, unvermindert fortbestand. Denn nach wie vielen Seiten auch der Inhalt der Dialoge mit dem vollendeten Lehrgebäude übereinstimmte, so konnte Aristoteles doch nicht gesonnen sein, von seinem späteren streng wissenschaftlichen Standpunkt aus und im engeren Kreise seiner Schüler die volle philosophische Verantwortlichkeit für jene nicht in adäquater, pragmatischer Form abgefassten und dem grösseren Publicum bestimmten Werke seiner jüngeren Jahre zu übernehmen; wie er ja zuweilen mit ausdrücklicher Beschränkung nur 'Einiges (ἔνια s. oben S. 20)' oder 'Vieles (πολλά s. oben S. 69)' der dialogischen Entwickelung als 'ausreichend' auch für die Zwecke der pragmatischen Schriften gelten lässt. Um missverständlicher Vermengung der beiden Schriftengattungen vorzubeugen, war er also genöthigt, in pragmatischer Untersuchung ein Ergebniss der Dialoge nur unter vorsichtiger Hervorhebung ihrer formal inadäquaten Beschaffenheit zu benutzen. Bloss ein einziges Mal durfte eine solche Vorsicht überflüssig erscheinen; für die Fragen über theatralische Illusion kann zwischen pragmatischer und dialogischer Behandlung kein erheblicher Unterschied obwalten; und daher bezeichnet unsere Poetik den Dialog 'Ueber Dichter' nur nach einem zufälligen Nebenumstand als 'früher herausgegebene Gespräche (ἐκδεδομένοι λόγοι s. oben S. 13)'. In allen übrigen, wichtige philosophische Lehren betreffenden Fällen wird dagegen das, in Vergleich zu den pragmatischen Werken, niedrigere wissenschaftliche Niveau der Dialoge betont, indem dieselben entweder mit Rücksicht auf ihre populäre Bestimmung 'allgemein zugängliche *(ἐν κοινῷ γιγνόμενοι* s. oben S. 29)' oder, mit Rücksicht auf ihr dialektisches Verfahren, 'äusserliche *(ἐξωτερικοί)*' und 'Schriften im gewöhnlichen Ton *(ἐγκύκλια)*' genannt werden.

Aber wie leicht man es auch begreift, dass Aristoteles von der Höhe seiner reifen Methode aus auf die Dialoge als auf Arbeiten unvollkommenerer Art herniedersah, so dürfen wir deshalb uns über den Untergang derselben nicht wie über einen auch für uns nur geringfügigen Verlust trösten wollen. Der Verlust, den wir erlitten haben, muss vielmehr als ein sehr grosser nicht bloss beklagt, sondern auch bei Urtheilen und Untersuchungen über Aristoteles stets im Auge behalten und in Anschlag gebracht werden. Sogar für die materielle Kenntniss der aristotelischen Lehre ist uns in den Dialogen eine durch kein Surrogat zu ersetzende Quelle entzogen. Noch aus der jetzigen versprengten und dürftigen Ueberlieferung konnte durch Verfolgen sicherer Spuren erkannt werden, dass Punkte von so weitgreifender Bedeutung wie die Widerlegung der platonischen Ideenlehre, die gegenseitige begriffliche Abgrenzung von ποιεῖν und πράττειν, eine Distinction des Zweckbegriffes, in den Dialogen erörtert waren (s. oben S. 47, 62, 108); und die dortige Erörterung war so erschöpfend, dass Aristoteles, die Kenntniss seiner früheren Werke den Benutzern der späteren zumuthend, gar nicht oder nicht mit der nöthigen Ausführlichkeit auf jene Punkte zurückkommt, und sie demnach für uns, denen die Dialoge fehlen, in dichtes Dunkel oder in Halbdunkel gehüllt bleiben. Wie manche andere Dunkelheiten und Lücken des aristotelischen Lehrgebäudes, die unserer Aufklärungs- und Ausfüllungsversuche spotten, mögen aus ähnlichen durch keine bestimmte Spur jetzt sich verrathenden Beziehungen zwischen den pragmatischen und dialogischen Werken entspringen; und wie für die Theilnehmer an Platon's mündlichen Vorträgen viele jetzt unergründliche Räthsel seiner Dialoge sich von selbst lösten, so mochten umgekehrt die aristotelischen Dialoge ihren Besitzern eine ergänzende Aushilfe gewähren zum Verständniss der pragmatischen, mit der mündlichen Lehrthätigkeit (s. oben S. 32) des Aristoteles verknüpften Werke.

Aber weit schwerer noch als durch die Einbusse an materieller Kenntniss der aristotelischen Lehren, trifft uns der Verlust der Dialoge dadurch, dass mit ihnen jedes Mittel geraubt worden, in die stufenweise Entwickelung des aristotelischen Denkens einen Einblick zu erhalten. Während ein solcher Einblick bei Platon schwierig und noch nicht nach Wunsch gelungen ist aber möglich scheint und daher zu immer neuen Wagnissen reizt, giebt er sich bei Aristoteles für den jetzigen Forscher von vorn herein als unerreichbar zu erkennen. Alle uns vorliegenden Werke fallen in die letzte Lebensperiode des Aristoteles; und selbst wenn das Wenige, was über ihr gegenseitiges chronologisches Verhältniss ermittelt ist, einmal durch glückliche Entdeckungen vermehrt werden sollte, so ist doch durch die Beschaffenheit ihres Inhaltes jegliche Hoffnung abgeschnitten, dass auch die vergleichsweise früheste Schrift in eine Zeit zurückführen könnte, da Aristoteles noch an seinem System arbeitete; nur als ein bereits vollendetes tritt es uns überall entgegen; nirgends sehen wir den Baumeister noch bauen. Die lange Reihe der Dialoge dagegen würde ihn uns zeigen, wie er allmählich seinem Lehrer Platon entwächst, wie er die platonischen Darstellungsformen für seine selbständigen Zwecke zu handhaben, die platonischen Lehren umzuschaffen und zu ergänzen beginnt, um über Beide endlich hinauszuschreiten und in seiner eigenen Rüstung einherzugehen. Und nicht bloss der tieferen Ergründung der pragmatischen Werke würde ein solches Schauspiel unberechenbaren Vorschub leisten; wäre es den Jahrhunderten seit dem Wiederaufleben der Wissenschaften gegönnt gewesen, so hätte die Neuzeit das geistige Bild des stagiritischen Philosophen unter einer ganz anderen Beleuchtung erblickt und eine ganz andere Stellung zu ihm eingenommen. Dem Mittelalter that wie auf allen Gebieten, so auch auf dem philosophischen eine zuchtmeisterliche Belehrung Noth; je eiserner die Ruthe, desto inbrünstiger ward sie geküsst, und desto wohlthätiger wirkte sie; da mit dem geschichtlichen Sinn zugleich das Gefühl für den Stufengang geistiger Entwickelung damals erloschen war, so konnte nur diejenige Lehre Vertrauen erwecken und Eingang finden, welche in gesetzgeberischer Form auftrat als eine gleichsam von ewig her seiende und unabänderliche. Die Dialoge des Aristoteles trugen diese Form nicht; ihnen ward daher durch Vernachlässigung der Untergang bereitet, während seine pragmatischen Schriften, eben wegen ihrer gebieterischen Abgeschlossenheit, zu einem fast göttlichen Ansehen emporstiegen. Allein je entschiedener sich die Neuzeit vom Mittelalter lossagte, desto selbstbewusster kehrte sie Allem den Rücken, was auf geistigem Gebiet mit dem Anspruch aufzutreten schien, ein Fertiges und Abgemachtes zu sein; viel weniger wegen des Inhalts als wegen des Tons der pragmatischen Schriften warf Bacon dem Stagiriten 'sultanisches Gebahren' vor; und noch Schleiermacher verhehlt es nicht, wie sehr er sich von den starren peripatetischen Formen abgestossen fühlt. Wären die Dialoge erhalten geblieben, so hätte man es stets vor Augen gehabt, dass auch bei Aristoteles dem Starren ein Flüssiges vorherging; und so lange sie verloren bleiben, wird jede ihren geretteten Spuren und Trümmern gewidmete Bemühung, ausser durch die philosophische und litterärgeschichtliche Ausbeute, welche sie im Einzelnen gewähren kann, auch noch dadurch empfohlen sein, dass sie die allgemeine Erinnerung an ein Wachsen und Werden der scheinbar ungewordenen aristotelischen Lehre nicht einschlafen lässt.

Anmerkungen.

1. Lobsprüche auf Aristoteles.
(Zu S. 1.)

Die Metapher von dem Schreiben ohne dintenuasse Feder steht mit den im Text gegebenen Worten bei Suidas u. d. W. Ἀριστοτέλης. In wie viel ältere Zeit der erste Theil derselben *(γραμματικὸς τῆς φύσεως)* hinaufreicht, zeigt der Platoniker Attikos in seiner Bekämpfung der aristotelischen Psychologie bei Eusebius *praep. evang.* 15, 9, p. 810ᵃ: οὐ γὰρ νοητῆς πάντα φησι τὰ μερήματα ὁ τῆς φύσεως, ὥς φασι, γραμματικός, wo φασί von Gaisford unzweifelhaft richtig aus φησί der Handschriften verbessert ist. Demnach war damals, unter der Regierung des Marcus Aurelius (n. Eusebius' Chronik 2192), dieser Ehrenname des Aristoteles bereits üblich. — Das 'Tauchen', wenn auch nicht der Feder, so doch 'der Worte in das Denken' findet sich wohl zuerst in einem Apophthegma des Stoikers Zenon bei Plutarch *Vit. Phoc.* c. 5: ὁ Ζήνων ἔλεγεν ὅτι δεῖ τὸν φιλόσοφον εἰς νοῦν ἀποβάπτοντα προφέρεσθαι τὴν λέξιν, das in dieser Fassung auch Quintilian kannte (4, 2, 117): *verba, ut vult Zeno, sensu tincta cum deberent*. Bei Stobäus *florileg.* 36, 23 dagegen sagt Zenon zu einem Akademiker: ἐὰν μὴ τὴν γλῶσσαν εἰς νοῦν ἀποβρέξας διαλέγῃ, πολὺ πλέον ἔτι.... ἁμαρτήσεις. — Ein späterer lateinischer Bewunderer der Schrift Περὶ Ἑρμηνείας welchen Isidorus (*Orig.* 2, 27, 1) ausschreibt, hat speciell auf diese angewendet, was ursprünglich auf alle pragmatischen Schriften des Aristoteles sich bezog: *Aristoteles, quando peri hermenias scriptitabat, calamum in mente tingebat*.

2. Verzeichniss der Dialoge.
(Zu S. 2.)

Meine zuerst von Brandis (Aristoteles, S. 83) und dann von Anderen im Allgemeinen anerkannte Beobachtung, dass an der Spitze des Verzeichnisses bei Diogenes Laertius 5, 22 die dialogischen Schriften stehen, konnte im Verlauf der vorstehenden Untersuchung für die meisten der in Betracht kommenden Titel näher begründet werden. Zu bequemerer Uebersicht möge hier der bezügliche Abschnitt des Verzeichnisses folgen; bei den bereits im Text besprochenen oder in diesen Anmerkungen be-

sondern zu erwähnenden Titeln sind die verweisenden Zahlen hinzugefügt:
1) Περὶ Δικαιοσύνης α' β' γ' δ' S. 48; 2) Περὶ Ποιητῶν α' β' γ' S. 10;
3) Περὶ Φιλοσοφίας α' β' γ' S. 95; 4) Πολιτικὸς α' β' S. 53; 5) Περὶ
Ῥητορικῆς ἢ Γρύλλος α' S. 62; 6) Νήρινθος α' S. 89; 7) Σοφιστὴς α' S.
50 und *Diog. Laert.* 8, 57; 8) Μενέξενος α' S. 89; 9) Ἐρωτικός α';
10) Συμπόσιον α'; 11) Περὶ Πλούτου α'; 12) Προτρεπτικὸς α' S. 116; 13)
Περὶ Ψυχῆς S. 21; 14) Περὶ Εὐχῆς α' S. 123; 15) Περὶ Εὐγενείας α' Anm. 9;
16) Περὶ Ἡδονῆς α' Anm. 23; 17) Ἀλέξανδρος ἢ ὑπὲρ ἀποίκων α' S. 56;
18) Περὶ βασιλείας α' S. 53; 19) Περὶ Παιδείας α'. — Man erkennt alsbald, dass der Anfertiger des Verzeichnisses mit ausnahmloser Strenge die Dialoge nach ihrer Bändezahl in absteigender Folge geordnet hat; und diese Erkenntniss dient erstlich dazu, die Bändezahlen für die einzelnen Dialoge zu bewähren; z. B. kann der Dialog 3) Περὶ Φιλοσοφίας, da er auf den dreibändigen Περὶ Ποιητῶν folgt, nicht, wie der Katalog des Anonymus angiebt, vier Bände umfasst haben; und ferner dient sie dazu, den dialogischen Abschnitt von den übrigen Theilen des Verzeichnisses scharf abzugrenzen. Auf den letzten der einbändigen Dialoge 19) Περὶ Παιδείας folgt nämlich als dreibändige Schrift Περὶ Τἀγαθοῦ α' β' γ', welche, wenn sie, wie jüngst gemeint worden, dialogische Form gehabt hätte, neben den übrigen dreibändigen Dialogen 2) Περὶ Ποιητῶν und 3) Περὶ Φιλοσοφίας stehen würde. Es darf also mit Sicherheit angenommen werden, dass bei 19) Περὶ Παιδείας die Reihe der dialogischen Werke abschliesst und mit Περὶ Τἀγαθοῦ eine neue Reihe beginnt, welche ausser dieser Nachschrift der platonischen Vorlesung (s. oben S. 97) noch andere Arbeiten zur Erläuterung des platonischen Systems (τὰ ἐκ τῶν Νόμων Πλάτωνος α' β' γ', τὰ ἐκ τῆς Πολιτείας α' β') aufzählt. — Die nöthigen Bemerkungen über die Nummern 9, 10, 11, 19, von denen die beiden ersten schon durch die Betitelung sich als Dialoge bekunden, seien, da sie anderswo sich nicht einfügen wollten, hier kurz zusammengefasst. Aus dem einbändigen Dialog Ἐρωτικός mag die Anführung bei Athenäus 13, p. 564ʰ stammen: ὁ Ἀριστοτέλης ἔφη τοὺς ἐραστὰς εἰς οὐδὲν ἄλλο τοῦ σώματος τῶν ἐρωμένων ἀποβλέπειν ἢ τοὺς ὀφθαλμούς, ἐν οἷς τὴν αἰδῶ κατοικεῖν, deren letzter Theil das von Aristoteles selbst *Rhet.* 2, 6 p. 1384ᵃ 34 (τὰ ἐν ὀφθαλμοῖς καὶ τὰ ἐν φανερῷ μᾶλλον [αἰσχύνονται], ὅθεν καὶ ἡ παροιμία, τὸ ἐν ὀφθαλμοῖς εἶναι αἰδῶ) erläuterte griechische Sprichwort, welches besagen will 'Im Dunkeln schämt man sich nicht', neckisch umdeutet. Unter den Ἐρωτικοί dagegen, von deren zweitem Buch derselbe Athenäus 15, p. 674 Gebrauch macht, sind vielleicht die θέσεις ἐρωτικαὶ τέσσαρες gemeint, welche in den Ausgaben des Diogenes Laertius (5, 24) neben den oben S. 64 erwähnten θέσεις περὶ ψυχῆς bis auf Cobet genannt waren, von Cobet jedoch zugleich mit diesen, ungewiss auf Grund welcher handschriftlichen

Gewähr, ausgeworfen sind. Wahrscheinlich bildeten sie eine Unterabtheilung der unmittelbar davor stehenden und auch von Cobet nicht angefochtenen grossen Thesensammlung in fünfundzwanzig Bänden. — Das aristotelische Συμπόσιον stellt mit dem gleichnamigen platonischen Werk Plutarch in der Vorrede zu seinen Tischgesprächen zusammen, und ein grösseres Bruchstück, welches Athenäus 15 p. 674 f. daraus mittheilt, spricht über die Sitte, Kränze beim Opfern aufzusetzen und während der Trauer abzulegen, in deutlich populärem Ton. — Wohl aus Περὶ πλούτου hat, wie so Vieles aus den Dialogen, Cicero off. 2, 16, 56 das nicht allzu kleine Stück übersetzt, welches die Verschwendung bei den unnützen, blos dem Schaugepränge dienenden Liturgien als einen Missbrauch des Reichthums tadelt und die Leichtigkeit, mit der solche zwecklose Vergeudungen gemacht und aufgenommen werden, dem Staunen gegenüberstellt, in welches die Menschen auszubrechen pflegen, wenn einmal in einer belagerten Stadt ein Nösel des doch unentbehrlichen Wassers mit einer Mine bezahlt wird. Man wundert sich, auch noch in der neuesten Baiter'schen Ausgabe der ciceronischen Schrift die einstimmige Ueberlieferung der Handschriften *Aristoteles* an jener Stelle durch die völlig anlasslose Aenderung *Aristo Ceus* verdrängt zu sehen. Uebermass in Ausrichtung der blos zum Prunk dienenden Liturgien verurtheilt Aristoteles auch *Polit.* 8 (5), 8 p. 1309ᵃ 18, mit unverkennbarem Hinblick auf Athen, als eine gegen die Reichen gerichtete versteckte Art von Confiscation; und sogar in der Schilderung des μεγαλοπρεπής zählt er unter den passenden Gelegenheiten zu glänzendem Aufwand die Liturgien nicht schlechthin auf, sondern sagt: 'an denjenigen Orten, wo es nun einmal für Pflicht gilt, bei der Choregie Pracht zu entfalten (*ἐν οἷς γορηγεῖν οἴονται δεῖν λαμπρῶς Eth. N. 4, 5, p. 1122ᵇ 22*)'. — Aus Περὶ Παιδείας, welcher Dialog wohl nicht die 'Erziehung' im engeren Sinn, sondern, nach der bei Aristoteles so häufigen allgemeineren Bedeutung von παιδεία, die 'Bildung' besprach, erwähnt Diogenes Laertius 9, 53 eine Angabe über die Erfindung eines Lastträgergeräths, welche der Sophist Protagoras gemacht habe. Möglich also, dass ähnliche Angaben über Erfindungen, welche hie und da unter Aristoteles' Namen vorkommen, ohne dass sich eine aristotelische Schrift περὶ εὑρημάτων nachweisen liesse, auf diesen Dialog zurückgehen, welcher demnach auch auf den äusseren Entwicklungsgang der Civilisation sich eingelassen hätte.

Den Katalog der aristotelischen Schriften bei Diogenes Laertius 5, 22—27 habe ich vermuthungsweise dem Rhodier Andronikos beigelegt, weil dieser Peripatetiker für den ersten Verzeichner und Ordner der aristotelischen Sammlung einstimmig im späteren Alterthum gehalten wird und seine Arbeit sicherlich die verbreitetste war. Es würde daher wenig zu dem sonstigen Verfahren des Diogenes stimmen, dass er mit Uebergehung der zugänglicheren Quelle abgelegeneren sollte nachgespürt haben. Ausserdem spricht für die Autorschaft des Andronikos der Ort, an welchem die Kategorien und die Schrift Περὶ Ἑρμηνείας aufgeführt sind; sie stehen fast am Ende des Verzeichnisses 5, 26, weitab von den übrigen logischen Werken, unter den Urkundensammlungen. Nun wissen wir, dass Andronikos, und Niemand vor ihm *(Schol. in Arist.* 97ᵃ 19), die Schrift Περὶ Ἑρμηνείας für unecht erklärte. Er wird sie daher zugleich mit der zweiten verworfenen Redaction der Kategorien (*Schol. in Arist.* 39ᵃ 20, 36) von den echten logischen Schriften getrennt, oder auch aus seinem Verzeichniss gänzlich ausgeschlossen haben, in das sie dann von Späteren an ungehöriger Stelle eingefügt wurden. Das Fehlen der echten Kategorien aber bedarf so wenig wie das Fehlen anderer Titel eine besondere Erklärung, da das ganze Verzeichniss nur durch das werthvoll ist, was es enthält, und alle *argumenta e silentio* hier so unstatthaft sind, wie überhaupt bei registerförmigen Schriftstücken, in denen selbst die grösste Sorgfalt den Abschreiber nicht vor Auslassungssünden schützt. Und Sorgfalt wird Niemand weder dem Diogenes noch den Anfertigern der Handschriften, in denen uns sein eben so schlechtes wie unentbehrliches Buch vorliegt, nachrühmen wollen. — Mit dem Katalog des Anonymus, über dessen Beschaffenheit schon Krische (Forschungen S. 273) richtig geurtheilt hat, behellige ich den Leser nicht, da seine Angaben sich als werthlos für die Dialoge herausstellen.

3. Hellenenthum des Aristoteles; Wilhelm von Humboldt.
(Zu S. 2)

Die neulichen Verhandlungen über die aristotelische Kunsttheorie haben gezeigt, welcher Schaden gestiftet wird durch uneingeschränkte Anwendung der gangbaren, an sich schon so unfesten Vorstellungen über hellenischen Geist und hellenischen Charakter auf den stagiritischen Philosophen. Es wird daher Manchem nützlich und Niemandem unlieb sein, hier zu lesen, welchen Eindruck Aristoteles' Poetik auf Wilhelm von Humboldt machte. Er schreibt an F. A. Wolf 15. Juni 1795 (Werke V, 125): 'Aristoteles' Poetik ist ein höchst sonderbares Product, und in Rücksicht auf die Ideen hat vorzüglich das Problem, in wie fern ein Grieche in dieser Zeit dies Werk schreiben konnte, mein Nachdenken am meisten gespannt. Es ist in der That ein gar sonderbares Gemisch von Individualitäten, die darin vereinigt sind, und schon aus diesem einzigen Werk halte ich es für eine wichtige Untersuchung, den Aristoteles in seiner Eigenthümlichkeit zu charakterisiren und zu zeigen, wie er in Griechenland aufstehen konnte und zu dieser Zeit aufstehen musste und wie er auf Griechenland wirkte.

Sie wundern sich vielleicht, und vielleicht mit Recht, dass ich den Stagiriten gleichsam ungriechisch finde. Aber leugnen kann ich es nicht. Seit ich ihn kannte, fielen mir zwei Dinge an ihm auf: 1) seine eigentliche Individualität; sein reiner philosophischer Charakter scheint mir nicht griechisch, scheint mir auf der einen Seite tiefer, mehr auf wesentliche und nüchterne Wahrheit gerichtet, auf der anderen weniger schön, mit minder Phantasie, Gefühl und geistvoller Liberalität der Behandlung, der sein Systematisiren wenigstens hie und da entgegensteht. 2) In gewissen Zufälligkeiten ist er so ganz Grieche und Athenienser, klebt so an griechischer Sitte und Geschmack, dass es einen für diesen Kopf wundert. Von beiden Sätzen fand ich Beweise in der Poetik, oder vielmehr ich glaubte sie zu finden.' — Aehnliches wiederholt er kürzer in einem Brief vom 9. November desselben Jahres (das. 140). — Nach Diogenes Laertius 5, 19 soll Aristoteles an Platon einen 'Vorsprung des Naturells (προτέρημα φύσεως)' anerkannt haben. Mag das Apophthegma authentisch sein oder nicht, jedenfalls sollte es die Gaben bezeichnen, mit welchen die Natur selbst ihre liebsten Günstlinge, zu denen gewiss Aristoteles zählt, nur dann zu beschenken vermag, wenn sie von athenischen, und nicht, wenn sie von stagiritischen Eltern geboren werden.

4. Antipater; Biographie des Aristoteles.
(Zu S. 3.)

Die im Text gegebene Fassung von Antipater's Worten findet sich bei Plutarch da, wo er wörtlich citiren will, compar. Alcib. et Coriol. 3: 'Αντίπατρος μὲν οὖν ἐν ἐπιστολῇ τινι γράφων περὶ τῆς Ἀριστοτέλους τοῦ φιλοσόφου τελευτῆς 'Πρὸς τοῖς ἄλλοις' φησὶν 'ὁ ἀνὴρ καὶ τὸ πιθανὸν εἶχεν'. Mit leichter Abweichung heisst es an einer anderen nur referirenden Stelle, compar. Aristid. et Catonis 2: μέγα .. καὶ Ἀριστοτέλει τῷ φιλοσόφῳ τοῦτο προσεμαρτύρησεν Ἀντίπατρος γράφων περὶ αὐτοῦ μετὰ τὴν τελευτὴν ὅτι πρὸς τοῖς ἄλλοις ὁ ἀνὴρ καὶ τὸ πιθανὸν εἶχεν. — Aristoteles' innige Verbindung mit dem makedonischen Statthalter Griechenlands, welche auf des Philosophen Stellung zu Demosthenes und der athenischen Patriotenpartei von massgebendem Einfluss werden musste, ward den späteren Litteratoren ausser durch Antipater's Briefe (Suidas u. d. W. Ἀντίπατρος) und Aristoteles' Testament (Diog. Laert. 5, 11 ἐπίτροπον μὲν εἶναι πάντων καὶ διὰ παντὸς Ἀντίπατρον) auch noch gegenwärtig erhalten durch Briefe des Aristoteles an Antipater (Diog. Laert. 5, 27), deren uns vorliegende Bruchstücke durch einen unverkennbaren Ton der Actualität (z. B. bei Aelian V. H. 14, 1) den bei Briefen sonst so gerechtfertigten Verdacht der Fälschung zurückweisen. So hebt denn auch Pausanias (6, 4, 8), wo er nach den Angaben der Fremdenführer in einem namenlosen Standbild zu Olympia den Philosophen erkennt, dessen Beziehungen zu dem makedonischen Fürsten hervor: μνημονεύουσιν ὡς Ἀριστοτέλης ἐστὶν ὁ ἐκ τῶν Σταγείρων, καὶ αὐτὸν ἤτοι μαθητὴς ἢ καὶ συμφοιτητὴς ἐλέγηται ἀνὴρ καὶ περὶ ὧν εἴπομεν καὶ κρείσσω ἐσχηκὼς παρὰ Ἀλεξάνδρῳ; und ähnlich heisst es in der Biographie des Aristoteles, welche Cobet aus einem marcianischen Codex abgeschrieben und Robbe (Leiden 1861) veröffentlicht hat (p. 5): καὶ οὐκ ἦττον δὲ τῶν Φιλικῶν βασιλέων, Ἀμύντου, Φιλίππου, Ὀλυμπιάδος, Ἀλεξάνδρου, Ἰπποκράτης ὁ διαδεξάμενος τὴν Ἀλεξάνδρου βασιλείαν διὰ τιμῆς εἶχε τὸν Ἀριστοτέλην. Hiernach sind die verderbten Worte der von Nunnesius herausgegebenen lateinischen Vita, mit welcher Buhle (Arist. op. I, 56) nicht fertig werden konnte, *et ultro anticipator suscipiens autem Alexander regnum in honore habuit Aristotelem, in quantum Alexander vixit* folgendermassen zu verbessern: *Et ultro Antipater suscipiens Alexandri regnum in honore habuit Aristotelem in quantum Alexander deum vixit*; durch die letzten Worte will der barbarische Uebersetzer wohl ausdrücken, was in seiner, von dem marcianischen Codex manchmal abweichenden, griechischen Vorlage lautete: ἕως ὁ Ἀλέξανδρος ζῇ. — Wie hier der Eigenname Antipater zu einem Verbum verunstaltet wurde, so hat der Uebersetzer anderswo ein Appellativum in einen Eigennamen verwandelt, gewährt aber dadurch eine Handhabe zur Ausfüllung einer Lücke des griechischen Textes. Bei Robbe p. 7 nämlich hat die Handschrift, wo die Verdienste des Aristoteles um die Erweiterung der Philosophie erwähnt sind, Folgendes: προσέθηκε δὲ τῇ φιλοσοφίᾳ πλείω ὧν παρ' αὐτῆς ἐπελάβετο· ἠθικὴ, τὸ τὴν εὐδαιμονίαν μήτε ἐν τοῖς ἐκτὸς ἐπουλοῦσθαι ὡς ὁ πολὺς, μήτε ἐν τῇ ψυχῇ μόνον, ὡς ὁ Πλάτων ἀλλ' κτλ. Buchstäblich giebt dies die lateinische Uebersetzung wieder, welche Johannes Valensis (s. Rose *de Aristotelis librorum ordine* p. 246) seiner *Summa de regimine vitae humanae* (comprend. 3, 5, 6) einverleibt hat: *addidit autem philosophiae plura quam ab ipsa elegit. Ethicae quidem addidit, felicitatem neque in exterioribus bonis constare, sicut Poli ait, neque in anima solum, sicut Plato panxit.* Robbe hat nun freilich erkannt, dass nach ὁ πολὺς ein Wort ausgefallen ist; er setzt, an sich nicht unpassend, ὄχλος in die Lücke ein. Dass jedoch ὄχλος nicht das Ursprüngliche ist, lehrt die von Nunnesius herausgegebene *Vita* (Buhle, das. 58): *Ethicae quidem addidit, felicitatem nec in bonis exterioribus constare sicut Polyaenus ait.* Also stand im Griechischen: ὡς ὁ πολὺς εἶπος 'das gewöhnliche Gerede'.

5. Stilistische Vorzüge der Dialoge.
(Zu S. 3.)

In dem Scholienconglomerat des Armeniers David findet sich eine offenbar aus viel älteren Quellen geschöpfte Schilderung von Aristoteles' je nach den verschiedenen Schriftengattungen wechselndem Stil. Ueber die Dialoge wird genagt (*Schol. in Arist.* 26ᵇ 35): ἐν μὲν τοῖς διαλογικοῖς ταῖς ἐξωτερικοῖς σαφής [ἐστιν], ὡς πρὸς τοὺς ἔξω φιλοσοφίας διαλεγόμενος, ὡς δὲ ἐν ἀκροατικοῖς (so viel wie διαλογικοῖς), ποικίλος ταῖς ποιήσεσιν, Ἀφροδίτης ὄνομα τίρυων καὶ Χαρίτων ἀνάμεστος. Statt τίρυων ist wohl γέμων und statt ὄνομα vielleicht ἔντομον zu schreiben, so dass der von dem Armenier ausgebeutete Autor dem dialogisirenden Aristoteles 'eine Fülle züchtigen Liebreizes' beigelegt hätte. In einfacheren Worten werden an ihm ähnliche Eigenschaften gepriesen in der Sammlung stilistischer Charakteristiken, welche unter Dionysios' von Halikarnassos Werken (5, 430 Reiske) steht (veterum script. censura c. 4): παραίτιον δὲ καὶ Ἀριστοτέλη τῆς μιμήσεως τῆς τε περὶ τὴν ἑρμηνείαν δεινότητος καὶ τῆς σαφηνείας καὶ τοῦ ἡδέος καὶ πολυμαθοῦς· τοῦτο γάρ ἐστι μάλιστα παρὰ τοῖς ἀνδρὸς λαβεῖν. Wenn auch 'Kraft des Ausdrucks' an dem Stil der pragmatischen Schriften zu rühmen ist, so würde doch ein alter Rhetor schwerlich ihm 'Deutlichkeit' angesprochen haben, und vollends τὸ ἡδύ kann sich nur auf die Dialoge beziehen, ebenso wie die *eloquendi suavitas*, welche Quintilian 10, 1, 83 an Aristoteles bewundert.

5. *Mos Aristotelius*.
(Zu S. 4.)

Die beiden Stellen, in denen Cicero von der 'aristotelischen Manier' spricht, lassen sich, trotz des scheinbaren Widerspruchs, unschwer vereinigen. Wenn er *ad fam.* 1, 9, 23 sagt: *scripsi ,. Aristotelio more, quemadmodum quidem volui, tres libros in disputatione ac dialogo de Oratore*, so meint er im Allgemeinen die auf dramatische Kunst verzichtende Haltung der aristotelischen Dialoge in ihrem Unterschied von den platonischen. Dagegen hebt er eine einzelne, auf die Rollenvertheilung bezügliche Eigenthümlichkeit der dialogischen Form, wie sie Aristoteles anders als Platon und Herakleides (s. Anm. 24) handhabt, in dem Briefe an Atticus (13, 19, 4) hervor, wo er den Büchern *de Oratore*, in denen er nicht selbst auftritt, seine späteren Werke gegenüberstellt: *quae autem his temporibus scripsi Ἀριστοτέλειον morem habent, in quo sermo ita inducitur ceterorum, ut penes ipsum sit principatus*. Eben so wenig widerspricht die Angabe des Basilius (*ep.* 135 = 167), dass Aristoteles und Theophrast in ihren Dialogen 'ohne Weiteres zur Sache gekommen seien (εὐθὺς αὐτῶν ἥψαντο τῶν προκειμένων)', demjenigen, was Cicero über seine Bücher Vom Staat dem Atticus (4, 16, 2) schreibt: *in singulis libris utor prooemiis, ut Aristoteles in iis quos ἐξωτερικοὺς vocat*. Vielmehr klären beide Stellen einander dahin auf, dass die aristotelischen 'Proömien' nicht, in Platon's Weise, als scenische Expositionen mit dem Gespräch verwebt, sondern von demselben, wie die ciceronischen, als eigentliche 'Vorreden' abgetrennt waren.

7. Ἐκδεδομένοι λόγοι; Gebrauch von παρά ει.
(Zu S. 7.)

Valentin Rose (*de Aristotelis librorum ordine et auctoritate, Berolini* 1854 p. 130) giebt den fraglichen Satz der Poetik folgendermaassen wieder: *quod* 1454^b 18 *loco famoso dicitur ἐν τοῖς ἐκδεδομένοις λόγοις satis iam ante dictum de criteris in poetica animi commotionibus praeter eas quae accessoriae sunt et cum ipso tragoediae fine coniunctas, metum scil. et dolorem et quae similes sunt... de his vera in superioribus, i. e. in eaie ibid., passim exponitur c.* 13. 14. 7. *cf.* 16. Diese Auffassung weicht von der meinigen nicht bloss durch ihre bereits im Text gewürdigte Erklärung von ἐκδεδομένοι λόγοι, sondern auch noch darin ab, dass sie in den Worten τὰ παρὰ τὰς ἐξ ἀνάγκης ἀκολουθούσας αἰσθήσεις τῇ ποιητικῇ die Präposition παρά 'ausser (*praeter*)' bedeuten lässt. Ich nehme παρά hier in demselben Sinne, den es in den Phrasen οὐ παρὰ τοῦτο (*nil refert*) und συμβαίνειν παρὰ τοῦτο hat, wo es dasjenige bezeichnet, woran etwas ankommt und wovon etwas herkommt. In solchen Fällen ist es gleichbedeutend mit διά ει. Gerade bei Aristoteles ist dieser Gebrauch ungemein häufig; wer dafür besonderer Nachweisungen bedarf, sei auf die Σοφιστικοὶ Ἔλεγχοι in ihrem vollen Umfang verwiesen oder, wenn man die Häufigkeit des Gebrauchs an einem kürzeren Abschnitt prüfen will, auf *analyt. pr.* 1, 17, in welchem einzigen Capitel παρά ει sieben Mal so vorkommt. Soll dennoch diese Bedeutung hier in dem Satze der Poetik nicht geduldet werden, so mag man παρά, mit Gottfried Hermann, in das, logisch freilich viel stumpfere, πρὸ ἀndern. Nimmt man aber παρά für 'ausser', wie vor und nach Rose noch Andere thun, so kommt man nothwendig dahin, wohin Rose wirklich gekommen ist, nämlich, unter αἰσθήσεις nicht die sinnlichen Eindrücke (zu dem Plural vgl. p. 1450^b 20 ὄψεων), sondern, entgegen dem Sinn des Wortes, die Gemüthsempfindungen zu verstehen. — Bei dieser Gelegenheit sei erwähnt, dass Rose p. 29, 106 die aristotelischen Dialoge sammt und sondern, so wie nach die Politien, für unecht erklärt, aus keinem anderen Grunde, als weil er es mit seiner engen Vorstellung von Aristoteles' Wesen nicht vereinigen kann, dass der Philosoph derartige Werke verfasst habe. Es ist nicht zu besorgen, dass eine solche Idiosynkrasie, gegen welche auch die Berliner Akademie (Monatsberichte 1862, S. 445) bei Anerkennung anderer Rose'scher Leistungen sich ausdrücklich verwahrt, je auf weitere Kreise so ansteckend wirken könnte, dass man sich zu directer Widerlegung herbeilassen müsste; als indirecte darf die ganze vorstehende Untersuchung gelten; und insbesondere sei noch auf die oben S. 117 mitgetheilte Erzählung Zenon's hingewiesen, nach welcher bereits der Kyniker Krates, also ein jüngerer Zeitgenosse des Aristoteles, den

Protreptikos, welchen Rose zugleich mit den übrigen populären Werken
verwirft, als eine Schrift des Aristoteles gelesen hat.

8. Περὶ Ποιητῶν.
(Zu S. 10.)

Die Beschränkung auf allseitig bestimmte Citate ist bei dem Dialog
περὶ ποιητῶν mehr als bei den übrigen geboten, weil dessen stofflicher
Inhalt so vielfach mit anderen verlorenen Werken des Aristoteles sich
berührt. So findet sich z. B. in unserer Poetik keine Erwähnung des
Thespis; und Themistius kann daher nur aus verlorenem Material entnommen haben, was er, um die allmäliche Entwickelung der Künste zu
schildern, in rhetorischer Frageform mittheilt (*orat.* 26 p. 382 *Dind.*): οὐ
προσέχομεν Ἀριστοτέλει (sollen wir nicht von Aristoteles uns belehren lassen)
ὅτι τὸ μὲν πρῶτον ὁ χορὸς εἰσιὼν ᾖδεν εἰς τοὺς θεούς, Θέσπις δὲ πρόλογόν τε
καὶ ῥῆσιν ἐξεῦρεν, Αἰσχύλος δὲ τρίτον ὑποκριτήν (da der beste Codex ὑποκριτὰς giebt, so ist vielleicht δισσοὺς ὑποκριτὰς das Ursprüngliche, wo dann
der Widerspruch mit *poetic.* 4 p. 1449ᵃ 16 wegfiele) καὶ ὀκρίβαντας, τὰ δὲ
πλεῖω τούτων Σοφοκλέους ἐπιλαύσαμεν καὶ Εὐριπίδου; Aber eben so gut wie
aus dem Dialog kann es aus der unverkürzten πραγματεία τέχνης ποιητικῆς
oder aus der Schrift περὶ τραγῳδιῶν stammen. Carl Müller, der (*fragm.
hist.* 2, 185) die Fragmente des Dialogs zu sammeln unternimmt, hätte
sich daher an den mit Buchtitel versehenen Stücken sollen genügen lassen; dann würde es ihm nicht begegnet sein, den ciceronischen Bericht
über Aristoteles' Kritik der orphischen Gedichte, welcher nachweislich
aus Περὶ Φιλοσοφίας (s. oben S. 96) geflossen ist, als erstes Fragment
von Περὶ Ποιητῶν aufzuführen. — In der den Empedokles betreffenden
Stelle (s. oben S. 11) des Diogenes Laertius ist nicht nur der erste Satz
bis τρόπιμος, wie Müller *fr.* 276 angiebt, sondern, wie die fortlaufende
abhängige Rede beweist, Alles bis § 58 Ἡρακλείδης aus Aristoteles genommen. — Unter den mancherlei Anführungen, welche nicht ohne Wahrscheinlichkeit, aber ohne sichere Gewähr dem Dialog Περὶ Ποιητῶν zuge-
wiesen werden könnten, ward schon früher (Wirk. d. Trag. S. 167) folgende hervorgehoben (*Diog. Laert.* 3, 37): φησὶ δ' Ἀριστοτέλης τὴν τῶν λόγων
ἰδέαν αὐτοῦ [Πλάτωνος] μεταξὺ ποιήματος εἶναι καὶ πεζοῦ λόγου. Eine solche
Bemerkung über Platon's zwischen Poesie und Prosa in der Mitte stehenden Stil konnte füglich in der Besprechung des Verhältnisses zwischen
Metrum und Dichtung (s. oben S. 10) ihren Platz finden, in welcher neben
den Mimen des Sophron auch die 'sokratischen Gespräche' erwähnt waren; und die aristotelischen Worte hat wohl Themistius im Sinn, wenn
er *or.* 26 p. 385 *Dind.* von Platon sagt: λόγον ἰδίαν κεραάμενος ἐκ ποιή-
σεως καὶ φιλοσοφίας, wo jedoch φιλοσοφία, welches bei Aristoteles 'Ver-

ohne musikalische Begleitung' bedeutet, fälschlich im Sinn von ψιλὸς λόγος 'Prosa' angewendet ist. — Auf die im Text nicht berührten Bruchstücke dieses und der übrigen Dialoge gehe ich auch hier nicht ein, da meiner Aufgabe eine Fragmentensammlung als solche fern liegt und dem von allen Bearbeitern des Aristoteles schwer empfundenen bisherigen Mangel derselben wohl bald durch die von der Berliner Akademie angeregte Arbeit Rose's abgeholfen wird.

9. Die dem Plutarch untergeschobene Schrift *Περὶ Εὐγενείας* und der aristotelische Dialog *Περὶ Εὐγενείας*.
(Zu S. 14.)

Die den Kennern jetzt genugsam bekannten Fabrikzeichen des Fälscherzugs, welcher zur Zeit der wiederaufflebenden Wissenschaften besonders in Italien grassirte, werden aller Orten bemerklich in dem Machwerk zu 'Gunsten des Adels *(Περὶ Εὐγενείας)*', das sich für plutarchisch ausgiebt und zuletzt von Dübner (*Plut. op.* 5, 61—80) unter den *Pseudoplutarcheis* abgedruckt ist. Besonders charakteristisch tritt auch hier, wie in den Producten ähnlichen Schlages, das Versteckspiel mit den Autorennamen bei Citaten hervor. Z. B. werden Stücke des aristotelischen Dialogs 'Ueber den Adel', die aus den gleich zu erwähnenden Stellen des Stobäus abgeschrieben sind, einmal dem 'Philon' (c. 18 § 1), d. h. wohl dem Larisäer, beigelegt, ein anderes Mal 'dem mit Tubero sich unterredenden Poseidonios' (§ 3). Und das Griechisch zeigt nicht die natürliche Barbarei, wie sie aus der Feder eines späten Byzantiners zu fliessen pflegt, sondern die Stümperhaftigkeit eines an die lateinische Sprache Gewöhnten, der sein lateinisch Gedachtes und wahrscheinlich auch erst lateinisch Geschriebenes mühselig und fortwährend die schnitzerhaftesten Latinismen begehend in ein klassisch sein sollendes Griechisch übersetzt. Ein Paar kurze Proben genügen; c. 11 § 2 ist Folgendes zu lesen: ὅπως οὐχ οἷά τε οὖσα ἡ εὐγένεια τὴν ἀρετὴν παρασχεῖν κενήν, ἧπερ ταῖς ἄλλαις ἀνεῖσιν λαμπροτέραν ὑπάρχει, ὅμως οὐκ οἶδα τί αὐτῆς καὶ κόσμον τῇ τῆς ἀρετῆς εὐσεβείᾳ προσφέρει. Also, weil es lateinisch *solis radiis illustrior* heisst, wird auch im Griechischen der Dativ ἄλλαις mit dem Comparativ λαμπροτέραν verbunden; und wo man einfach ὅπως αὐτῆς τινα καὶ κόσμον erwartet, findet man das ungriechische οὐκ οἶδα τί αὐτῆς, weil der Lateiner in solchem Fall *nescio quid splendoris* sagt. C. 15 § 3 waren die bekannten Verse des Theognis 183—190 über Missheirathen angeführt und unmittelbar darauf folgt: ὅσον μέθυσι τὴν τῶν υἱῶν γίνεσιν, ἐν τούτοις τοῖς ἴσοις ἡ τῶν ἀνθρώπων ἄγνοια δηλοῦται. Schwerlich wird Jemand solches Griechisch verstehen, der es nicht auf seinen lateinischen Ursprung *quod attinet ad filiorum procreationem, his rerebus* bearbeitet werden zurückführt. Rose's (p. 109) Glaubigkeit in Betreff dieser 'Excerpte aus Plutarch' macht neben seinem Unglauben an die Echtheit der aristotelischen Dialoge (Anm. 7) einen seltsamen Eindruck. — Das Gespräch Περὶ Εὐγενείας erwähnt, ohne Verdacht zu äussern, Athenäus 13 p. 555 als aristotelisch; Plutarch, der sonst die Dialoge vielfach benutzt (s. oben S. 46), sagt Vit. Aristidis c. 27 zweifelnd: οἱ δὴ ὡς Περὶ Εὐγενείας βιβλίον ἐν τοῖς γνησίοις Ἀριστοτέλους θέντες. Da wir die Gründe des Zweifels nicht kennen, so vermögen wir auch über seine Berechtigung nicht zu entscheiden; die recht beträchtlichen Stücke, welche Stobäus floril. 86, 24 und 25; 87, 13 in τῷ Ἀριστοτέλους Περὶ Εὐγενείας aufbewahrt hat, geben in der Form keinen Anstoss und stimmen zu den Grundgedanken der pragmatischen Schriften über die Adelsfrage. Mit denselben Worten wie Polit. 3, 13, 1283ᵇ 37 wird auch in dem Dialog die εὐγένεια definirt als ἀρετὴ γένους (Stobäus 86, 25 a. E.); während jedoch die pragmatischen Schriften den Sinn dieser Definition nicht näher bestimmen, erläutert sie der Dialog dahin, dass nicht die Trefflichkeit der einzelnen Stammesglieder, sondern der treffliche Stamm, der 'gute Schlag' gemeint sei; nicht die bloss persönliche Trefflichkeit des Stammesgründers könne sein Geschlecht adelich machen; wahrer Ahnherr (ἀρχηγός) werde er erst dann, wenn er die fortwirkende Kraft eines Principe, einer ἀρχή in sich trage, deren Bedeutung ja darin bestehe, Vieles zu schaffen, das ihr gleich ist (πολύ γάρ ἐστιν ἀρχὴ λέγων, καίζεται οἷον αὐτὴ ἕτερα πολλά Stobäus 87, 13). Man erkennt hier dieselbe Anwendung des Begriffs ἀρχή als 'Initiative', welche für alle Theile des peripatetischen Systems so wichtig wird. — Den Text der bei Stobäus erhaltenen Stücke hat Lozac (lection. Attic. p. 87—91) ausführlich, aber selten glücklich behandelt. Einige kurz zu fassende Besserungsvorschläge, welche an die Meineke'sche Ausgabe des Stobäus anknüpfen, seien hier vorgelegt. Nachdem gezeigt worden, dass weder durch Reichthum noch durch Tugend der Vorfahren der Begriff des Adels erschöpft sei, spinnt sich das Gespräch in folgender Weise fort (vol. 3 p. 159, 19 M.): Ἄρ᾽ οὖν οὐκ ἐπεὶ ἐν μηδετέρῳ τούτων ὁρῶμεν τὴν εὐγένειαν, ἐπιστέον ἄλλον τρόπον; Τίνα τοίνυν ἔχοντι; Ἐπιστέον δ᾽ ἔφη. Löst man von dem verderbten ἔχοντι die drei ersten Buchstaben ἐπ als abgekürztes Ἐπίσι ab, so gewinnt der Satz diese Gestalt: ἐπιστέον ἄλλον τρόπον τίνα τοῦτο ἐπί ἐστι; Ἐπιστέον δ᾽ ἔφη. — P. 166, 7 war der Einwurf, dass eigene Tugend werthvoller sein müsse als Ahnentugend, erwähnt und daran schliesst sich: καί τινες εἰρήκασιν οὕτως ἐν τοῦ διαλέγειν προσποιούμενοι τὸν συλλογισμὸν τῆς εὐγενείας, ὥσπερ φησὶ καὶ Εὐριπίδης κτλ. Durch leichte Aenderungen erhält das Sinnlose folgenden Sinn: καί τινες εἰρήκασιν οὕτως, ἐν τούτῳ διαλέγειν προσποιούμενοι τὸν συλλογισμόν τὴν εὐγένειαν 'sie geben sich den Schein, als widerlegten sie durch diesen Schluss [dass eigene Tugend werthvoller sein müsse als Ahnentugend] den Adel gänzlich'. — P. 166, 31 ist die unverständliche Wörterreihe ὅταν μὲν οὖν αὐτὸς ἀγαθὸς μὴ ἔχῃ δὲ τοιαύτην δύναμιν τῆς φύσεως ὡς εἰκτίν πολλοὺς ὁμοίους οὐκ ἔχει ἀρχὴν τοιαύτην δύναμιν ἐν τούτοις ἀρχὴ τοῦ γένους wohl nicht durch Streichung, wie Gaisford wollte, sondern durch Einfügung weniger Wörter lesbar zu machen: ὅταν μὲν οὖν αὐτὸς ἀγαθὸς ᾖ (so schon Meineke), μὴ ἔχῃ δὲ τοιαύτην δύναμιν τῆς φύσεως, ὡς εἰκτίν πολλοὺς ὁμοίους, οὐκ ἔχει ἀρχήν· [ἐν ὅσοις δὲ] τοιαύτη δύναμις, ἐν τούτοις ἀρχὴ τοῦ γένους.

10. *Λόγον, εὐθύνας διδόναι.*

(Zu S. 15.)

Für den unterschiedlichen Gebrauch von λόγον oder εὐθύνας διδόναι bei der Rechenschaftsablage der Beamten bietet die demosthenische Rede gegen Aeschines' Gesandtschaft gleich zu Anfang (§ 2 Bekk.) ein ausreichendes Beispiel: τοὺς μὲν οὖν ἄλλους, ὅσοι πρὸς τὰ κοινὰ δικαίως προσέρχονται, κἂν διδασκώσιν ὦσιν εὐθύνας, τὴν ἀπολογίαν ὁρῶ προτεινομένους, τουτονὶ δ' Αἰσχίνην πολὺ τἀναντία τούτου· πρὶν γὰρ εἰσελθεῖν εἰς ἡμᾶς καὶ λόγον δοῦναι τῶν πεπραγμένων κτλ. — Als Beispiel von εὐθύνας διδόναι im Sinn von 'Busse geben' sei hier zu dem im Text angeführten noch die demokratische Variation von *quidquid delirant reges plectuntur Achivi* gefügt, die in den demosthenischen Proömien (§ 53 Bekk.) folgendermassen lautet: αἱ τῶν ῥητόρων ἁπάντων ἄνευ κρίσεως πρὸς ἀλλήλους λοιδορίαι, ἂν ἂν ἀλλήλους ἐξελέγξωσιν, ὑμᾶς (die Athener) τὰς εὐθύνας διδόναι ποιοῦσι. — Die ähnliche Doppelbedeutung von δίκας und δίκην διδόναι 'zu Recht stehen' und 'Strafe leiden' ist schon von Perizonius zu Aelian *V. H.* 3, 38 erörtert. — Dass in λόγον διδόναι die Vorstellung der gelungenen Rechtfertigung vorwiegt, zeigt eine Erzählung im dritten Buch der aristotelischen Rhetorik. In einem Prozess wegen Vermögenstausches war dem Euripides von seinem Gegner Hygiänetos (s. Valckenaer zum Hippolytos 612) der Vers von der schwörenden Zunge und dem nicht schwörenden Herzen vorgerückt worden. Der Dichter replicirte (c. 15 p. 1416ᵃ 31): αὐτὸν (Hygiänetos) ἀδικεῖν τὰς ἐκ τοῦ Διονυσιακοῦ ἀγῶνος κρίσεις (mit Beziehung auf die fünf κριταί des Theaters) εἰς τὰ δικαστήρια ἄγοντα· ἐκεῖ γὰρ αὐτῶν διδωκέναι λόγον ἢ δώσειν, εἰ βούλεται κατηγορεῖν. — Die aristotelische Uebertragung von εὐθύνας διδόναι auf wissenschaftliche Polemik bildet Proklos nach, *in Timaeum* p. 53ᵃ: ὑπὲρ γε τῶν δογμάτων εὐθύνας παρέσχετο (Porphyrios) τῷ μὴν αὐτὸν ἐξηγητῇ (dem Jamblichos, s. p. 24ᵈ).

11. Galiani.
(Zu S. 19.)

Die Meinung, dass die Seele ein Sublimat der Körperelemente sei, ist im Salonton mit noch anderen als musikalischen Metaphern ausgesprochen worden von einem italienischen Mitgliede des französischen Philosophenkreises im vorigen Jahrhundert. Der Abbé Galiani, dessen Andenken jüngst im Rheinischen Museum (16, 291) aufgefrischt worden, lässt sich (*correspondance inédite* 2, 495) folgendermaassen vernehmen: *Il est bien vrai que l'âme est quelque chose de différent du corps; mais c'est comme la crème diffère du lait, la mousse du chocolat, l'eau-de-vie du vin; l'essence du corps devient esprit.*

12. Eudemos.
(Zu S. 21.)

Um die Prüfung meiner Darstellung zu erleichtern, lasse ich hier den zweifelsohne aus dem aristotelischen Dialog geflossenen Bericht Cicero's, auf welchen sie fusst, vollständig folgen. Quintus Cicero, der Vertheidiger des stoischen Glaubens an Träume und Wahrsagungen, fragt (*de divinatione* 1, 25, 53): *Quid? singulari vir ingenio Aristoteles et paene divino ipsene errat an alios vult errare, cum scribit Eudemum Cyprium, familiarem suum, iter in Macedoniam facientem Pheras venisse, quae erat urbs in Thessalia tum admodum nobilis, ab Alexandro autem tyranno crudeli dominatu tenebatur: in eo igitur oppido ita graviter aegrum Eudemum fuisse ut omnes medici diffiderent: ei* (in der Lücke vor *ei*, welche auch ein Codex bei Halm andeutet, stand wohl *sed* oder eine andere überleitende Partikel) *visum in quiete egregia facie iuvenem dicere, fore ut perbrevi convalesceret paucisque diebus interiturum Alexandrum tyrannum, ipsum autem Eudemum quinquennio post domum suam rediturum. Atque illa* (so mit Halm statt *ita*) *quidem prima statim scribit Aristoteles consecuta, et convaluisse Eudemum et ab uxoris fratribus interfectum tyrannum: quinto autem anno exeunte cum esset spes ex illo somnio, in Cyprum illum ex Sicilia esse rediturum, proeliantem eum ad Syracusas occidisse: ex quo ita illud somnium esse interpretatum, ut, cum animus Eudemi e corpore excesserit, tum domum revertisse videatur.* Dieser Bericht liess sich geschichtlich beleben mit Hilfe des feststehenden Datums von des Tyrannen Alexandros Ermordung (Clinton-Krüger p. 301); und ich bin dabei von der Voraussetzung ausgegangen, ohne welche die ganze Traumgeschichte bis zur Unverständlichkeit matt bleibt, dass Eudemos nicht bloss zu Studienzwecken von Kypros fortreiste, sondern ein politischer Flüchtling war. Die Lage der Dinge auf Kypros lernt man anschaulich kennen aus Isokrates' Euagoras und Diodor 15, 2—9; 16, 42, 46. Was ich über Euphraos sage, beruht auf dem fünften platonischen Brief und einem Brief des Speusippos bei Athenäus 11, 506° vgl. 508°.

Die Betheiligung der Akademie bei Dion's Unternehmen berührt auch Plutarch an derselben Stelle, wo er den aristotelischen Dialog erwähnt, *vita Dionis* 22: συνέκραττον δὲ [Δίωνι] καὶ τῶν πολιτικῶν μάλιστα καὶ τῶν φιλοσόφων, ὅ τε Κύφισος Εὔδημος, εἰς ὃν Ἀριστοτέλης ἀποθανόντα τὸν περὶ ψυχῆς διάλογον ἐποίησε, καὶ Τιμωνίδης ὁ Λευκάδιος.

13. Etruskische Seeräuber.
(Zu S. 24.)

Der nie erloschenen Vorliebe des Augustinus für den ciceronischen Dialog Hortensius, der ihn während seiner stürmischen Jugendzeit zu philosophischer Besinnung gebracht hatte, verdanken wir die Kenntniss von der aristotelischen Vergleichung der menschlichen Lebensnoth mit der etruskischen Marter. Zur Widerlegung des Pelagianers Julianus, welcher bei den heidnischen Philosophen keine Spur von dem Dogma der Erbsünde finden wollte, sagt Augustinus (*contra Julianum Pelagianum* 4, 15 vol. 10, 622 *Bened. Par.*): *Quanto ergo te [Juliano] melius veritatique vicinius de hominum generatione senserunt, quos Cicero in extremis partibus Hortensii dialogi velut ipsa rerum evidentia ductus compulsusque commemorat. Nam cum multa quae videmus et gemimus de hominum vanitate atque infelicitate dixisset 'Ex quibus humanae' inquit 'vitae erroribus et aerumnis fit ut interdum veteres illi sive vates (μάντεις) sive in sacris initiisque tradendis divinae mentis interpretes (ἱεροφάνται), qui nos ob aliqua scelera suscepta in vita superiore poenarum luendarum causa natos esse dixerunt, aliquid vidisse videantur verumque sit illud quod est apud Aristotelem, simili nos affectos esse supplicio atque eos, qui quondam, cum in praedonum Etruscorum manus incidissent crudelitate excogitata necabantur; quorum corpora viva* (vielleicht *horum corpora ut viva*) *cum mortuis, adversa adversis accommodata, quam aptissime* (wohl *artissime*) *colligabantur, sic nostros animos cum corporibus copulatos ut vivos cum mortuis esse coniunctos.'* Der Zusammenhang von Cicero's Worten zeigt, dass die aristotelische Vergleichung zur Ausschmückung der Lehre vom Fall der Geister dienen sollte, und da diese Lehre nach Proklos' Angaben (s. Wirk. d. Tragöd. S. 197) im Dialog Eudemos zugleich mit dem 'Loosen der Geister' vorauszusetzen ist, so darf man annehmen, dass Cicero auch die Vergleichung von dorther entnommen hat und nicht aus dem Προτρεπτικός (s. oben S. 119), den er sonst freilich im Hortensius vorzugsweise benutzt. — Ueber die etruskische Grausamkeit findet man bei den alten und neuen Erklärern zu Virgil *Aen.* 8, 479 weitere Nachweisungen. — Die aristotelische Vergleichung wird von dem Alexandriner Clemens auf die an 'todte Götzen' geschmiedeten Heiden angewendet (*Protrept.* p. 7 P.): τὸ γὰρ πονηρὸν καὶ ἑρπυστικὸν θηρίον (die Schlange) γοητεῦον κατεδουλοῦτο καὶ εἰσέτι νῦν τὸν τοὺς ἀνθρώπους, ἐμοὶ δοκεῖν, βαρβαρικῶς κεκρατημένον, οἳ τεκμήριον τοὺς αἰχμαλώτους συνδεῖν λέγονται ἅπασιν, ἔστ' ἂν αὐτοῖς καὶ συσσωδεύειν· ὁ γοῦν πονηρὸς οὑτωσὶ τύραννος καὶ δράκων, οὓς ἂν οἷός τε εἴη ἐκ γενετῆς ἐφετεριζεσθαι λίθοις καὶ ξύλοις καὶ ἀγάλματα καὶ τοιούτοις τισὶν εἰδώλοις προσπήξας τῇ δεισιδαιμονίας ἀθλίῳ δεσμῷ, τοῦτο δὴ τὸ λεγόμενον, ζῶντας ἐπιφέρων (nach ζῶντας ist wohl νεκροῖς einzufügen) συντίθεσιν αὐτοῖς ἔστ' ἂν καὶ συμφθείρωσιν.

14. Beweise für die Unsterblichkeit der Seele.
(Zu S. 25.)

Die Stelle des Themistius lautet *fol. 90ᵇ med.*: οἱ λόγοι οὓς ἠρώτησε [Πλάτων] περὶ ψυχῆς ἀθανασίας εἰς τὸν νοῦν ἀνάγονται σχεδὸν τι οἱ πλεῖστοι καὶ ἰσβριθέστατοι· ὅ τι ἐκ τῆς αὐτοκινησίας (*Phaedrus* 245ᵉ)· ἐδείχθη γὰρ (d. h. von Themistius wurde es früher *fol. 89ᵇ med.* gezeigt), ὡς αὐτοκίνητος μόνος ὁ νοῦς, εἰ καὶ τὴν κίνησιν ἀντὶ τῆς ἐνεργείας νοοίημεν· καὶ ὁ τὰς μαθήσεις ἀναμνήσεις εἶναι λαμβάνων, καὶ ὁ τὴν πρὸς τὸν θεὸν ὁμοιότητα (d. h. die im Phaedon p. 75 und 106ᵈ entwickelten Schlüsse) καὶ τῶν ἄλλων δὲ τοὺς ἀξιοπιστοτέρους δοκοῦντας οὐ χαλεπῶς ἄν τις τῷ τῇ προσβιβάσειεν, ὥσπερ γε καὶ τῶν ὑπ' αὐτοῦ Ἀριστοτέλους ἐξηγορευμένων ἐν τῷ Εὐδήμῳ. Also, Themistius kann nur mittels einer 'nicht schwer' zu bewerkstelligenden Application (οὐ χαλεπῶς προσβιβάσειεν) und auch dann nicht alle, sondern bloss die 'einleuchtenderen (ἀξιοπιστοτέρους)' Schlüsse unter denjenigen, welche Aristoteles im Eudemos 'ausgearbeitet' hatte, auf den νοῦς beschränken; Aristoteles selbst hatte sie demnach für die ψυχή aufgestellt, so gut wie Platon die seinigen, welche Themistius ebenfalls nur für den νοῦς gelten lassen will. — Dass die aristotelischen Schlüsse von den platonischen verschieden waren, ergiebt sich deutlich genug aus dem Wortlaut des Themistius, und braucht daher einem aufmerksamen Leser nicht erst vordemonstrirt zu werden.

15. Seele nicht Harmonie.
(Zu S. 26, 27.)

Der Gedanke, dass die Seele als Substanz keinen Gegensatz haben könne (*Categ. c.* 5 p. 3ᵇ 25), liegt zwar dem ersten Beweis, dass die Seele nicht Harmonie sei, zu Grunde; aber die *petitio principii* wäre zu grell hervorgetreten, wenn Aristoteles den Schluss so formulirt hätte, wie er bei Olympiodorus lautet (*in Phaedonem* p. 142 Finckh): τῇ ἁρμονίᾳ ἐναντίον ἐστὶν ἡ ἀναρμοστία, τῇ δὲ ψυχῇ οὐδὲν ἐναντίον, οὐσία γάρ· καὶ τὸ συμπέρασμα δῆλον. Ich habe daher die von Philoponus dargebotene Fassung vorgezogen, welche nicht die Gegensatzlosigkeit durch die Substantialität begründen will, sondern von der Gegensatzlosigkeit auf die Substantialität schliesst. — Der zweite, indirecte Beweis wird von Themistius *de anima fol.* 70ᵃ *med.* ohne ausdrückliche Nennung des Eudemos, als ein ἐν ἄλλοις vorkommender in folgender Form erwähnt: εἴπερ τοῦ σώματος ἡ ἀναρμοστία νόσος ἐστὶν ἢ αἶσχος ἢ ἀσθένεια, ἡ ἁρμονία τοῦ σώματος κάλλος ἂν εἴη καὶ ὑγίεια καὶ δύναμις, ἀλλ' οὐ ψυχή. Gegen die Ursprünglichkeit dieser Fassung zeugt schon der wider die gute Sprache verstossende Gebrauch von δύναμις statt ἰσχύς. In der volleren Fassung, welche ich im Text nach Philoponus gegeben habe, sollen, wie Zeller S. 368 meint, die Definitionen von νόσος, ἀσθένεια, αἶσχος nicht von Aristoteles herrühren, sondern 'vielleicht nur eine von Philoponus eingeschobene Erklärung' sein. Für diese Annahme spricht nur die mehr aus einem unbestimmten Gefühl als aus bestimmten Gründen entspringende Abneigung zu glauben, dass Aristoteles in einer so frühen dialogischen Schrift einen so eigenthümlichen Terminus seines ausgebildeten Systems wie ὁμοιομερῆ gebraucht habe; dagegen aber spricht erstlich die zu Anfang durch φησί und am Schluss durch ταῦτα μὲν ἐν ἐκείνοις gegebene Bezeichnung der ganzen Stelle als wörtlichen Citats; und noch schwerer fällt zu Gunsten des aristotelischen Ursprungs jener Definitionen der Umstand ins Gewicht, dass nur in ihnen der Mittelbegriff συμμετρία vorkommt, welcher für den regelrechten Fortschritt des gesammten Schlusses unentbehrlich ist. Höchstens könnte man also, wenn der Terminus unter keinen Umständen geduldet und dem Philoponus eine freie Behandlung des aristotelischen Wortlautes zugetraut werden soll, die Vermuthung wagen, dass Aristoteles nicht das Collectivum ὁμοιομερῆ gebraucht, sondern die einzelnen darunter begriffenen Substanzen aufgezählt habe, wie es in der Topik bei den Definitionen von ὑγίεια, ἰσχύς, κάλλος geschieht, welche Stelle hier vollständig folgen mag, da sie zugleich die Definitionen der Gegensätze νόσος, ἀσθένεια, αἶσχος, wie sie bei Philoponus stehen, nach Ihrem Gedankengehalt als aristotelisch gewährleistet (*Topic.* 3, 1 p. 116ᵇ 17): τὸ ἐν βελτίοσιν ἢ προτέροις ἢ τιμιωτέροις βέλτιον, οἷον ὑγίεια ἰσχύος καὶ κάλλους· ἡ μὲν γάρ (die Gesundheit) ἐν ὑγροῖς καὶ ξηροῖς καὶ θερμοῖς καὶ ψυχροῖς, ἁπλῶς δ' εἰπεῖν ἐξ ὧν πρώτων συνέστηκε τὸ ζῷον, τὰ δ' ἐν τοῖς ὑστέροις· ἡ μὲν γὰρ ἰσχὺς ἐν τοῖς νεύροις καὶ ὀστοῖς, τὸ δὲ κάλλος τῶν μελῶν τις συμμετρία δοκεῖ εἶναι.

16. ἐν κοινῷ.
(Zu S. 29.)

Wie sehr das griechische ἐν κοινῷ dem lateinischen *in medio* nach seinen verschiedenen Bedeutungen entspricht, ersieht man z. B. aus Platon *Legg.* 12, 968ᵃ τὸ λεγόμενον, ὦ φίλοι, ἐν κοινῷ καὶ μέσῳ ἔοικεν ἡμῖν κεῖσθαι (*in medio positum esse videtur*) und Aristoteles *Metaph.* I, 6, 987ᵇ 14: τὴν μέντοι γε μέθεξιν ἢ τὴν μίμησιν, ἥτις ἂν εἴη τῶν εἰδῶν, ἀφεῖσαν ἐν κοινῷ (*in medio reliquerunt*) ζητεῖν.

17. Eustratios; Schleiermacher.
(Zn 8. 30.)

Da Buhle (op. Arist. 1, 122), von dem die Späteren meistens abhängen, nur wenige Worte aus der seltenen Aldina der nur Einmal gedruckten Scholien zur Ethik angeführt hat, so geschieht Manchem vielleicht ein Dienst, wenn das dort über ἐξωτερικοὶ λόγοι Vorgebrachte hier vollständig ausgehoben wird. Zu *Eth.* 1, 13 heisst es *f.* 29ᵇ: τῶν ἀριστοτελικῶν συγγραμμάτων τὰ μὲν πρὸς τοὺς κοινοὺς ἀκροωμένους τῆς αὐτοῦ διδασκαλίας ἐκδίδοται ἐν ταῖς κοιναῖς διατριβαῖς ἀναγινωσκόμενα καὶ πρὸς τοὺς αὐτοῦ μαθητὰς ἀσάφεσας (mündlich, direct) διασαφούμενα, τὰ δὲ κατ' ἰδίαν πρὸς τινας ἔχοθεν προσπεφώνηται, ἕκαστον αὐτῶν πρὸς ἕκαστον τῶν ζητούντων τοῖς ζητουμένοις πράγμασιν οἰκείως ἐκτεθειμένον. ἐκεῖνα μὲν οὖν ἀκροαματικὰ ὀνομαζόμενά ἐστιν, ἐπεὶ, ὡς εἴρηται, πρὸς τοὺς κοινοὺς ἀκροωμένους γεγόνηται· ταῦτα δὲ ἐξωτερικά, διότι πρὸς τινα ζητήσαντα γέγραπται ἔξω τῆς κοινῆς ἀκροάσεως. An dieser Stelle zeigt sich also noch eine dunkle Ahnung von einem formalen Unterschied zweier Schriftengattungen; aber sie ist so dunkel, dass sich nicht entscheiden lässt, ob sie auf missverstandene Ueberlieferung zurückgeht oder lediglich aus einer aufs Gerathewohl versuchten Deutung des Begriffs ἔξω in ἐξωτερικοί entsprungen ist. Zu *Eth.* 6, 4 verschwindet auch die letzte Spur des Richtigen und mit Anticipation einer der modernen Erklärungen heisst es *fol.* 90ᵃ: ἐξωτερικοὺς δ' ὀνομάζει λόγους, οὓς ἔξω τῆς λογικῆς παραδόσεως κοινῶς τὰ πλήθη φασίν. Der Urheber dieser Worte, welche ihren byzantinischen Ursprung schon durch das fehlerhafte Griechisch (τὰ πλήθη φασίν) verrathen, wollte wohl nicht 'logische Tradition', sondern 'Schultradition', also σχολικῆς παραδόσεως, schreiben. — Schleiermacher hat, wie seine Abhandlung 'über die griechischen Scholien zur nikomachischen Ethik des Aristoteles (Werke, zur Philosophie 3, 309)' zeigt, sich zu der Sträflingsarbeit verurtheilt, diese elendesten aller elenden Scholien von Anfang bis Ende durchzulesen. Trotzdem die Vorrede zum sechsten Buch Erläuterungen von derselben Hand zum ersten erwähnt, will Schleiermacher dennoch die uns vorliegenden Scholien zu den beiden Büchern verschiedenen Verfassern zuschreiben, hauptsächlich weil ihm sonst das 'gedankenlose Aufnehmen entgegengesetzter Erklärungen' von ἐξωτερικοὶ λόγοι unbegreiflich dünkt (S. 314). Aber im Punkt der 'Gedankenlosigkeit' wird auch innerhalb jedes der fraglichen Bücher Erstaunliches geleistet; und etwas Vergesslichkeit wird man dem hohen Alter des Verfassers zu Gute halten müssen. Nach Aussage der Vorrede zum sechsten Buch war der Commentar zum ersten bereits 'vor einiger Zeit *(πρὸ χρόνου τινός)* verfertigt worden; und ihr Schreiber schildert sich als einen 'von Alter und Krankheiten Gekrümmten *(γήρᾳ καὶ νόσοις κατακαμπτόμενοι)*'. Ausserdem legt er sich auch noch wahrheitsgetreu einen 'engen Verstand *(διανοίας στενότης)*' bei.

18. Octavianus Ferrarius.
(Zu S. 30.)

Aus der Masse der einschlägigen modernen Litteratur hebe ich die beste und jetzt, wie es scheint, am wenigsten gekannte Schrift hervor, welche der in Paulus Manutius' und Poggianus' (4, 116; 163; 276; 335) Briefwechseln zuweilen begegnende Mailänder Octavianus Ferrarius unter folgendem Titel veröffentlicht hat: *Octaviani Ferrarii Hieronymi F. Mediolanensis De Sermonibus Esotericis Liber, Ad Bartholomaeum Capram Joannis F. Jurisconsultum. Venetiis MDLXXV Apud Aldum* (114 SS. klein Quart). Buhle ward auf dieselbe erst nach Abschluss seiner Arbeit von Heyne aufmerksam gemacht und erwähnt sie daher nur in einer Note (*op. Arist.* 1, 113) mit flüchtig kurzen Worten. Seit Buhle scheint sie Niemand näher geprüft zu haben, zum Theil wohl weil sie trotz eines Wiederabdrucks, den Goldast besorgt haben soll, nicht leicht zu finden ist. Auch mir ward sie erst, nachdem die vorstehende Untersuchung beendigt war, durch die Liberalität der Münchener Bibliothekverwaltung zugänglich. In der Hauptsache und in einigen einzelnen Punkten darf ich mich den Ferrarius als eines Meinungsgenossen freuen. Er vertritt gegen Sepulveda die ältere Deutung, welche die ἐξωτερικοὶ λόγοι mit den Dialogen identificirt, stützt sich dabei jedoch keineswegs, wie Buhle sagt, bloss auf Ammonius, sondern diesen erwähnt er nur neben den anderen alten Erklärern, ohne auf ihn mehr Gewicht als auf die übrigen zu legen. Die Mängel seiner Schrift entspringen hauptsächlich aus seiner allzu spärlichen Benutzung der dialogischen Fragmente und aus Vernachlässigung des Verzeichnisses bei Diogenes Laertius. Von seinen richtigen Bemerkungen, die so lange unbeachtet geblieben sind, theile ich zunächst diejenige mit, in welcher er es, wenn auch schüchtern, ausspricht, dass der zu Anfang des vierten Buches der Politik citirte Dialog der korinthische sei (s. oben S. 90). Nachdem er den Eudemos erwähnt hat, führt er folgendermaassen fort (p. 39): *est item alter (dialogus) Corinthius nomine, de quo in Sophista Themistius, sed hic longe minus vulgo notus quam superior* [der Eudemos], *cuius argumentum quale fuerit, nondum etiam certum habeo. De optimo vitae genere in eo disputari, si coniectura capienda sit ex re ipsa, equidem suspicarer.* Folgt eine Uebersetzung der Angaben des Themistius. *Dedidit ergo sese Corinthius, agricultione deserta, totum philosophiae studio, hoc est, rerum contemplationi, in qua qui vixit, bene beateque vixit atque optimo vitae genere perfruitur. De quo vitae genere in Esotericis disseruisse Aristotelem in proemio septimi Politicorum testificatur illud cum ait: σκεπτέον οὖν κτλ.* (s. oben S. 69) *verum haec rato coniectura probabilis, cui non ante assentiar, quam dialogum Aristotelis, qui mihi fidem plane faciat, inspexero.* — Auch den Sinn des Wortes ἐξωτερικόν hat er, wie später Ravaisson, richtig dahin bestimmt, dass es mit 'dialektisch' gleichbedeutend sei (s. oben S. 93). Seine Aeusserungen darüber lauten (p. 95): *Dialecticus et exotericus rationes reddere suas oportet; una enim res est, quod ember sunt ex probabilibus syllogismi; libros quoque exotericos ab hoc genere argumentorum potius, quam a personis, quibus extra auditorium mitterentur, nomen ducere multo mihi fit verisimilius. et nimirum illud corpus convenit, argumenta exotericorum vulgo e multis facile intellegi. siebant enim ex communibus et probabilibus. haec autem (quod eorum descriptio planum facit) sunt in opinione ac cognitione omnium aut plurimorum.* Daneben fehlt es freilich nicht an argen Wunderlichkeiten. Als Probe derselben möge hier seine Auslassung über die 'enkyklischen Philosopheme' (s. oben S. 94) stehen (p. 111): *quid autem verbi sit illud Aristotelis in* τοῖς ἐγκυκλίοις φιλοσοφήμασι περὶ τὰ θεῖα, *quod in primo de Caelo legitur, haud obscure partim ex iis quae supra posui* [dass ἐγκύκλιον erstlich das Gangbare und zweitens einen runden Himmelskörper bedeute, ferner, dass nach *Topic.* 8, 11 p. 162ᵃ 15 φιλοσόφημα = συλλογισμὸς ἀποδεικτικὸς im Gegensatz zu dem dialektischen und exoterischen sei] *partim ex iis quae mox dicam potest perspici. Etenim Philosophema cum sit syllogismus demonstrativus, hic autem nusquam non sit de re subiecta, cum dicit* περὶ τὰ θεῖα *hoc est, de Divinis, quaenam ei subsit materies aperte ostendit. rerum autem divinarum nomine significari orbes Caeli rotundos, unde omnia quae in terris vivunt, animos et vitam hauriunt, satis constat ex iis quae supra declaravi.* Demnach seien φιλοσοφήματα ἐγκύκλια 'wissenschaftliche Syllogismen über die runden Himmelskörper.' — — Unter den Schriftstellern des neunzehnten Jahrhunderts hat, ohne nähere Kunde von seinem Vorgänger im sechzehnten, allein Ravaisson (*essai sur la métaphisique* p. 219) die Identität der Dialoge und der ἐξωτερικοὶ λόγοι anerkannt; aber er konnte sie nicht zur Anerkennung bringen, vornehmlich wohl weil auch er, wie Ferrarius, weder die dialogischen Fragmente noch das Verzeichniss bei Diogenes Laertius zu Hilfe genommen hat. — Einige unrichtige Behauptungen Anderer, die neben vielen ähnlichen im Text stillschweigend widerlegt sind, ist es vielleicht gerathen, hier in aller Kürze auch noch ausdrücklich zurückzuweisen. Wenn Thurot (*études sur Aristote* p. 222), unter Berufung auf Krische, meint, Aristoteles nenne seine eigenen Schriften nicht λόγοι, so genügt zum Gegenbeweis die oben S. 72 angeführte Stelle der Politik: καὶ γὰρ τοῦτο διώρισται κατὰ τοὺς ἠθικοὺς λόγους. Diejenigen, welche mit Zeidler glauben, das in den Citaten der ἐξωτερικοὶ λόγοι häufige Präsens verbiete an Schriften zu denken, seien auf *de caelo* 2, 10 p. 291ᵃ 30 sq. ἔχει πρὸς ἄλληλα τοῖς ἀποστέρασιν, ἐν τῶν περὶ ἀστρολογίαν θεωρείσθω· λέγεται γὰρ ἱκανῶς verwiesen, und seien ferner daran erinnert, dass τεθρύληται (s. oben S. 42) ein Perfectum ist. Bei den platonischen Citaten im Aristoteles hatte man umgekehrt ' ' nur das

Präsens auf Schriften beziehen zu dürfen; wie wenig jedoch auch diese Beschränkung Stich hält, ist im Rheinischen Museum 18, 3 erörtert worden.

19. Cicero und seine griechischen Hausfreunde.
(Zu S. 31.)

Dass der Werth von Cicero's bloss berichtenden Angaben nicht mit dem Maasse seiner eigenen Autorität gemessen werden darf, hat bereits Petrus Victorius, obgleich er den Tyrannio nicht ausdrücklich nennt, im Allgemeinen richtig hervorgehoben, zu Aristoteles' Politik 3, 6: *Ego sane nunquam putavi quod proditum est memoriae de hoc* (über die exoterischen Schriften) *a M. Cicerone in V. libro de Finibus esse repudiandum, cum et ipse doctus esset et domi plures doctos homines Graecos haberet, quae consulebat cum scrupulus aliquis huiuscemodi in animo ipsius inesederat, sitque hoc unum eorum quae ad historiam pertinent, non ad reconditam alicuius obscurae rei scientiam, atque id in primis quia eo tempore haec ipsa populariter scripta philosophi monimenta extabant.* Dem wird man Cicero's Meinung, Nikomachos habe die nikomachische Ethik verfasst, nicht entgegenhalten dürfen; denn diese Thorheit stellt er selbst in ausdrücklichem Gegensatz zu der verbreiteten Ansicht als eine individuelle hin *(de finibus 5, 5, 12): Quare tenemus Aristotelem et eius filium Nicomachum, cuius accurate scripti de moribus libri dicuntur illi quidem esse Aristoteli, sed non video cur non potuerit patris similis esse filius.* Die Färbung der letzten Worte zeigt klar genug, dass für diese Unkritik der Wunsch leitend gewesen ist, sein eigener Sohn, der junge Cicero, möge es einst dahin bringen, philosophische Bücher wie sein Vater zu verfassen. — Dass der in Cicero's Briefen vielfach erwähnte Tyrannio der ältere aus Amisos gebürtige Grammatiker dieses Namens, also der Aristoteliker, ist, hat neuerdings Planer (*de Tyrannione grammatico*, Berlin 1852, p. 5) ausführlich nachgewiesen.

20. Metaphys. 13, 1.
(Zu S. 42.)

Die Erklärung, welche Bonitz von ἁπλῶς giebt: *quaestionem de numeris et de principiis cum hoc de ideis quaestione nondum velit coniungi*, wonach es durch 'für sich' zu übersetzen wäre, konnte ich mir nicht aneignen; denn die von den Zahlen gesonderte Behandlung der Ideen ist bereits durch περὶ τῶν ἰδεῶν αὐτῶν bezeichnet. Ich habe daher ἁπλῶς im Gegensatz zu ἀκριβέστερον gefasst, wie es z. B. *Polit.* 5 [8] 7 p. 1841ᵇ 38 vorkommt: εἰ δὲ λέγομεν τὴν κάθαρσιν, τὸν μὲν ἁπλῶς, μάλον δ' ἐν τοῖς περὶ ποιητικῆς ἐροῦμεν σαφέστερον. — Dass νόμου χάριν so viel wie θέσει ἔνεκα, *dicis causa* und die ähnlichen Wendungen (Wirk. d. Tragöd. 200) bedeutet, wird heutzutage Niemandem zweifelhaft sein. Dem wackern Ferrarius

(Anm. 18) hat es Gelegenheit zu absonderlichen Irrthümern gegeben. Er definirt zunächst νόμος auf Grund von Soph. Elench. 12, p. 173ᵃ 29, wo es der φύσει entgegengesetzt wird, als δόξα τῶν πολλῶν und fährt dann fort (p. 33): *quod igitur sentis, ut puto, est huiusmodi: De idris ipsis simpliciter multa sunt consideranda, quae iam sunt divulgata sermonibus exotericis; legis gratia scilicet divulgata sunt* [er verbindet also νόμου χάριν mit διεφοίτησαν; wie er das ohne die Lesart zu ändern durchführen will, lässt sich freilich nicht absehen]. *quaecumque autem sunt legis gratia, eadem sunt ad opinionem multitudinis, ut ex legis definitione docui. quae ob res de Idris ipsis simpliciter plura sunt ad multitudinis opinionem consideranda. ad* [wohl *a*] *haec, quae ad multitudinis opinionem consideranda sunt, ea dialecticis et, quod idem valet, ut notum est, logicis rationibus atque argumentis tractanda sunt.*

21. Kephisodoros.
(Zu S. 46.)

Ein zuverlässiges Zeugniss über die Art, wie der Isokrateer Kephisodoros gegen Aristoteles in die Luft focht, giebt Numenius in einem der grossen, von Eusebius aufbewahrten Bruchstücke, welche wegen ihres reichen historischen Inhalts wie ihrer sprachlichen Eigenthümlichkeit eine ihnen noch immer nicht zu Theil gewordene Einzelbehandlung in hohem Maasse verdienen. Seine Worte lauten (Euseb. praep. evang. 14, 6 p. 732¹) ὁ Κηφισόδωρος (ἐπειδὴ ὑπ' Ἀριστοτέλους βαλλόμενον ἑαυτῷ τὸν διδάσκαλον Ἰσοκράτην ἑώρα, αὐτοῦ μὲν Ἀριστοτέλους ἦν ἀπαθής καὶ ἄπειρος, ὑπὸ δὲ τοῦ καθορᾶν ἔνδοξα τὰ Πλάτωνος ὑπάρχοντα, οἰηθεὶς κατὰ Πλάτωνα τὸν Ἀριστοτέλην φιλοσοφεῖν, ἐπολέμει μὲν Ἀριστοτέλει, ἔβαλλε δὲ Πλάτωνα, καὶ κατηγόρει ἀρξάμενος ἀπὸ τῶν ἰδεῶν, τελευτῶν εἰς τὰ ἄλλα ἃ οὐδ' αὐτὸς (wohl αὐτὰ) ᾔδει, ἀλλὰ τὰ νομιζόμενα ἀπ' αὐτῶν ἢ λέγεται ὑπονοῶν. Hieraus ergiebt sich zugleich, dass die Angriffe des Kephisodoros auf Platon nicht, wie Carl Müller (fragm. hist. 2, 85) meint, in einer besonderen, sondern in der Schrift gegen Aristoteles enthalten waren.

22. Proklos.
(Zu S. 47.)

Da von Proklos noch so viele vollständige Werke aus handschriftlichem Dunkel hervorzuziehen sind, so wird wohl geraume Zeit hingehen, ehe Jemand mit der Sammlung seiner in gedruckten Schriften anzutreffenden Fragmente sich befasst. Das daher hier unverkürzt mitzutheilende Stück findet sich in *Joannis Grammatici Philoponi Alexandrini Contra Proclum De Mundi Aeternitate* (*Venetiis* 1535) im zweiten Capitel des zweiten Buches. Dort (fol. Bᵇ unten) sagt Philoponus: καὶ αὐτὸς δὲ ὁ Πρόκλος ἐν πολλοῖς τε ἄλλοις τὴν τῶν φιλοσόφων (Platons und Aristoteles') διαφωνίαν διαφερόντων; (wohl διαφερόντων) τῇ περὶ τῶν ἰδιῶν ὑποθέσει φιλαιτέρως ὡμολόγηκεν. ἐν γοῦν τῷ λόγῳ ὃν ἐπιγράφουσιν 'ἐπίσκεψις τῶν πρὸς τὸν Πλάτωνος Τίμαιον ὑπ' Ἀριστοτέλους ἀντειρημένων' ἐν τῷ πρώτῳ κεφαλαίῳ ταυτά φησιν ἐπὶ λέξεως· 'ὁ δὲ Ἀριστοτέλης καὶ πρὸς αὐτὸ τὸ ὄνομα δυσχεραίνει τοῦ παραδείγματος μεταφορικὸν αὐτὸ λέγων [Metaph. 1, 9 p. 991ᵃ 22] καὶ πολλῷ μᾶλλον πρὸς τὸ δόγμα μάχεται καὶ ἁπλῶς τὸ τὰς ἰδέας εἰσάγον (wohl εἰσάγον) καὶ διαφερόντως πρὸς τὸ αὐτοζῷον, ὡς ἐν τῇ μετὰ τὰ φυσικὰ (scil. πραγματείᾳ) γέγραφε [7, 16 p. 1040ᵇ 33]. καὶ μηδενὸς μηδὲν οὕτως ὁ ἀνὴρ ἰκεῖνος ἀπηξίωσε ἀσθαι τῶν Πλάτωνος ὡς τὴν τῶν ἰδεῶν ὑπόθεσιν, οὐ μόνον ἐν λογικοῖς [Analyt. post. 1, 22 p. 83ᵃ 33] περιελόμενα τὰ εἴδη καλῶν, ἀλλὰ καὶ ἐν ἠθικοῖς [Nic. 1, 4] πρὸς τὸ αὐτοαγαθὸν διαμαχόμενος, καὶ ἐν φυσικοῖς οὐκ ἀξιῶν τὰς γενέσεις εἰς τὰς ἰδέας ἀναφέρειν, ὡς ἐν τοῖς περὶ γενέσεως λέγει καὶ φθορᾶς [2, 9 p. 335ᵇ 7], καὶ ἐν τῇ μετὰ τὰ φυσικὰ πολλῷ πλέον, ὅτι περὶ τῶν ἀρχῶν πραγματευόμενος, καὶ (dieses καὶ ist wohl zu streichen) καταιτίνων πικρὰς κατηγορίας τῶν ἰδεῶν, ἐν τοῖς πρώτοις, ἐν τοῖς μέσοις, ἐν τοῖς τελευταίοις τῆς πραγματείας ἰκείνης, καὶ ἐν τοῖς διαλόγοις ἐκφέσκατα κικραγὼς μὴ δύνασθαι τῷ δόγματι τούτῳ συμπαθεῖν, κἂν τις αὐτὸν οἴηται διὰ φιλονικίαν ἀντιλέγειν.' — οὕτω καὶ ὁ Πρόκλος λαμπρᾷ τῇ φωνῇ τὴν διαφωνίαν τῶν φιλοσόφων ὡμολόγηκεν.

23. Περὶ δικαιοσύνης.
(Zu S. 48, 49.)

Die im Palimpsest vorn verstümmelte Stelle Cicero's *de rep.* 3, 8... *et reperiret et tueretur; alter autem de ipsa iustitia quattuor implevit sane grandes libros* ist nach dem Verlauf der dort folgenden Auseinandersetzung und gemäss den Auszügen bei Lactantius *inst.* 5, 14; 17 auf Platons 'Staat' und den aristotelischen Dialog mit Sicherheit zu beziehen und bereits von Mai bezogen worden. Der eine Philosoph, Platon, behandelte die Gerechtigkeit in einer ursprünglich nicht nach ihr betitelten Schrift; der 'andere', Aristoteles, entlehnte den Titel seiner vier grossen Bücher von der 'Gerechtigkeit selbst *(alter de ipsa iustitia etc.)*'. — Ebenfalls auf Cicero *de rep.* 3, 5 und die erwähnten Auszüge bei Lactantius gründet sich, was im Text über Karneades gesagt ist. — Chrysippos' Bekämpfung des aristotelischen Satzes über das Verhältniss zwischen Lust und Gerechtigkeit erwähnt Plutarch *de Stoicor. repugn.* c. 15: 'Ἀριστοτέλης Περὶ δικαιοσύνης ἀντιγεγραφὼς [Χρύσιππος] οὔ φησιν αὐτὸν ὀρθῶς λέγειν ὅτι τῆς ἡδονῆς οὔσης τέλους ἀναιρεῖται μὲν ἡ δικαιοσύνη, συναναιρεῖται δὲ τῇ δικαιοσύνῃ καὶ τῶν ἄλλων ἀρετῶν ἑκάστη· τὴν μὲν γὰρ δικαιοσύνην ὑπ' αὐτῶν (den Hedonikern) ὡς ἀληθῶς ἀναιρεῖσθαι, τὰς δ' ἄλλας ἀρετὰς οὐδὲν κωλύειν ὑπάρχειν, εἰ καὶ μὴ δι' αὐτὰς αἱρετάς ἀλλ' ἀγαθὰς γοῦν καὶ ἀρετὰς ἐσομένας. Nun ist freilich unleugbar, dass in diesen plutarchischen Worten der Titel Περὶ δικαιοσύνης nicht die aristotelische Schrift, sondern eine chrysippische bezeichnet, welche

Plutarch hier citirt, um aus ihr einen Widerspruch des Stoikers zu seiner anderen ähnlich betitelten und kurz vorher von Plutarch erwähnten Schrift Πρὸς Πλάτωνα Περὶ δικαιοσύνης nachzuweisen. Aber daraus folgt noch nicht, was Zeller S. 73 folgert, dass der aristotelische Satz nicht in den Dialog Περὶ δικαιοσύνης, sondern in der ebenfalls dialogischen Schrift (Anm. 2) Περὶ Ἡδονῆς gestanden habe. Denn seinem Inhalte nach passt der Satz eben so gut in eine Erörterung über Gerechtigkeit wie in eine über Lust; und nach der Art wie die Alten überhaupt und besonders Vielschreiber wie Chrysippos zu arbeiten pflegten, ist es gewiss wahrscheinlicher, dass der Stoiker bei Abfassung einer Schrift Περὶ δικαιοσύνης die gleichbetitelte des Aristoteles und nicht eine entlegenere zur Hand genommen habe. — Dass der sprichwörtliche Spitzbubenname Eurybatos (vgl. Platon's Protag. 327*) im ersten Buch des aristotelischen Dialogs erwähnt war, ist bei Suidas u. d. W. Εὐρύβατος, ohne nähere Angabe des Zusammenhanges, vermerkt. In den Scholien zu Hermogenes (Walz, Rhet. 7, 1277), freilich einer sehr morschen Autorität, wird für das bei Suidas erzählte Gaunerstückchen, wie Eurybatos seinen Wächtern entschlüpfte, Aristoteles als Gewährsmann genannt.

24. Πολιτικός.
(Zu S. 55.)

Cicero giebt de finibus 5, 4, 11 folgenden vergleichenden Ueberblick über die politischen Schriften des Aristoteles und Theophrast: *Omnium fere civitatum non Graeciae solum sed etiam barbariae ab Aristotele mores, instituta, disciplinas, a Theophrasto* (s. Diog. Laert. 5, 44 Νόμων κατὰ στοιχεῖον κδ´) *leges etiam cognovimus. Cumque uterque eorum docuisset, qualem in re publica principem [esse] conveniret, pluribus praeterea conscripsissent, qui esset optimus rei publicae status, hoc amplius Theophrastus* (s. Diog. Laert. 5, 45 Πολιτικὰ πρὸς τοὺς καιροὺς α´ β´ γ´ δ´) *quas essent in re publica rerum inclinationes et momenta temporum, quibus esset moderandum, utcumque res postularet.* Die 'Sitten, Verfassungen und Einrichtungen griechischer und nichtgriechischer Staaten' waren von Aristoteles in den Politien dargestellt; von dem 'besten Zustand des Staates' handelt er in der zweiten Abtheilung unserer Politik; unter der Schrift, welche die 'Eigenschaften eines leitenden Staatsmannes' schilderte, kann daher Cicero nur die allein noch übrige dritte politische Schrift des Aristoteles, den Dialog Πολιτικός, meinen. — Auf denselben Dialog berief sich Cicero's litterarischer Hausfreund Sallustius, als er ihn bewegen wollte, in seinem Gespräch Vom Staate nicht bloss Männer der Vorzeit auftreten zu lassen, sondern selbst das Wort zu nehmen; dass der Autor eines politischen Dialogs selbst eine stumme Person abgebe, passe wohl für einen griechischen Stubengelehrten wie den Pontiker Herakleides (vgl. Anm. 6 und über die gemeinten heraklidischen Dialoge *Diog. Laert.* 5, 89 ἔστι δ' αὐτῷ [Ἡρακλείδῃ] καὶ μεσότης τις ὁμιλητική [ein mittlerer Conversationsstil], φιλοσόφων τε καὶ στρατηγικῶν καὶ πολιτικῶν ἀνδρῶν πρὸς ἀλλήλους διαλεγομένων); Cicero jedoch sei ein praktischer Staatsmann, ein Consular, dessen Worten die Erfahrung Gewicht verleihe; endlich macht Sallustius geltend (*ad Quint. fr.* 3, 6, 1): *Aristotelem, quae de republica et praestanti viro scribat, ipsum loqui.* Da der Zusammenhang nur an einen aristotelischen Dialog, und also nur an den 'Staatsmann' zu denken verstattet, so müssen die für sich stehenden Worte *praestans vir* auffallen, weil sie doch bloss im Allgemeinen einen 'vortrefflichen Mann' bezeichnen. Man möchte sie in engere Verbindung mit der vorangehenden *republica* setzen, ähnlich wie in der eben mitgetheilten Stelle *de Amic.* der auf Lateinisch durch Ein Wort nicht wiederzugebende πολιτικός mittels *princeps in republica* umschrieben ist; aber dies will sich an der hiesigen Stelle ohne Gewaltsamkeit oder Verstösse gegen den ciceronischen Sprachgebrauch nicht erreichen lassen; vielleicht empfiehlt sich daher die Annahme, dass Cicero *praestante cive* geschrieben und ein Abschreiber die irgendwie beschädigten Buchstaben zu *viro* verlesen hat.

25. Περὶ Βασιλείας.
(Zu S. 53, 54.)

Die unter Ammonius' Namen gehende Biographie zählt die fragliche Schrift unter anderen Beweisen von Aristoteles' politischem Einfluss auf (p. 48 Buhle): τῷ δὲ Ἀλεξάνδρῳ καὶ Περὶ Βασιλείας ἔγραψεν ἐν ἑνὶ μονοβίβλῳ, παιδεύων αὐτὸν ὅπως δεῖ βασιλεύειν, wo ἐνὶ neben μονοβίβλῳ eine auch diesem Spätling nicht zuzutrauende Tautologie ergiebt, welche wohl nur aus Wiederholung der vorangehenden Buchstaben ἐν entstanden und durch Streichung von ἑνὶ zu beseitigen ist. Die marcianische *Vita* (s. Anm. 4) erkennt in der Belehrung des Welteroberers eine dem ganzen Menschengeschlecht erwiesene Wohlthat (p. 5): ἵνα δὲ καὶ πάντας ἀνθρώπους εὐεργετήσῃ, γράφει τῷ Ἀλεξάνδρῳ βιβλίον Περὶ Βασιλείας, διδάσκων ὅπως βασιλευτέον. Den allgemeinen Namen, unter welchem die späteren Litteratoren alle derartige an Könige gerichtete Schriften begriffen, nennt Cicero (*ad Attic.* 12, 40, 2): *Συμβουλευτικὸν saepe conor: nihil reperio: et quidem mecum habeo et Ἀριστοτέλους et Θεοπόμπου πρὸς Ἀλέξανδρον: sed quid simile? Illi et quae ipsis honesta essent scribebant et grata Alexandro. Ecquid tu eiusmodi reperis? Mihi quidem nihil in mentem venit;* und auf diesen gangbaren, aber gewiss nicht ursprünglichen Titel bezieht sich auch Plutarch (*de fort. Alexandri* 1, 6): οὐ γάρ, ὡς Ἀριστοτέλης συνεβούλευεν αὐτῷ (dem Alexander), τοῖς μὲν Ἕλλησιν ἡγεμονικῶς, τοῖς δὲ βαρβάροις δεσποτικῶς χρώμενος, καὶ τῶν μὲν ὡς φίλων καὶ οἰκείων ἐπιμελούμενος, τοῖς δὲ ὡς ζῴοις ἢ φυτοῖς προσφερόμενος πολυπραγμίας φυγὰς ἐνίκησε καὶ στάσεων ἐπαύλων τὴν ἡγεμονίαν, ἀλλὰ καὶ. Ob die Vergleichung der Barbaren mit 'Thieren und Pflanzen' von Aristoteles herrühre, mag dahingestellt bleiben; im Munde eines Peripatetikers würde sie bedeuten, dass den Barbaren die höheren menschlichen Eigenschaften der Vernunft und Sittlichkeit fehlen und nur das θρεπτικόν, wie den Pflanzen, und die αἰσθητικὴ ψυχή, wie den Thieren, zukomme (*Eth. N.* 1, 6 p. 1097ᵃ 33; *Metaph.* 4, 4 p. 1006ᵃ 15); aber die Warnung, 'die Barbaren nicht als Freunde zu behandeln', erweist sich als aristotelisch durch den Tadel, welchen Eratosthenes gegen dieselbe am Schluss des zweiten Buches seines geographischen Werkes gerichtet hatte. Der Auszug bei Strabo (1 p. 66 Cas.) lautet: ἐπὶ τέλει δὲ τοῦ ὑπομνήματος οὐκ ἐπαινέσας [Ἐρατοσθένης] τοὺς δίχα διαιροῦντας ἅπαν τὸ τῶν ἀνθρώπων πλῆθος εἴς τε Ἕλληνας καὶ βαρβάρους καὶ τοὺς Ἀλεξάνδρῳ παραινοῦντας τοῖς μὲν Ἕλλησιν ὡς φίλοις χρῆσθαι τοῖς δὲ βαρβάροις ὡς πολεμίοις, βέλτιον εἶναί φησιν ἀρετῇ καὶ κακίᾳ διαιρεῖν ταῦτα; denn es gebe auch unter den Hellenen schlechte Leute und unter den Barbaren seien viele gebildet (ἀστεῖοι), wie die 'Inder und Iranier, die Römer und Karthager'; Alexander habe daher an seine Rathgeber sich nicht gekehrt, und allen bedeutenden Männern ohne Unterschied des Stammes Gunst bewiesen. Strabo sucht dann den Aristoteles, so gut es gehen will, gegen diese Kritik zu schützen; seine Scheidung der Hellenen und Barbaren beruhe eben auf der von Eratosthenes empfohlenen Berücksichtigung der ἀρετή und κακία, da bei den Hellenen Gesetzlichkeit, Bildungsfähigkeit und Wissenschaftlichkeit (τὸ νόμιμον καὶ τὸ παιδείας καὶ λόγων οἰκεῖον) überwiegen, bei den Barbaren aber die entgegengesetzten Eigenschaften; Alexander habe somit, wenn er nur verdiente Männer auszeichnete, die aristotelischen Rathschläge, zwar nicht buchstäblich, aber doch ihrem wahren Sinne nach befolgt: καὶ ὁ Ἀλέξανδρος οὖν οὐκ ἀμελήσας τῶν παραινούντων ἀλλ' ἀποδεξάμενος τὴν γνώμην τὰ ἀκόλουθα οὐ τὰ ἐναντία ἐποίει, πρὸς τὴν διάνοιαν σκοπῶν τὴν τῶν ἐπεσταλκότων. Das letzte Wort ἐπεσταλκότων scheint auf Briefform der aristotelischen Schrift zu deuten, wie in der That der von Cicero mit dem aristotelischen zusammengestellte συμβου- λευτικός des Theopompos als ἐπιστολὴ πρὸς Ἀλέξανδρον citirt wird (s. Ruhnken *histor. orat.* p. 87). — Im Philologus (16, 353) berichtet Dressel über eine arabische Handschrift der Vaticana, welche eine *epistola Aristotelis ad Alexandrum magnum de regio regimine* enthält. 'Abbate Pietro Armellini' hatte davon eine Uebersetzung gemacht, von welcher Dressel Einsicht nahm. Beide halten den Brief für echt und für identisch mit Περὶ Βασιλείας.

26. Die Schrift Ueber Pflanzstädte; Rutilius Lupus.
(Zu S. 54.)

Die Handschriften des Diogenes haben freilich ὑπὲρ ἀποίκων; aber schon der Katalog des Anonymus bietet das richtige ἀποικιῶν; und die Verwechselung von περί mit ὑπέρ ist bei den Abschreibern allzu hergebracht, als dass man geneigt sein könnte, an ὑπέρ festzuhalten und einen Titel 'Alexandros oder zu Gunsten der Pflanzstädte' gelten zu lassen. Dass in der Schrift die Colonisationsfrage im Allgemeinen behandelt war, sagt auch die Angabe in dem, bald dem Ammonios bald dem Philoponus beigelegten, Commentar zu den Kategorien (Sch. in Arist. 35^b 45): μερικά (specielle Schriften im Gegensatz zu den universellen) μὲν οὖν ἐστίν, ὅσα πρός τινα ἰδίᾳ γέγραπται, ὡς ἐπιστολαί, ἢ ὅσα ἐρωτηθεὶς ὑπὸ Ἀλεξάνδρου τοῦ Μακεδόνος περί τε βασιλείας καὶ ὅπως δεῖ τὰς ἀποικίας ποιεῖσθαι γέγραφεν. — Ausser den zweien auf Alexander bezüglichen Werken, welche das Verzeichniss bei Diogenes Laertius erwähnt, sind im Katalog des Anonymus unter den γνησιευόμενα zwei andere, hier mit Stillschweigen zu übergehende, aufgeführt und dann noch unter den angeblich echten eine dritte, deren Titel in dem Abdruck bei Buhle (op. Arist. 1, 66) folgende Gestalt hat: Περὶ Ἀλεξάνδρου, ἢ περὶ ῥήτορος, ἢ πολιτικός. Ein so gefasster Titel musste Zeller's (S. 65 und 76) Verwunderung erregen; er ändert ihn in Ἀλέξανδρος ἢ περὶ ῥήτορος καὶ πολιτικός, hat aber übersehen, dass Buhle selbst in einem späteren Bande (5 p. VI annot. 1) den begangenen Druckfehler berichtigt nach folgender bei Menagius (zu Diog. p. 118 der Londoner Ausgabe), dem ersten Veröffentlicher der anonymen Vita, deutlich zu lesender Fassung der fraglichen Stelle: Περὶ Ἀλεξάνδρου η'. Περὶ ῥήτορος ἢ πολιτικοῦ, d. h. eine Schrift 'Ueber Alexander' in acht Büchern, und eine andere einbändige 'Ueber den Redner oder Staatsmann'. Trotz der Selbstberichtigung ist Buhle's irreleitender Druckfehler noch in dem neuesten Westermann'schen Abdruck der anonymen Vita hinter Cobet's Diogenes ungebessert geblieben. Haben wir es nun mit einer, nur von dem Anonymus verzeichneten, von keinem Geschichtschreiber benutzten Schrift 'Ueber Alexander' in acht Büchern zu thun, so steigert sich mit der Grösse eines solchen Umfanges der an sich schon zu grosse Verdacht gegen ihre Echtheit bis zur Gewissheit der Fälschung. Das fünfte Buch derselben fand Eustathius (zu Dionysios Perieg. 1140) in seinen Quellen erwähnt gelegentlich der zwischen Κωφὴν und Κώφης schwankenden Declination des indischen Flussnamens: Ἀριστοτέλης δέ, ἅς φασιν, ἐν πέμπτῳ Περὶ Ἀλεξάνδρου τὸν Κωφῆνα, ὡς τὸν καλῆνα, φησίν. — Rutilius Lupus (1, 18) giebt als Beispiel einer aufzählenden Eintheilung folgenden Satz des 'Aristoteles': Alexandro enim Macedoni neque in deliberando consilium, neque in praeliando virtus, neque in beneficio benignitas (mit der Variante dignitas) derat, *sed duntaxat in supplicio crudelitas. Nam cum aliqua res dubia accidisset, apparebat sapientissimus, cum autem confligendum esset cum hostibus, fortissimus, cum vero praemium dignis tribuendum, liberalissimus, si cum animadvertendum, clementissimus.* Müsste dieses Lob auf Alexander den Grossen bezogen werden, so könnte es nur aus einer untergeschobenen Schrift stammen, schon deshalb weil es den verstorbenen Alexander preist, und das Verhältniss zwischen dem Könige und dem ihn höchstens ein Jahr überlebenden Philosophen während der letzten Zeit ein so gespanntes geworden war, dass Aristoteles sicherlich nicht die Rolle eines panegyrischen Leichenredners zu übernehmen Lust gefunden hat. Anderseits ist jedoch zu bedenken, dass für einen fälschenden Rhetor, der auf den grossen Alexander Lobsprüche häufen will, die Stelle bei Weitem nicht voll genug klingt. Einen Ausweg findet man vielleicht in der Erwägung, dass der grosse Alexander erst der dritte macedonische König dieses Namens war. Sowohl der erste Alexander, der sogenannte Philhellen, wie der nur ein Jahr (369—368) regierende zweite, können für Zierden des makedonischen Thrones gelten, der vor und nach ihnen von so vielen Wütherichen bestiegen wurde; und einen dieser Namensgenossen seines grossen Zöglings mochte Aristoteles durch jene von Rutilius verarbeitete Charakteristik geehrt haben, etwa in dem Abschnitt der Politien, welcher die Geschichte und Verfassung Makedoniens behandelte.

27. Der Dialog Gryllos.
(Zu S. 62.)

Da die im Text mitgetheilte Stelle des Quintilian dessen genaue Bekanntschaft mit dem aristotelischen Gespräch über die Rhetorik beweist, so darf wohl aus demselben Gespräch seine Angabe hergeleitet werden, dass Gorgias der Lehrer des Isokrates gewesen (3, 1, 13): *clarissimus Gorgias auditorem Isocraten; quamquam de praeceptore eius inter auctores non convenit; nos autem Aristoteli credimus.* In den dialogischen Ton passt auch, was der Halikarnassenser Dionysios aus Aristoteles erwähnt, dass 'die Buchhändler ganze Bündel von Advocatenreden aus Isokrates' Feder feilgeboten hätten *(de Isocr. iudic. 5, 577 Reisk.: δεσμάς πάνυ πολλάς δικανικῶν λόγων Ἰσοκρατείων περιφέρεσθαί φησιν ὑπὸ τῶν βιβλιοπωλῶν Ἀριστοτέλης)'*.

28. Ethic. Nic. 1, 13.
(Zu S. 67.)

Die Worte, in denen Aristoteles die Vergleichung der Unmässigen mit den Paralytikern anstellt: ἀτεχνῶς γὰρ καθάπερ τὰ παραλελυμένα τοῦ σώματος μόρια, εἰς τὰ δεξιὰ προαιρουμένων κινῆσαι, τοὐναντίον εἰς τὰ ἀριστερὰ παραφέρεται, καὶ ἐπὶ τῆς ψυχῆς οὕτως· ἐπὶ τἀναντία γὰρ αἱ ὁρμαὶ τῶν ἀκρατῶν erinnern zwar an Platon's Auseinandersetzung über das Böse in der Seele (*Sophist.* 228°) ὅσα κινήσεως μεταοχόντα καὶ σκοπόν τινα θέμενα καθ' ἑκάστην ὁρμὴν παράφορα αὐτοῦ γίγνεται καὶ ἀποτυγχάνει κτλ., und nicht weitab liegt, was Chrysippos über den πλεονασμὸς ὁρμῆς der Leidenschaftlichen sagt (bei Galenos *de dogy. Hippocr. vol.* 5, p. 869 *Kühn*). Aber auch hier zeigt Aristoteles wieder, wie er gangbaren Gedanken seinen eigenthümlichen Stempel aufzudrücken weiss. Denn Platon und Chrysippos beschränken sich darauf, das Vorbeischiessen am Ziel oder Hinausschiessen über dasselbe als Folge der leidenschaftlichen Aufregung zu bezeichnen; die aristotelische Vergleichung will hingegen sagen, dass das seelische Centralorgan die Herrschaft über die anderen Organe verloren hat und ihnen gar nicht mehr ein Ziel stecken kann. — Ausser zu der Schrift Von der Seele tritt das fragliche Capitel der Ethik, hinsichtlich der Vertheilung der drei Seelenelemente unter das ἄλογον und λόγον ἔχον, auch noch in Widerspruch zu einem früheren Capitel der Ethik selbst. Denn im sechsten Capitel p. 1098ᵃ 4 wird das passiv vernünftige Element dem λόγον ἔχον beigezählt, während es in der grösseren Hälfte des dreizehnten Capitels (p. 1102ᵇ 13) für ἄλογον gilt. Aristoteles sieht sich daher gegen den Schluss des dreizehnten Capitels auch genöthigt, die im sechsten Capitel gegebene Bestimmung als eine ebenfalls zulässige nachzutragen (p. 1103ᵃ 1): εἰ δὲ χρὴ καὶ τοῦτο (das passiv vernünftige Element) φάναι λόγον ἔχειν κτλ. Billigt man also die oben S. 68 begründete Vermuthung, dass der Dialog Eudemos das ἄλογον in zwei Unterarten zerfällte, so wird man den Auszug aus dem Eudemos bis zu jenen Worten εἰ δὲ χρὴ καὶ τοῦτο φάναι λόγον ἔχειν erstrecken.

29. *Polit.* 4, 1.
(Zu S. 74.)

Die bedeutenderen unter den vorgenommenen Textesänderungen seien hier kurz begründet. Z. 35 ist die Vulgata ἂν ἐπιθυμήσῃ τοῦ φαγεῖν ἢ πιεῖν, wegen des Artikels bei dem Infinitiv nach ἐπιθυμεῖν, verdächtig, und die von Coray vorgeschlagene Aenderung des Artikels in die Enklitika του lässt die Schwierigkeit des Gedankens unvermindert fortbestehen. Denn die ἐπιθυμία richtet sich auf noch ganz andere Dinge als das blosse 'Essen und Trinken'; und da ein hoher Grad von Hunger und Durst auch die sonst Mässigen zu 'dem Aeussersten (ἔσχατον)' treiben kann, so würde Aristoteles, wenn er diese Art von Begierde hier hätte hervorheben wollen, gewiss eine nähere Bezeichnung des Schlemmers oder Feinschmeckers nöthig gefunden haben. Ich nehme daher an, dass Aristoteles bloss geschrieben hat ἐὰν ἐπιθυμήσῃ, 'wenn ihn eine Begierde ankommt'; das absolut stehende Verbum veranlasste dann einen Glossator, das ihm geläufigste Beispiel von Begehrlichkeit an den Rand zu schreiben. — Dass Z. 43 ὥσπερ weder zu dulden noch durch leichte Mittel zu bessern ist, erkennen die kundigeren Herausgeber einstimmig an. Bekker setzt es in Klammern; Coray will es in ὡς εἰπεῖν ändern, welche Einschränkung von πάντες jedoch neben dem Optativ ἂν συγχωρήσειαν überflüssig ist; Schneider bezeichnet nach ὥσπερ eine Lücke; und lange vor Schneider hatte Lambin eine solche Lücke durch εἰρήκαμεν ausfüllen wollen. Ich bin davon ausgegangen, dass das kahl dastehende λεγόμενα den beabsichtigten Gegensatz zu ποσόν nicht scharf genug hervortreten lassen würde, und habe angenommen, dass aus dem ursprünglichen ὁπλῶς, nachdem seine drei ersten Buchstaben unleserlich geworden, durch ungeschickte Ergänzung ὥσπερ entstanden sei. — Zu der Aenderung von τῶν in μέρος Z. 74, deren Anlässe und Vortheile einem aufmerksamen Leser nicht erst dargelegt zu werden brauchen, vergleiche man *Polit.* 1, 9 p. 1257ᵃ 26: ἑκάστη τῶν τεχνῶν τοῦ τέλους εἰς ἄπειρον· ὅτι μάλιστα γάρ ἐκεῖνο βούλονται ποιεῖν· τῶν δὲ πρὸς τὸ τέλος οὐκ εἰς ἄπειρον· πέρας γὰρ τὸ τέλος πάσαις. — Z. 89 ist in διάστασιν εἴληφε der Bekker'schen Handschriften die Verbindung διάστασιν λαμβάνειν sprachlich verdächtig; διάστασιν εἴληφε, welches Lambin aus einem 'vetus codex' entnimmt, ist für die hiesige logische Formel eben so unerträglich feierlich wie im Deutschen 'es ist ihnen ein Abstand beschieden' sein würde. Wie Aristoteles in solchen Fällen schreibt, zeigen folgende Stellen: *Polit.* 1, 5 p. 1254ᵇ 16 ὅσοι μὲν οὖν τοσοῦτον διεστᾶσιν ὅσον ψυχὴ σώματος; 1, 8 p. 1256ᵃ 28 τῶν ζῳοφάγων καὶ τῶν καρποφάγων οἱ βίοι πρὸς τὸ ἡδηλα διεστᾶσιν; *Eth. N.* 5, 15 p. 1138ᵇ 8: ἐν τούτοις γὰρ ταῖς λόγος διέστηκε τὸ λόγον ἔχον μέρος τῆς ψυχῆς πρὸς τὸ ἄλογον. So hatte denn Aristoteles auch hier διεστᾶσιν geschrieben; und als dieses Verbum zu dem Substantiv διάστασιν verderbt oder verlesen worden, schaffte man für die Rection des Accusativs Rath durch Hinzufügung eines beliebigen Verbums. Kaum braucht noch ausdrücklich bemerkt zu werden, dass hier, wo es sich um den Abstand mehrerer Dinge von einander handelt, der Plural διεστᾶσιν logisch unumgänglich, und der Singular εἴληφε oder εἴληφεν der Vulgata nicht einmal durch die Möglichkeit, aus ὧν ein neutrales Substantiv im Plural zu entnehmen, geschützt ist. — Z. 124 ist die Aenderung von δὲ in γάρ zu deutlich durch den Gedankenfortschritt angezeigt, als dass sie ausführlicher Rechtfertigung bedürfte. Das S. 80 über καλῶς und καλὰ πράττειν Gesagte bleibt übrigens bestehen, auch wenn Jemand ein Schutzmittel für δὲ ausfindig machen sollte. Denn der fragliche Satz wird unter allen Umständen nur als Begründung des vorhergehenden aufgefasst werden können. — Die von Spengel in seiner Abhandlung über die Poëtik S. 45—48 besprochene Schwierigkeit, welche das Verhältniss des ersten zu den zwei folgenden Capiteln betrifft, erkenne ich nach ihrem vollen Gewicht an. Da sie jedoch auf die Fragen über die ἐσωτερικοὶ λόγοι ohne Einfluss ist und nur in einer zusammenhängenden Forschung über die Composition des ganzen politischen Werkes erledigt werden kann, so muss ich die Mittheilung meines Lösungsversuches auf eine andere Gelegenheit versparen.

30. οὗ οὐκ ἄνευ.
(Zu S. 83.)

Die für das Verhältniss der äusseren Güter zur Glückseligkeit gewählte Bezeichnung οὗ οὐκ ἄνευ findet sich bei Aristoteles selbst *Eth. Nic.* 10, 9 p. 1179ᵃ 1 οὐ μὴν οἰητέον γε πολλῶν καὶ μεγάλων δεήσεσθαι τὸν εὐδαιμονήσοντα εἰ μὴ ἐνδέχεται ἄνευ τῶν ἐκτὸς ἀγαθῶν μακάριον εἶναι, und nach Beseitigung eines leichten Verderbnisses erkennt man sie auch wieder in einem Bericht des Alexandriners Clemens über Xenokrates' Lehre *(Strom.* 2, 21 p. 500 P.): Ξενοκράτης.. ὁ Χαλκηδόνιος τὴν εὐδαιμονίαν ἀποδίδωσι κτῆσιν τῆς οἰκείας ἀρετῆς καὶ τῆς ὑπηρετικῆς αὐτῇ δυνάμεως. εἶτα ὡς μὲν ἐν ᾧ γίνεται, φαίνεται λέγων (diese Wendung zeigt deutlich, dass die Stelle nicht unmittelbar aus einer Schrift des Xenokrates genommen ist) τὴν ψυχήν, ὡς δ' ὑφ' ὧν, τὰς ἀρετάς, ὡς δ' ἐξ ὧν ὡς μερῶν, τὰς καλὰς πράξεις καὶ τὰς σπουδαίας ἕξεις τε καὶ διαθέσεις καὶ κινήσεις καὶ σχέσεις, ὡς ιούτων οὐκ ἄνευ τὰ σωματικὰ καὶ τὰ ἐκτός. Die letzten unverständlichen Worte sind, wie auch Zeller (2, 681) gesehen hat, folgendermassen zu bessern: ὡς δ' ἂν οὐκ ἄνευ, τὰ σωματικὰ κτλ. 'als nothwendige Vorbedingung zur Glückseligkeit erkennt er die körperlichen und äusseren Güter an'. Der Sammler von 'Philosophenmeinungen', welchen Clemens hier ausbeutet, war wohl ein Peripatetiker, oder lebte zu einer Zeit, als die peripatetische Terminologie bereits in die allgemeine wissenschaftliche Sprache übergegangen war. Dies erhellt aus der gesammten Färbung der Stelle und auch aus dem fixirt terminologischen Gebrauch, den sie von ἂν οὐκ ἄνευ macht; obgleich nicht geleugnet werden soll, dass in freierer Wendung ähnliche Bezeichnungen der Nebenursache schon bei Platon, z. B. *Tim.* 69ᵇ, vorkommen.

31. Sardanapal.
(Zu S. 84.)

Den dritten und vierten Vers der sardanapalischen Grabschrift bei Athenäus 8 p. 336ᵃ: κεῖν' ἔχω ὅσσ' ἔφαγον καὶ ἐφύβρισα (die ciceronische Uebersetzung führt auf ἀφύβρισα, s. Meineke *Menand.* 133) καὶ σὺν ἔρωτι τέρπν' ἔπαθον· τὰ δὲ πολλὰ καὶ ὄλβια πάντα λέλειπται übersetzt Cicero *Tusc.* 5, 35, 100: *haec habeo quae edi quaeque exsaturata libido hausit: at illa iacent multa et praeclara relicta* (er las λέλειπται) und führt dann fort: '*Quid aliud*' *inquit Aristoteles 'in bovis, non in regis sepulcro inscriberes? haec habere se* mortuum dicit, quae ne vivus quidem diutius habebat quam fruebatur (wohl quam dum fruebatur). Der letzte Satz findet sich in wörtlicherer und vollständigerer Fassung de finibus 2, 32, 106. Dort wird er den Epikureern, welche die Seligkeit in die Erinnerung an genossene Lust setzen, entgegengehalten: *corporis autem voluptas si etiam praeterita delectat, non intelligo cur Aristoteles Sardanapalli epigramma tanto opere derideat, in quo ille rex Syriae gloriatur omnes se secum libidinum voluptates abstulisse. 'Quod enim ne vivus quidem' inquit 'diutius sentire poterat quam dum fruebatur, quo modo id potuit mortuo permanere'?* Dass Aristoteles nur die zwei von Cicero übersetzten Verse angeführt habe, bemerkt Näke (*Choeril.* 208, 210). — Für die Worte des aristotelischen Dialogs ergiebt ein Versuch der Rückübersetzung aus Cicero's Latein folgendes Griechisch, das ich meiner deutschen Uebersetzung zu Grunde gelegt habe: ἆλλο τι ἢ βοῦς οὗ βασιλεὺς τάφῳ κεῖσθαι ἐπιγράφεις ἄν; οὗ γὰρ οὐδὲ ζῶν αἰσθάνεσθαι οἷός τε ἦν εἰ μὴ μεταξὺ ἀπολαύων, πῶς τοῦτο νεκρῷ συμφορεῖσθαι ἐνδέχεται; das in der griechischen Conversation so häufige 'Nicht wahr? (ἄλλο τι ἤ;)' ist durch Cicero's *quid aliud* zwar wörtlich, aber nicht vollwichtig, wiedergegeben. — Viel unbestimmter als in der nikomachischen Ethik und ohne Beziehung auf die Grabschrift wird Sardanapal in der eudemischen erwähnt (1, 5 p. 1216ᵃ 16): οἱ δὲ Σαρδαναπάλλου μακαρίζοντες ἢ Σμινδυρίδην τὸν Συβαρίτην (Herodot 6, 127) ἢ τῶν ἄλλων τινὰς τῶν ζώντων τὸν ἀπολαυστικὸν βίον, οὗτοι δὲ πάντες ἐν τῷ χαίρειν φαίνονται τιθέντες τὴν εὐδαιμονίαν.

32. Aristotelisches Fragment bei Stobäus.
(Zu S. 89.)

Vielfach erinnert an die Gedanken des ethischen Dialogs ein grösseres Bruchstück, welches unter der Aufschrift Ἀριστοτέλους in Stobäus' Ilorilegium 3, 54 Aufnahme gefunden hat. Ich lasse es hier folgen unter stillschweigender Benutzung der von Meincke (*vol.* 1 *p. X* und *vol.* 4 *p. LIII*) gemachten Verbesserungen:

Νόμιζε τὴν εὐδαιμονίαν οὐκ ἐν τῷ πολλὰ κεκτῆσθαι γίγνεσθαι, ἀλλ' ἐν τῷ τὴν ψυχὴν εὖ διακεῖσθαι. καὶ γὰρ οὐδὲ τὸ σῶμα οὐ τὸ λαμπρῶς ἠσθῆτι κεκοσμημένον, φαίη τις ἂν εἶναι μακάριον, ἀλλὰ τὸ ὑγιεινὸν ἴσχον καὶ σπουδαίως διακείμενον, κἂν μηδὲν τῶν προειρημένων (vielleicht παρεσκευασμένων) αὐτῷ παρῇ· τὸν αὐτὸν δὲ τρόπον καὶ ψυχὴν ἐὰν ᾖ πεπαιδευμένη, τὴν τοιαύτην	Sei überzeugt, die Glückseligkeit besteht nicht darin, dass man viel Vermögen hat, sondern darin, dass man in guter Seelenverfassung sich befindet. Wird ja sogar den Körper, wenngleich er mit prächtigen Gewändern angethan ist, deshalb doch Niemand einen beglückten nennen, sondern vielmehr den mit Gesundheit begabten und tüchtig entwickelten nennt man so, sollte ihm auch von allem äusseren Behang nichts beigegeben sein. In gleicher Weise

καὶ τὸν τοιοῦτον ἄνθρωπον εὐδαίμονα προσαγορευτέον ἐστίν,
15 οὐκ ἂν τοῖς ἐκτὸς ἢ λαμπρῶς
κεκοσμημένος, αὐτὸς μηδενὸς
ἄξιος ὤν. οὐδὲ γὰρ ἵππον, ἐὰν
ψάλια χρυσᾶ καὶ σκευὴν ἔχῃ
πολυτελῆ αὐτὸς φαῦλος ὤν,
20 τὸν τοιοῦτον ἄξιόν τινος νο-
μίζομεν εἶναι, ἀλλ' ὃς ἂν κεκοσμημένος ᾖ σπουδαίως, τοῦ-
τον μᾶλλον ἐπαινοῦμεν. ὥσπερ
γὰρ εἴ τις τῶν οἰκετῶν αὐτοῦ
25 χείρων εἴη, καταγέλαστος ἂν
γένοιτο, τὸν αὐτὸν τρόπον οἷς
πλείονος ἀξίαν τὴν κτῆσιν εἶναι συμβέβηκε τῆς ἰδίας φύσεως, ἀθλίους τούτους εἶναι
30 δεῖ νομίζειν· καὶ τοῦτο κατ'
ἀλήθειαν· οὕτως ἔχει· τίκτει
γάρ, ὥσπερ ψησὶν ἡ παροιμία,
κόρος μὲν ὕβριν, ἐπαιδ. υσίαν
δὲ μετ' ἐξουσίας ἄνοιαν. τοῖς
35 γὰρ δακιμένοις τὰ περὶ τὴν
ψυχὴν κακῶς, οὔτε πλοῦτος
οὔτε ἰσχὺς οὔτε κάλλος τῶν
ἀγαθῶν ἐστίν· ἀλλ' ὅσῳ περ
ἂν αὕτη μᾶλλον αἱ διαθέσεις
40 καθ' ὑπερβολὴν ὑπάρξωσι, το-
σούτῳ καὶ πλεῖω καὶ μείζω
τὸν κεκτημένον βλάπτουσι, χωρὶς φρονήσεως παραγινόμεναι.

kann man auch die Seele nur dann
wenn sie eine gebildete ist, und nur
den mit Bildung ausgestatteten Menschen für glücklich ansprechen, nicht
denjenigen, welcher mit äusseren Gütern prächtig geschmückt, selbst aber
gar nichts werth ist. Ein Pferd, mag
es auch goldene Bänder und kostba-
res Geschirr haben, wofern es übrigens
nichts taugt, so legen wir auf ein solches
Pferd keinen Werth, sondern geben demjenigen den Vorzug, welches gute Eigenschaften hat. Würde ein Herr geringer
erscheinen als seine Sclaven, so wäre er
dem Gelächter preisgegeben, und in ganz
gleicher Weise muss man auch diejenigen,
welche sich in der Lage befinden, dass ihr
Vermögen mehr werth ist als ihre eigene
Person, für unglückselige Menschen halten.
Und so ist's in Wahrheit. Denn Ueber-
sättigung, wie das Sprichwort sagt, ge-
biert Uebermuth, und wenn Rohheit sich
zur Macht gesellt, so entspringt daraus
Wahnwitz. Für Diejenigen, deren See-
len schlecht bestellt sind, ist ja weder
Reichthum noch Stärke noch Schönheit
ein Gut; sondern in je grösserem Ueberschwang diese Dinge vorhanden sind, um
so vielseitiger und tiefer schädigen sie
ihren Besitzer, wenn sie ohne Begleitung
der Einsicht sich einfinden.

Nur aus der Vergessenheit, in welche die aristotelischen Dialoge gerathen
sind, ist es zu begreifen, wie Meineke, wohl weil ihm der von den pragmatischen Schriften abweichende Ton dieser Stelle auffiel, zu Stobäus'
Lemma Ἀριστοτέλους Folgendes anmerken konnte (vol. 4 p. LIII): non
Stagiritae opinor, sed eius, ex cuius libro περὶ ἀρετῆς complura attulit Stobaeus
I, 18. Einen Gelehrten wie Meineke braucht man nur daran zu erinnern
und es ihm nicht erst zu beweisen, dass das von Stobäus I, 18 aufge-
nommene Büchlein περὶ ἀρετῆς kein anderes ist als das in unserem aristotelischen Corpus stehende περὶ ἀρετῶν καὶ κακιῶν (p. 1249—1251 Bek.);
die Identität ist eine wörtliche. Und dieses Büchlein wiederum führt
nicht auf einen Namensvetter des Stagiriten, sondern ist, wie längst allgemein anerkannt, eine grösstentheils von unseren Ethiken abhängige
und daher für aristotelisch angesehene Sammlung von Definitionen der
Tugenden und Laster. Den Verfertiger derselben nennt Joseph Scaliger
in seinem auf der Heidelberger Bibliothek befindlichen Handexemplar bei-

spielsweise Andronikus Rhodius; und mit demselben Recht kann man den Namen jedes anderen späteren Peripatetikers wählen, wenn man das geringhaltige Büchlein nicht namenlos lassen will. Das eben übersetzte Stück dagegen giebt, nachdem erkannt worden, dass es einer populären Schrift angehörte, weder durch seine Form noch durch seinen Inhalt Anlass, es dem Stagiriten abzusprechen. Z. 1 wird in οὐκ ἐν τῷ πολλὰ κεκτῆσθαι ἡγνιεσθαι der Besitz äusserer Güter als zur Glückseligkeit zwar unentbehrlich, aber nicht das Wesen der Glückseligkeit ausmachend durch dieselbe prägnant gebrauchte Präposition bezeichnet, die auch Eth. N. 1, 11, p. 1100^b 8 angewendet ist: οὐ γὰρ ἐν τούτοις [ταῖς τύχαις] τὸ εὖ ἢ κακῶς, ἀλλὰ προσδεῖται τούτων ὁ ἀνθρώπινος βίος. Missbilligt man Z. 9 die Aenderung von προιτηρίνων in καταιρήσιον oder ein ähnliches Wort, so kann man προιτηρίνων unter der Annahme beibehalten, dass Z. 5 nach ἰσχυροὶ ἐσθῆτα ursprünglich noch ein anderer Schmuckgegenstand genannt war, der von Stobaus oder seinen Abschreibern ausgelassen worden. Eine vollere Beschreibung passt an sich zu dem Stil dieses Stückes, wie auch weiterhin bei dem Pferde Z. 18 neben der ψυχὴ πολυτελής die φύσις γενναία erscheinen. — Bei dem unbedeutenden Herrn bedeutender Sclaven in Z. 24 erinnert man sich an den euripideischen Vers aus dem Syleus (fr. 690 Nauck): οὐδεὶς δ' ἐν οἴκοις διοικήσης ἀμείνονος Αὐτοῦ κρίασθαι βούλεται; und Galenos in seinem Protreptikos (vol. 1 p. 9 Kühn) fragt: τίς αἴσχιον τῶν οἰκετῶν μὲν ἐνίοτε ἀραχμῶν εἶναι πορίων ἄξιον, αὐτὸν δὲ τὸν διασώζοντα αὐτοῦ μηδὲ μιᾶς; καὶ τί λέγω μιᾶς; οὐδ' ἂν κρατεῖα τις τὸν τοιοῦτον λάβοι. — Der Spruch εἴπετε κόσμος ἵππον Z. 31 steht bei Theognis 153, kommt aber, wie Bergk Poet. Lyr. p. 391 nachweist, in gleich früher und in noch früherer Zeit so vielfach vor, dass man ihn keinem bestimmten Autor zuschreiben kann, sondern, wie es Aristoteles hier thut, als herrenloses Sprichwort citiren muss. — Dass ἔτοιμ (Z. 34) im guten Griechisch so viel wie concordia bedeutet, weiss noch der sogenannte Philoxenos der Labbäus'schen Glossensammlung. — Was am Schluss Z. 38—43 über den Schaden gesagt ist, den ein Uebermaass äusserer Güter stiften kann, stimmt zu Polit. 4, 1 theilweise auch in den einzelnen Worten (s. oben S. 75, Z. 76).

Obgleich nun bis jetzt nichts vorliegt, was den aristotelischen Ursprung der Stelle zu leugnen berechtigte, habe ich doch Anstand genommen, sie im Text zu verwenden, weil eine Entscheidung darüber, ob sie aus dem korinthischen Dialog oder aus der Ermunterung zur Philosophie, dem Protreptikos (s. oben S. 116), stamme, mit unseren jetzigen Mitteln schwerlich zu erreichen sein wird. Die mannigfachen Berührungen mit Polit. 4, 1 sprechen für den ersteren; für den letzteren aber spricht eben so gewichtig die ausschliessliche Hervorhebung der φρόνησις in den Schlussworten Z. 43, wegen welcher die ganze Stelle auch von Stobäus seinem Abschnitt περὶ φρονήσεως einverleibt ist. Dass übrigens die zahlreichen Anführungen des Stobäus aus Aristoteles eine sehr vorsichtige Benutzung erfordern, soll nicht bloss nicht bestritten, sondern an einem bisher nicht beachteten Beispiel gezeigt werden. Der *floril.* 45, 18 mit dem Lemma Ἀριστοτέλους versehene Satz διὰ τοῦς μὲν ἔχοντας τῶν δυνατωτάτων μὴ διὰ τὰς ἀρχὰς ἀλλὰ διὰ τὰς ἀρετὰς θαυμάζεσθαι ἵνα τῆς τύχης μεταπεσούσης τῶν αὐτῶν ἐγκωμίων ἀξιῶνται ist wörtlich aus dem ersten unserer Briefe an Philippos entnommen und kann zur Emendation dieses Machwerks dienen; noch in dem, meines Wissens, neuesten Abdruck desselben (Stahr, Aristotelia 2, 174) findet sich nämlich statt μὴ διὰ τὰς ἀρχὰς ἀλλὰ διὰ τὰς ἀρετὰς die kopfbrechende Antithese μὴ διὰ τὰς ἀρχὰς ἀλλὰ διὰ τῶν ἀρχῶν. Wer jedoch das Kind nicht mit dem Bade ausschütten will, muss sich schon durch die grossen von Stobäus aufbewahrten Stücke des Dialogs Περὶ Εὐγενείας (Anm. 9) belehren lassen, dass Stobäus nicht immer aus trüben Quellen schöpft, sondern unter den anthologischen Vorarbeiten und sonstigen Schriften, die er benutzt, einige gewesen sein müssen, welche ihm Auszüge der durch das Verzeichniss bei Diogenes Laertius beglaubigten Dialoge darboten.

33. ἐξωτερικόν.
(Zu S. 93.)

Da Ravaisson und vor ihm Ferrarius (Anm. 18) den Wortsinn von ἐξωτερικόν im Gegensatz zu οἰκεῖον ausführlich besprochen und im Wesentlichen richtig bestimmt haben, so sei hier nur noch Eine Stelle berührt, in welcher die methodologische Bedeutung klar heraustritt. Seiner Rechtfertigung der Sclaverei schickt Aristoteles den Satz voraus, dass jedes aus Theilen bestehende Ganze eine Ueber- und Unterordnung der Theile, also ein Herrschendes und ein Beherrschtes, aufweise. Er führt dann fort: 'Und zwar ist dies ein allgemeines Naturgesetz, und nur als ein solches waltet es im Reich der lebendigen Wesen; denn auch in dem Unlebendigen zeigt sich eine Art von Herrschaft, z. B. in der musikalischen Harmonie (*Politic.* 1, 5, p. 1254ᵃ 31 καὶ τοῦτο ἐκ τῆς ἁπάσης φύσεως ἐνυπάρχει τοῖς ἐμψύχοις· καὶ γὰρ ἐν τοῖς μὴ μετέχουσι ζωῆς ἐστί τις ἀρχή, οἷον ἁρμονίας). Und darauf bricht er mit den Worten ab: ἀλλὰ ταῦτα μὲν ἴσως ἐξωτερικωτέρας ἐστὶ σκέψεως und spricht fortan nur von den lebendigen Wesen. Unmöglich kann man der so zurückgewiesenen musikalischen Analogie den Vorwurf machen, dass sie nicht 'zu der vorliegenden Untersuchung' gehöre; da sie an sich richtig ist, so kann sie auch zur Veranschaulichung des aufgestellten Satzes dienen; aber weil sie die Grenzen zwischen den Gebieten des Lebendigen und Unlebendigen überspringt, ist sie für eine wissenschaftliche Erörterung der menschlichen Herrschaft zu allgemein, nicht concret genug, also 'äusserlich' und ἐξωτερικόν. — Keinen Leser der platonischen Dialoge braucht man daran zu erinnern, welch vielseitiger Gebrauch dort gerade von solchen allgemeinen Analogien gemacht wird; und dass sie in den aristotelischen Dialogen nicht gefehlt haben, lässt sich schon daraus schliessen, dass Aristoteles in der hiesigen streng wissenschaftlichen Untersuchung nur das Verweilen bei ihnen unangemessen findet, sie ganz zu unterdrücken aber nicht über sich gewinnen konnte.

34. De caelo I, 9.
(Zu S. 94.)

Absichtlich habe ich die Uebersetzung des fraglichen Satzes zu einer Paraphrase werden lassen, um zugleich die vorgeschlagene Interpunction desselben zu rechtfertigen. In den bisherigen Ausgaben bildet er ohne Komma nach ἀμετάβλητον und ohne sonstiges Absatzzeichen diesen unentwirrbaren Wörterknäuel: καὶ γὰρ καθάπερ ἐν τοῖς ἐγκυκλίοις φιλοσοφήμασι περὶ τὰ θεῖα πολλάκις προφαίνεται τοῖς λόγοις ὅτι τὸ θεῖον ἀμετάβλητον ἀναγκαῖον εἶναι πᾶν τὸ πρῶτον καὶ ἀκρότατον. Wende man sich wie man wolle, so lange nicht das zu ὅτι gehörige ἐστί hinter ἀμετάβλητον supplirt und mit ἀναγκαῖον der Nachsatz begonnen wird, bleibt καθάπερ in der Luft schweben. Und ferner hat der Interpunctionsmangel zur Folge, dass, was Zeller S. 276 wirklich thut, τὸ θεῖον μὲν τὸ πρῶτον καὶ ἀκρότατον verbunden werden muss. Aber 'das erste Göttliche' kann doch nur ein Einziges sein und lässt sich also nicht mit einem den Begriff der Mehrheit einschliessenden Wort wie 'Jedes (πᾶν)' verknüpfen.

35. Ewigkeit der Welt und Göttlichkeit der Himmelskörper.
(Zu S. 100.)

Das im Text ausgesprochene Urtheil über die philonisch heissende Schrift περὶ ἀφθαρσίας κόσμου ist in den Monatsberichten der Berliner Akademie 1863 S. 34 näher begründet worden. Eine auszugsweise Bearbeitung derselben, die mit der Aufschrift Περὶ Κόσμου ebenfalls unter Philon's Werken steht (2, p. 601—624 *Mangey*), sucht sich mehr als das offenbar von einem ethnischen Philosophen herrührende Original den biblischen Grundbegriffen anzunähern und ist nach solchen Gesichtspunkten auch mit der aristotelischen Stelle verfahren. Die Welt einen ὁρατὸν θεὸν zu nennen, war für den Verfertiger dieses Auszugs eine Gotteslästerung, zu der er nicht einmal seine abschreibende Feder berleihen konnte; er half sich durch folgende fromme Interpolation des bezüglichen Satzes (p. 609): διότιπερ δὲ ἀθεότητα κατηγόρησε [Ἀριστοτέλης] τῶν τὰ ἐναντία δοξάντων, οἱ τῶν χειροποιήτων οὐδὲν φήσουσιν ἀμείνω τοσοῦτον ἔργον θεοῦ, und alles Folgende, das 'Pantheon' der Gestirne, den Spott über das einstürzende Haus, übergeht er gänzlich. Dass Aristoteles, der nach dem oben S. 102 angeführten Zeugniss Cicero's auch in dem Dialog die Welt für ungeschaffen erklärte, sie nicht ein 'Werk Gottes' nennen konnte, bedarf keines Wortes. Ebenso ist die Auffassung der Gestirne als göttlicher Wesen durch die S. 101 erwähnte Stelle der Metaphysik und die platonischen Analogien gegen jedes sachliche Bedenken geschützt. Nur von sprachlicher Seite her könnte die Frage aufgeworfen werden, ob das von dem Autor der Schrift περί ἀφθαρσίας κόσμου dargebotene Wort πάνθιον für aristotelisch zu halten sei. Aus griechischen, sicher datirten Schriften ist dieses Wort vor Hadrian, dem Erbauer des Pantheons in Athen, bisher nicht nachgewiesen; mit fester Zeitbestimmung tritt es zuerst als Name des von Agrippa in Rom errichteten Tempels auf (Plinius *H. N.* 9, 121; Cassius Dio 53, 27). Wenig fördert die Erwähnung eines Πάνθιον in den 'Wundererzählungen *(θαυμάσια ἀκούσματα c. 51)'*, welche unter Aristoteles' Namen gehen; Hemsterhuis zu Aristophanes' Plutos *p.* 180 (der Leipz. Ausg.) hat die mannigfachen Schwierigkeiten der dortigen Angaben hervorgehoben; und wenn in jene Sammlung auch Einiges aus Aristoteles' Politien und seinen übrigen verlorenen Werken aufgenommen sein mag, so ist doch eine Scheidung dieses älteren von den viel späteren Bestandtheilen mit unseren jetzigen Mitteln unausführbar. Andererseits ist jedoch zu erwägen, dass der Gebrauch, den die Römer der augusteischen Zeit bei so feierlichem Anlass von dem Wort machten, gegen ein gar zu junges Alter desselben spricht; und seine Composition ist eine so einfache, dass es jederzeit jedem Griechen, der sich der ähnlichen Bildungen Πανελλήνιον, Πανιώνιον u. s. w. erinnerte, auf die Zunge kommen konnte. — An dem Wort μετεώρημα Anstoss zu nehmen verbietet sein Vorkommen in der aristotelischen Meteorologie 2, 1, *p.* 353ᵇ 25 und *de caelo* 2, 4 *p.* 287ᵇ 16. — Mit Aristoteles' Ansicht von der Göttlichkeit der Gestirne darf wohl sein Ausspruch in Verbindung gesetzt werden, den Seneca am Schluss einer Auseinandersetzung über die Kometen erwähnt. Es wird nöthig sein, die Stelle zugleich mit den umgebenden Sätzen Seneca's vorzulegen *(Quaest. Nat.* 7, 29): *haec sunt quae* *ad alios movere ad cometas pertinentia ad me. Quae an vera sint di sciunt, quibus est scientia veri: nobis rimari illa et coniectura ire in occulta tantum licet nec cum fiducia inveniendi neque sine spe. Egregie Aristoteles ait numquam nos verecundiores esse debere quam cum de diis agitur. Si intramus templa compositi, si ad sacrificium accessuri vultum submittimus, togam adducimus, si in omne argumentum modestiae fingimur: quanto hoc magis facere debemus cum de sideribus, de eorum natura, de stellis disputamus, ne quid temere, ne quid imprudenter aut ignorantes adfirmemus aut scientes mentiamur.* Hätte Aristoteles bloss, wie Zeller

S. 626 anzunehmen scheint, im Allgemeinen gesagt, dass man den Göttern gegenüber ehrfürchtig sein müsse, so würde am wenigsten der in spitzer Rhetorik schwelgende Seneca einen solchen durch Gedanken wie Ausdruck gleich gewöhnlichen Gemeinplatz als ein *egregie dictum* belobt haben. Dagegen schickt sich Alles aufs Beste, wenn man sich denkt, dass Aristoteles in einer dialogischen Schrift den Satz in demselben Zusammenhang wie Seneca, nämlich in einer Besprechung astronomischer Dinge, gebraucht und die vorsichtige Zurückhaltung von bestimmten Behauptungen, zu welcher ihn der unentwickelte Zustand der damaligen Wissenschaft nöthigte, mit der Scheu vor den 'Göttern', die er in den Himmelskörpern anerkennt, entschuldigt hat.

36. Leben der Himmelskörper.
(Zu S. 103.)

Die drei jetzt vorhandenen Bearbeitungen einer und derselben Sammlung von 'Philosophenmeinungen' geben die Nachricht von Aristoteles' vier Classen lebendiger Wesen in etwas abweichenden Worten. Im Text habe ich die unter Plutarch's Werken stehende Bearbeitung hervorgehoben, weil diese von Aristoteles besonders redet und auf eine von den gangbaren verschiedene Schrift desselben hindeutet. Die bezüglichen Sätze haben bei Dübner, der das ohne handschriftliche Gewähr Eingefügte einklammert, folgende Gestalt *(plac. philos.* 5, 20, 1): Ἔστι πραγματεία Ἀριστοτέλους ἐν ᾗ τέσσαρα γένη ζῴων φησί, χερσαῖα, ἔνυδρα, πτηνά, οὐράνια· καὶ γὰρ τὰ [ἄστρα] ζῷα λέγεσθαι καὶ [τὸν] κόσμον καὶ τὸν θεὸν ζῷον λογικὸν ἀθάνατον. Die Ergänzung von ἄστρα ist durch die gleich zu erwähnenden zwei anderen Bearbeitungen und durch den Zusammenhang der aristotelischen Lehre gesichert; von der hiesigen Definition Gottes Gebrauch zu machen, habe ich mich jedoch enthalten, weil τὸν θεόν, nach Wyttenbach's Note, dessen Conjectur für τὸ oder τὸν ἔνθεον ist, und bei der Einrichtung von Dübner's Ausgabe es ungewiss bleibt, ob er die Conjectur als solche angenommen oder eine handschriftliche Bestätigung, deren sie sehr bedarf, für sie gefunden hat. Auf Grund der oben S. 103 mitgetheilten Stelle des Timäus wird die Eintheilung dem Platon gemeinschaftlich mit Aristoteles beigelegt in den zwei anderen Bearbeitungen. Bei Stobäus heisst es in abgebrochener Excerptorenweise *(ecl. phys. c.* 37 p. 208 Meineke): Πλάτων καὶ Ἀριστοτέλης τέσσαρα γένη ζῴων, χερσαῖα ἔνυδρα πτηνὰ οὐράνια. καὶ γὰρ τὰ ἄστρα ζῷα λέγεσθαι καὶ αὐτὸν τὸν κόσμον ἔνθεον ζῷον λογικὸν ἀθάνατον. Und bei Galenos *(hist. phil. c.* 35) ist weder von θεόν noch von ἔνθεον eine Spur geblieben, wenigstens nicht in dem Kühn'schen Abdruck *(vol.* 19 p. 336): Πλάτων καὶ Ἀριστοτέλης τέσσαρα εἶναι ζῴων γένη λέγουσι καὶ τὸν αὐτόν (sicherlich αὐτὸν τόν, wofern nicht die ganze Wörter-

reihe blosse Wiederholung aus dem folgenden Satz ist) κόσμον μένον, με-
γάλα ἐνύδρα πηγνὰ οὐρανία, καὶ γὰρ τὰ ἄστρα γῆν εἶναι, καὶ αὐτὸν τὸν κόσμον
μᾶλον λογικὸν ἐθύνετον. — Hoffentlich erwirbt sich bald Jemand das Verdienst, die jetzt so sehr erschwerte Benutzung dieser für Studien über
Geschichte der Philosophie unentbehrlichen Sammlung durch übersichtliche
Vereinigung und kritische Revision der verschiedenen Bearbeitungen zu
erleichtern.

37. Die Höhlenbewohner.
(Zu S. 107.)

Obgleich die Schilderung der aus der Erde zum Sonnenlicht aufsteigenden Menschen unzählige Mal von Philosophen und Theologen citirt
worden, habe ich mir es doch nicht erspart, den prächtigen Periodenbau
auf deutsch, so gut es gelingen wollte, nachzubilden und die Ausführung
des Bildes im Einzelnen zu besprechen, weil dasselbe nach seinem vollen
Gehalt so wenig gewürdigt zu werden pflegt, dass es selbst Zeller
S. 278 möglich war, den langen lateinischen Satz zwar in allen übrigen
Theilen wörtlich anzuführen, aber gerade einen so wesentlichen Zug,
wie die Beschreibung der Höhlen als behaglicher Wohnorte, wegzulassen.
Das für das Bild gewählte Local, aber auch nur dieses, erinnert allerdings, wie Zeller bemerkt, an das platonische Bild von den Höhlenbe-
wohnern zu Anfang des siebenten Buches der Politeia; und dergleichen
Anknüpfungen an ein vorgeschichtliches Wohnen unter der Erde mochten
auf den athenischen Leser eine besonders lebendige Wirkung üben, da
der Boden seines Landes deutliche Spuren der alten Felsenbauten auf-
wies, deren jetzige Reste Ernst Curtius' 'attische Studien' so anschaulich
schildern.

38. Οὗ ἕνεκα; Julius Pacius.
(Zu S. 109.)

Unanfechtbare Beispiele von Citaten, die aus Commentaren oder
Marginalien in den aristotelischen Text übergingen, hat Krische (Forschungen S. 264, 267) zusammengestellt. Im vorliegenden Fall mahnt
noch der Umstand zur Vorsicht, dass kein derartiges Citat an den übrigen, das doppelte Weswegen fast eben so kurz erwähnenden Stellen er-
scheint, weder im zwölften metaphysischen Buch, noch de anima 2, 4,
p. 415^b 2 τὸ δ' οὗ ἕνεκα διττόν, τὸ μὲν οὗ, τὸ δὲ ᾧ. und 415^b 20 ἔστιν δὲ
τὸ οὗ ἕνεκα, τό τε οὗ καὶ τὸ ᾧ. Gemäss diesen zwei Stellen hatte Schwegler
und nach ihm Bonitz die ungenügende Vulgata in *Metaph*. 12, 7, 1072^b 2
ἔστι γάρ τινι τὸ οὗ ἕνεκα folgendermaassen geändert: ἔστι γὰρ αὐτοῦ τὸ οὗ
ἕνεκα. Aber die Vertauschung von τινι mit αὐτοῦ ist doch diplomatisch
keineswegs eine leichte; und mit viel einfacheren Mitteln lässt sich viel
mehr erreichen. Der anerkannt beste Codex der Metaphysik A^b giebt

nämlich: ἔστι γάρ τινι τὸ οὗ ἕνεκα τινός, und man braucht man nur und aus den zwei letzten Buchstaben von ἕνεκα zu entnehmen, um folgende Fassung zu gewinnen: ἔστι γάρ τινι τὸ οὗ ἕνεκα καί τινος, deren Ursprünglichkeit durch die ähnliche Nebeneinanderstellung eines pronominalen Dativs und Genitivs in den zwei eben angeführten Stellen bewährt wird.*) Vergebens bemühte man sich früher, mit diesen drei Stellen über das doppelte οὗ ἕνεκα eine vierte, gener. anim. 2, 6, p. 742ᵇ 20, in Einklang zu setzen, deren Anfang bei Bekker allerdings so lautet: τὸ τι γὰρ οὗ ἕνεκα καὶ τὸ τούτου ἕνεκα διαφέρει .... δύο δὲ διαφοραὶ ἔχει καὶ τὸ οὗ ἕνεκα κτλ. Jetzt kann diese Stelle Niemanden mehr irre führen, da in der Aubert-Wimmer'schen Ausgabe die Lesart der besseren Handschriften δύο δὲ διαφορὰς ἔχει καὶ τὸ τούτου ἕνεκα zu ihrem Recht gelangt ist. Sonach handelt es sich hier nicht um eine Distinction des Zweckes (οὗ ἕνεκα), sondern, wie auch der Verlauf der Stelle deutlich beweist, um eine Distinction der zur Erreichung des Zweckes nothwendigen Vorbedingungen (τούτου ἕνεκα = ὃ ἕνεκα τοῦ οὗ ἕνεκα). Als solche Vorbedingungen werden erstlich die bewegende Kraft (ὅθεν ἡ κίνησις) und zweitens das eigentlich sogenannte Mittel (ᾧ χρῆται τὸ οὗ ἕνεκα) aufgezählt. — War sich der vielen unhaltbaren Erklärungsversuche erinnert, welche das Sätzchen der Physik (εἴρηται δ' ἐν τοῖς περὶ φιλοσοφίας) in älterer und neuerer Zeit hervorgerufen hat, wird es dem vortrefflichen Julius Pacius hoch anrechnen, dass er mit gesundem Sinn auch hier wenigstens den richtigen Weg eingeschlagen hat, obgleich er bei dem damaligen Stand der Forschung das Ziel nicht erreichen konnte. In seiner gewöhnlichen kurzen und auf Polemik nicht eingehenden Weise sagt er (p. 440 der Frankfurter Ausgabe von 1596): Quia vero aliter homo est finis, aliter forma est finis, idcirco ait [Aristoteles] duplicem esse finem, admodum tamen concise, quia se refert ad libros de philosophia, in quibus sit ea hoc exposuisse. Sed locus non exstat. Laertius testatur Aristotelem scripsisse tres libros de philosophia, sed iniuria temporum perierunt. Themistius und Simplicius mögen wohl auf die Idee deshalb verfallen sein (s. Brandis de perditis Arist. libris p. 9), weil sie nicht gewohnt sind, die dialogischen Schriften unter ihrem speciellen Titel, sondern nur durch umschreibende Bezeichnungen von Aristoteles citirt zu sehen; sie suchten also gar nicht in den Dialogen, meinten, alle Bestimmungen über τέλος müssten in der 'vom höchsten Gut' handelnden Ethik zu finden sein, und liessen nun die Unterscheidung des relativen und absoluten Zweckes, welche gleich im ersten Capitel der Ethik (p. 1094ᵃ

*) Nachträglich bemerke ich gern, dass ich in dieser Verbesserung mit Christ (studia in Arist. libros metaph. p. 58) zusammengetroffen bin. Den locus a Simplicio adhol. in Ar. 473ᵇ 40 servatus, welchen Christ (das. p. 124) anführt, hätte er jedoch gar nicht oder anders verbessern sollen. Denn das vermeintliche Fragment findet sich de caelo 2, 1 p. 284ᵃ 27.

18 τί δή τι τέλος ἐστί τῶν πρακτῶν ὃ δι' αὑτὸ βουλόμεθα, τἄλλα δὲ διὰ τοῦτο κτλ.) vorkommt, zusammenfallen mit der Unterscheidung des subjectiven und objectiven Zweckes, welche in der Ethik mit ausdrücklichen Worten nirgends berührt ist. — Dass de anima 1, 2 p. 404ᵇ 19 (ὁμοίως δὲ καὶ ἐν τοῖς περὶ φιλοσοφίας λεγομένοις διωρίσθη) keine eigene aristotelische Schrift meint und nicht einmal auf die Bücher Περὶ Τἀγαθοῦ (s. oben S. 97) mit Sicherheit zu beziehen ist, sondern nur die mündlichen Vorträge Platon's seinem kurz vorher erwähnten Timäus an die Seite stellt, scheint jetzt allgemein (s. Zeller S. 771) anerkannt zu werden.

39. Unanwendbarkeit der Tugenden auf die Gottheit.
(Zu S. 122.)

Noch in einer anderen ciceronischen Schrift als im Hortensius werden zwar die Cardinaltugenden für unvereinbar mit dem göttlichen Wesen erklärt, aber dort geschieht es zu einem Zweck, der jeden Gedanken an etwaige Benutzung aristotelischer Schriften ausschliesst. Den Neuakademiker Cotta lässt nämlich Cicero unter anderen Argumenten gegen die Existenz der Gottheit auch folgendes vorbringen (de nat. deorum 3, 15, 38): *qualem autem deum intelligere nos possumus nulla virtute praeditum? Quid enim? prudentiamne deo tribuemus, quae constat ex scientia rerum bonarum et malarum et nec bonarum nec malarum? Cui mali nihil est nec esse potest, quid huic opus est dilectu bonorum et malorum? quid autem ratione? quid intelligentia? quibus utimur ad eam rem ut apertis obscura adsequamur: at obscurum deo nihil potest esse. Nam iustitia, quae suum cuique distribuit, quid pertinet ad deos? hominum enim societas et communitas, ut vos [Stoici] dicitis, iustitiam procreavit. Temperantia autem constat ex praetermittendis voluptatibus corporis, cui si locus in caelo est, est etiam voluptatibus. Nam fortis deus intelligi qui potest in dolore an in labore an in periculo, quorum deum nihil attingit? Nec ratione igitur utentem nec virtute ulla praeditum deum intelligere qui possumus?* Hier werden also zugleich mit den praktischen Tugenden auch *ratio* und *intelligentia* der Gottheit abgesprochen, während Aristoteles in der Ethik und Cicero im Hortensius den Göttern und den Menschen auf den Inseln der Seligen, eben weil sie zur Ausübung der praktischen Tugenden keine Gelegenheit finden, eine ausschliesslich geistige Thätigkeit beilegen. Dennoch hat Muret (*Var. Lect.* 7, 22) mit der Leichtfertigkeit, die ihm in allen nicht diorthotisch kritischen Dingen eigen war, die Behauptung aufgestellt, dass der ciceronische Cotta seine Argumentation aus der fraglichen Stelle der aristotelischen Ethik genommen und nur zu gottesleugnerischen Zwecken missbraucht habe. Bei etwas grösserer Sorgfalt hätte es Muret nicht entgehen können, dass Cicero selbst wenige Seiten vorher (12, 29) den Karneades als den Urheber aller dieser Einwürfe Cotta's gegen die Existenz der Gottheit ausdrücklich nennt; nach der bekannten Art, wie Cicero seine philosophischen Bücher verfertigte, darf man also annehmen, dass er hier ohne viel Ueberarbeitung die Aufzeichnungen wiedergiebt, welche der hellenisirte Punier Hasdrubal-Klitomachos von den Vorträgen seines der Schriftstellerei sich enthaltenden Lehrers Karneades gemacht hatte; und wirklich finden sich die Grundzüge von Cotta's Argumentation bei Sextus Empirikus *adv. mathem.* 9, 152 als Eigenthum des Karneades. Dass Karneades für seine Spiegelfechtereien, mit denen er hauptsächlich die Stoiker necken wollte, aus Aristoteles' Sätzen Nutzen gezogen, ist zwar möglich, aber es ist gleichgültig für die uns beschäftigende Frage nach den aristotelischen Bestandtheilen des ciceronischen Hortensius.

40. ἐγκύκλια.
(Zu S. 124.)

Von den gewöhnlichen Gegenständen des Jugendunterrichtes ist Aristoteles in den pädagogischen Abschnitten seiner Politik zu reden genöthigt; er gebraucht dort einmal den zusammenfassenden Ausdruck ἡ ἐγκύκλιος παιδεία (3 [8], 2 p. 1337ᵃ 39), und bald darauf, wo er die einzelnen Disciplinen, Grammatik, Gymnastik, Musik und Zeichnen aufzählt, nennt er sie αἱ κατατεταγμέναι τῶν μαθήσεις (p. 1337ᵇ 22) und kürzer συντεταγμένα παιδεύματα (1838ᵃ 36). Zu diesen wechselnden Bezeichnungen hätte er keinen Anlass gehabt, ja, er würde durch dieselben der Deutlichkeit geschadet haben, wenn zu seiner Zeit schon die ἐγκύκλιος παιδεία und ἐγκύκλια μαθήματα in der festen Bedeutung, welche die spätere Zeit kennt, eingebürgert gewesen wären. Die hesychische Glosse ἐγκύκλια μαθήματα· τὰ ἴσα kann also sich überhaupt nicht auf Aristoteles beziehen, am allerwenigsten aber auf die auch von dem neuesten Herausgeber des Hesychius noch angeführte Stelle der Ethik 1, 3, da ja dort das Wort μαθήματα, welches einen Theil des hesychischen Lemma bildet, gar nicht vorkommt (s. oben S. 85). Wahrscheinlich bezieht sich die Glosse, wie so manche im Hesychius, auf einen christlichen Autor, der die 'profanen' (αἱ ἴσα) Wissenschaften im Gegensatz zu den theologischen meinte, wie, um ein erstes bestes Beispiel an zugänglichstem Ort zu nennen, Gregor von Nyssa in den von Bernhardy Gr. Litt. *I*², 642 angeführten Worten sagt: τὴν ἔξωθεν ταύτην καὶ ἐγκύκλιον παίδευσιν. — Zu dem Titel Ἐγκυκλίων αʹ βʹ in dem Verzeichniss bei Diogenes Laertius 5, 26 ist aus dem vorhergehenden Titel προβλημάτων zu suppliren (vgl. oben S. 8), und zweifelsohne sind Probleme aus dem Gebiet der *liberales disciplinae* gemeint, wie auch Cobet übersetzt; aber da alle diese Problemensammlungen nicht von Aristoteles herausgegeben sein können, so kann man auch ihre Titel nur auf die späteren Redactoren zurückführen. — Die im Text berührten

Belege für die weitere Bedeutung von *γυμνάσιον* stelle ich hier nach ihrem vollständigen Wortlaut zusammen. *Polit.* 2, 9 p. 1269ᵇ 34, wo die martialische Erziehung der Spartanerinnen als eine im wirklichen Kriege erfahrungsmässig nutzlose auf höchst ungalante Weise getadelt wird, heisst es: χρήσιμαι δ' οὔσης τῆς θρασύτητος πρὸς οὐδὲν τῶν *γυμνασίων*, ἀλλ' εἴπερ (höchstens) πρὸς τὸν πόλεμον, βλαβερώταται καὶ πρὸς ταῦθ' αἱ τῶν Λακώνων [γυναῖκες] ἦσαν. *Ἐθίλωσεν* δ' ἐπὶ τῆς Θηβαίων ἐμβολῆς· χρήσιμαι μὲν γὰρ οὐδὲν ἦσαν, ὥσπερ ἐν ἑτέραις πόλεσιν, θόρυβον δὲ παρεῖχον πλεῖω τῶν πολεμίων. Dieselbe Antithese gebraucht Isokrates in seiner zu Ehren des kyprischen Stadtkönigs Nikokles (s. oben S. 116) verfassten Schrift, wo er diesen die allseitigen Vorzüge einer monarchischen Verfassung schildern lässt (3 § 22): οὐ μόνον δ' ἐν τοῖς *γυμνασίοις* καὶ τοῖς κατὰ τὴν ἡμέραν ἑκάστην γιγνομένοις αἱ μοναρχίαι διαφέρουσιν, ἀλλὰ καὶ τὰς ἐν τῷ πολέμῳ πλεονεξίας ἁπάσας περιειλήφασιν. *Polit.* 2, 5 p. 1263ᵃ 17 hatte Aristoteles gegen die angeblich den Frieden unter den Menschen befördernde Gütergemeinschaft den Erfahrungssatz geltend gemacht, dass gerade die vielfachen und fortdauernden Berührungen eines nahen Zusammenlebens am leichtesten zu Zwistigkeiten führen; als erstes Beispiel nennt er Reisen auf gemeinschaftliche Kosten, und fährt dann fort: ἔτι δὲ τῶν θεραπόντων τούτοις μάλιστα προσκρούομεν, οἷς πλεῖστα προσχρώμεθα πρὸς τὰς διακονίας τὰς *γυμνασίους*. Vgl. *Polit.* 1, 7 p. 1255ᵇ 25. — Epikur sagt im Eingang seines von Diogenes Laertius 10, 84 aufbewahrten Briefes an Pythokles, der beifolgende kurze Abriss seiner Meteorologie werde besonders nützlich sein τοῖς νεωστὶ φυσιολογίας γνησίου γεγευμένοις καὶ τοῖς εἰς ἀσχολίας βαθυτέρας τῶν *γυμνασίων* τινὸς ἐμπεπλεγμένοις.

Inhalt.

	Seite
Litterärische Stellung des Aristoteles	1—5
I. Ἐξωτερικοὶ λόγοι	5—14
Der Dialog Ueber Dichter	10—13
II. Ἐν κοινῷ γεγραμμένοι λόγοι	14—29
Der Dialog Eudemos	21—27
III. Ἐξωτερικοὶ λόγοι	29—93
Geschichte der Controverse	30—42
1. Metaphys. 13, 1	42—51
Der Dialog Ueber Philosophie	47—48
Der Dialog Ueber Gerechtigkeit	48—50
2. Polit. 3, 6	51—57
Die Schrift Ueber Königthum	53—56
Der Dialog Ueber Pflanzstädte	56—57
3. Ethic. Nic. 6, 4	57—63
Der Dialog Ueber Dichter	60—62
Der Dialog Gryllos	62—63
4. Ethic. Nic. 1, 13 und der Dialog Eudemos	63—69
5. Polit. 5, 1	69—91
Der korinthische Dialog	84—91
Bedeutung des Wortes ἐξωτερικόν	91—93
IV. Ἐγκύκλια	93—125
De caelo 1, 9	93—125
Der Dialog Ueber Philosophie	95—114
Erstes Buch	95—97
Zweites Buch	97—99
Drittes Buch	99—114
Protreptikos	116—122
Der Dialog Vom Beten	122—123
Bedeutung des Wortes ἐγκύκλιος	123—125
Umschreibende Citate	125—127
Werth der aristotelischen Dialoge	127—129

Anmerkungen . . . . 131—172

Lobsprüche auf Aristoteles S. 131. — Verzeichnis der Dialoge S. 131. — Hellenenthum des Aristoteles; W. v. Humboldt S. 134. — Antipater; Biographie des Aristoteles S. 135. — Stilistische Vorzüge der Dialoge S. 136. — *Mos Aristotelius* S. 137. — Ἐνδόξοντοι λόγοι; Gebrauch von παρά τι S. 138. — Περὶ Ποιητῶν S. 139. — Die dem Plutarch untergeschobene Schrift Περὶ Εὐγενείας und der aristotelische Dialog Περὶ Εὐγενείας S. 140. — λόγον, τιθύνας διδόναι S. 142. — Galiani S. 143. — Eudemos S. 143. — Etruskische Seeräuber S. 144. — Beweise für die Unsterblichkeit der Seele S. 145. — Seele nicht Harmonie S. 145. — Ἐν κοινῷ S. 146. — Eustratios; Schleiermacher S. 147. — Octavianus Ferrarius S. 148. — Cicero und seine griechischen Hausfreunde S. 150. — *Metaphys.* 13, 1 S. 151. — Kephisodoros S. 151. — Proklos S. 151. — Περὶ Ἰπανοσύνης S. 152. — Πολιτικὸς S. 153. — Περὶ Βασιλείας S. 154. — Die Schrift Ueber Pflanzstädte; Rutilius Lupus S. 156. — Der Dialog Gryllos S. 157. *Ethic. Nic.* I, 13 S. 157. — *Phil.* 4, 1 S. 158. — οὗ οὐκ ἄνευ S. 160. — Sardanapal S. 161. — Aristotelisches Fragment bei Stobäus S. 161. — Ἰσοτεμνεῖν S. 164. — *De calo* I, 9 S. 165. — Ewigkeit der Welt und Göttlichkeit der Himmelskörper S. 165. — Leben der Himmelskörper S. 167. — Die Höhlenbewohner S. 168. — Οὗ ἕνεκα; Julius Pacius S. 168. — Unanwendbarkeit der Tugenden auf die Gottheit S. 170. — ἐγκύκλια S. 171.

Alexandros von Pherä S. 21, 141.
"   der Grosse S. 55, 152.
Andronikos S. 31, 133.
Antipater S. 3, 135.
Aristoxenos S. 32.
Attikos S. 78, 131.
Augustinus S. 121, 144.
Boethius S. 50.
Chrysippos S. 49, 132, 152.
Cicero S. 2, 31, 48, 51, 96—103, 108, 119—120, 137, 143, 150, 152, 153, 154, 160, 170.
Clemens S. 144, 160.
Delphi S. 96.
Empedokles S. 11.
Eratosthenes S. 155.
Eudemos S. 21, 143.
Euphräos S. 21, 143.
Euripides S. 12.
Eurybatos S. 153.
Eustratios S. 30, 147.
Ferrarius S. 148, 151.
Gryllos S. 62, 152.
Herakleides S. 154.
Humboldt, W. v. S. 134.
Isokrates S. 152.
Karneades S. 50, 170.
Kephisodoros S. 46, 151.
Krates S. 117.
Melissos S. 98.
Muret S. 150.
Nerinos S. 91.
Numenios S. 151.

Olympiodoros S. 143.
Onomakritos S. 96.
Orpheus S. 96.
Pacius S. 169.
Parmenides S. 98.
Pausanias S. 135.
Philon S. 100, 165.
Platon S. 2, 26, 80, 97, 104, 114, 170.
Plutarch S. 46, 141, 144, 154.
Porphyrios S. 50, 91.
Proklos S. 47, 151.
Quintilian S. 62, 119, 137, 152.
Ravaisson S. 149.
Rutilius Lupus S. 156.
Sardanapal S. 81, 160.
Scaliger S. 122, 162.
Schleiermacher S. 147.
Seneca S. 166.
Sepulveda S. 41, 52.
Sextus S. 104.
Sigonius S. 64.
Simplicius S. 19, 110—114, 1 3.
Stobaeus S. 141, 161—164.
Themison S. 118.
Themistius S. 25, 89, 139, 143.
Theophrast S. 152.
Theopompos S. 155.
Tyrannio S. 31, 150.
Valentia, Joh. S. 136.
Victorius S. 150.
Xenokrates S. 164.
Zeidler S. 35.
Zenon S. 131.

www.ingramcontent.com/pod-product-compliance
Lightning Source LLC
Chambersburg PA
CBHW032156160426

43197CB00008B/938